바닥을 치고 오르는
부동산 투자의 비밀

바닥을 치고 오르는
부동산 투자의 비밀

초판 1쇄 발행 | 2009년 4월 15일
초판 2쇄 발행 | 2009년 6월 25일
지은이 | 이재익
펴낸이 | 조종현
펴낸곳 | 북오션

종 이 | 대한실업
출 력 | 푸른서울
인 쇄 | 정민문화
출판신고번호 | 제313-2007-000197호

주 소 | 서울시 마포구 서교동 468-2번지
이메일 | bookrose@naver.com
전 화 | (02)322-6709
팩 스 | (02)3143-3964

ISBN 978-89-93662-02-3 (13320)

바닥을 치고 오르는

부동산 투자의 비밀

이재익 지음

북오션

성공은 위기의 상자에 담겨 있다

흔히 우리는 '위기는 기회'라는 말을 많이 하면서도 정작 이 말을 실천에 옮기는 사람은 극히 제한적이다. '역발상 투자' 역시 마찬가지다. 부동산 고수들은 경제가 위기에 닥쳤을 때 오히려 적극적으로 투자하여 막대한 수익을 얻는다. 반면 대부분의 사람들은 생각만 하다 뒤늦게 후회를 한다.

우리는 2008년 9월부터 12월까지 글로벌 금융위기로 인해 깜깜하고 긴 터널을 지나왔다. 주식은 폭락했고 주택가격 역시 반값이 속출하는 등 세계 각국의 위기감은 최고조에 달했다. 우리나라 역시 예외는 아니었다. 지방의 미분양 아파트 물량은 외환위기 때보다 더 늘었고, 버블세븐지역의 고가 아파트들은 2006년 말 최고점 대비 40~50%나 가격이 폭락했다. 이는 IMF 외환위기 때와 흡사한 분위기이지만 그때와 크게 다른 점이 있다. IMF 때는 글로벌 경제가 안정적이었기 때문에 우리나라의 경우 해외 의존도를 높여서 빠르게 경기를 회복할 수 있었던 반면 지금은 글로벌 경제 전체가 동시에 추락하면서 해외 의존도가 높은 우리나라는 마땅한 대안을 찾지 못하고 있다.

결국 해답은 내수경제에서 찾을 수밖에 없다. 현재 우리 경제는 2008년 4분기를 기점으로 부동산의 자산가치가 하락한 반면 대출의 이자 부담이 증가하면서 급매물이 쏟아지고 있다. 건설 경기가 침체되면서 미분양 물량이 쌓여만 가고 개인 파산자가 증가하면서 경매는 유례없는 과열 양상을 띠기도 했다. 여기에 고용시장이 악화되어 각 사회구성원의 주머니가 얇아지면서 내수경기는 곤두박질 치고 있다.

부동산 가격이 계속해서 급락하자 발 빠른 투자자들은 오히려 초특급 매물을 사모으기 시작했다. 정부의 건설경기 부양책을 통해 다시 회복될 것을 확신했기 때문이다. 흔히 말하는 '역발상 투자법'으로 말이다. 결과는 역시 역발상 투자자들의 승리였다. 내수경기 악화가 현실화되면서 정부에서는 건설경기 부양책들을 쏟아냈고, 이를 통해 일부 지역의 경우 부동산 가격이 1억~3억원까지 급등하는 등 급매물이 자취를 감추었다. 대부분의 사람들이 구경만 하던 위기의 순간에도 안목 있는 사람들은 성공적인 투자의 기쁨을 만끽할 수 있었다.

그 시기에 투자하지 못했다고 하더라도 아직 낙담하기는 이르다. 또 한 번의 기회가 더 있기 때문이다. 내수경기가 최악의 상황으로 곤두박질 치면서 또다시 급매물이 나오고 있다. 그런데 정부에서는 지금의 내수경기 침체를 여전히 건설경기 부양을 통해 해소하고자 한다. 따라서 정부의 부동산 정책 방향을 정확하게 읽고 먼저 길목을 지키고 있으면 바닥인 시장 상황에서도 성공적인 투자가 가능하다.

그렇다면 우리는 어떤 준비를 해야 할까? 일단 앞으로 부동산시장이 예전과는 전혀 다른 방향으로 움직일 가능성이 크기 때문에 각자의 투자방식을 다시 한 번 꼼꼼히 확인하여야 한다. 다변화되는 부동산시장 환경에 적응하기 위해서는 편식을 하면 안 된다는 말이다. 즉, 주택, 상가, 토지, 경매 할 것 없이 부동산 전반에 걸쳐 모든 정보와 지식을 두루 섭렵할 필요가 있다.

이 책은 앞으로의 부동산시장을 정확하게 전망하고 있으며, 주택, 상가, 토지, 경매 등 전반적인 부동산투자의 기술을 전수함으로써 위기에 처해 있는 모든 투자자들이 성공적인 투자를 할 수 있도록 한다. 또한 책을 읽다 보면 필자가 실제 부동산투자 사례를 통해 현실감 넘치는 정보를 전달하기 위해 노력한 흔적을 발견할 수 있을 것이다.

우리는 물에 들어가거나 격한 운동을 하기 전에 준비운동을 한다. 스트레칭 등의 준비운동을 하면 갑자기 과격한 운동을 했을 때 몸에 생기는 무리를 최소화할 수 있다. 마찬가지로 무슨 일이든지 완벽하게 준비할수록 실패할 확률이 작다. 재테크 역시 예외는 아니다. 따라서 재테크를 시작하기 전에는 무엇보다 그에 필요한 사항들을 잘 알아두는 것이 중요하다. 꼼꼼히 잘 알고 있는 만큼 재테크에서 올 수 있는 위험을 최소화할 수 있기 때문이다. 아무 준비 없이 뜬구름 같은 소문만 듣고 부동산을 샀다가는 낭패를 보기 십상이다.

그런데 부동산투자를 제대로 하기 위해서는 어떤 준비가 필요한지 잘 모르는 사람들이 많다. 든든한 보험처럼 부동산을 사고는 싶지만, 방법을 몰라 망설이고 있는 사람들 또한 많이 있다. 모든 투자자가 이 책을 통해 부동산투자에 대한 준비사항을 제대로 갖추고 근심 없이 투자를 시작하기 바란다.

끝으로 이 책을 출간할 수 있도록 도움을 주고 아낌없는 격려를 보내준 많은 분들께 진심으로 감사의 인사를 전한다. 특히 여러 가지로 조언을 아끼지 않은 스피드뱅크 박원갑 부사장님, 부동산써브 함영진 실장님, 세무법인 텍스홈앤아웃 김성길 대표님께 지면을 통해 감사의 인사를 드린다. 그리고 마지막으로 이 책을 준비하는 내내 챙기지 못했던 가족들, 특히 아내와 딸 채빈에게 다시 한 번 사랑한다는 말을 전하고 싶다.

부동산 멘토

이 재 익

Contents

안정적인 수익을 올릴 수 있는 상가 투자전략

묵힐수록 보배가 되는 땅 투자전략

좋은 물건을 싸게 구입하는 경매 투자전략

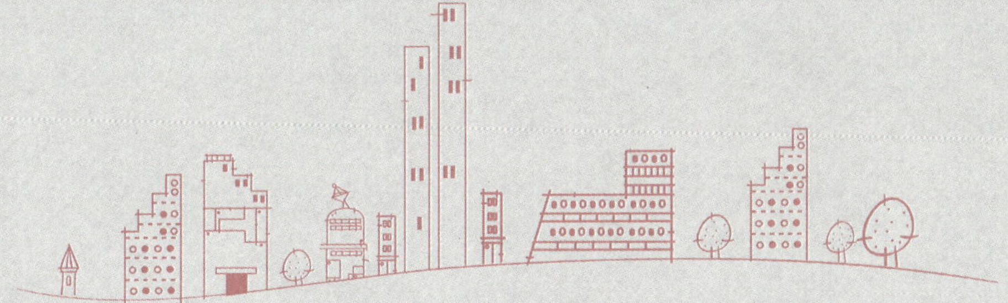

바닥에서 고점을 향한
부동산 투자전략

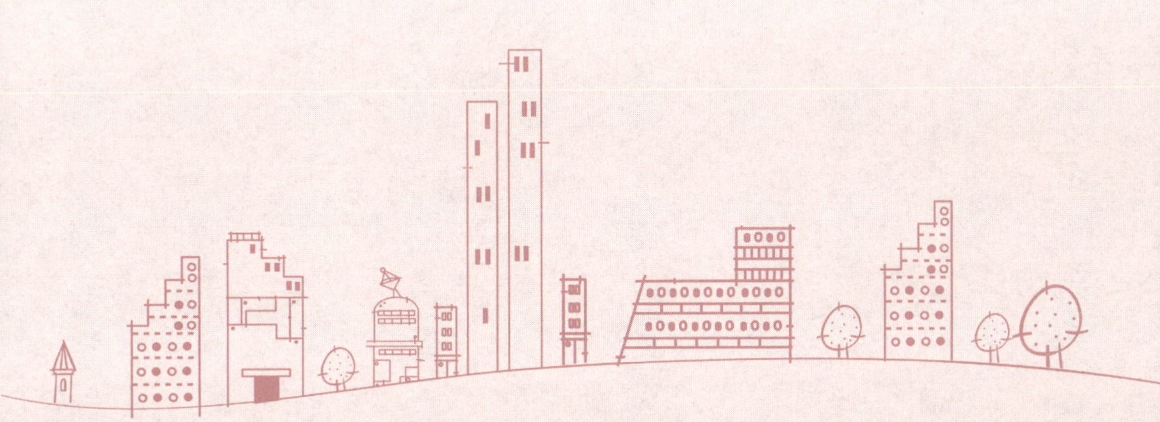

위기 상황이 깊어질수록 흙 속에서
진주를 찾기는 더욱 쉽다.

01

10년 만에 맞이한 부동산 침체 시장,
하늘이 준 기회를 잡아라

남들이 사지 않을 때가 바로 투자의 적기!

2009년 1월은 구정 설 연휴가 껴 있어 대체적으로 차분한 분위기였다. 그러나 강남 재건축 시장만은 유독 규제 완화에 대한 기대감이 관측되었다. 2008년 12월까지만 해도 2006년 말에 거래되던 매물의 최고 거래가보다 40% 이상 가격이 하락한 급매물이 속출하였고, 일부 지역에서는 이러한 급매물을 위주로 거래가 되기도 하였다. 하지만 해가 바뀌자 재건축 규제가 완화될 것이라는 기대감이 팽배하면서 호가가 많게는 20%까지 급등하기도 했다. 그러나 대출금리가 높은데다 대출받는 조건이 까다로워지면서 시중에 유동자금이 부족하여 실제로 거래는 일어나고 있지 않다.

앞으로는 세계 금융시장이 점차 안정을 찾아갈 전망이다. 또한 내부적으로도

금리가 대폭 낮아지고 지금껏 쏟아내었던 부동산 대책들이 본격적으로 시행되면서 시장의 판도가 달라질 것으로 보인다. 고용환경이 악화되고 내수경기가 침체될 것으로 예상됨에 따라 재건축 시장에는 가격이 급락한 매물이 또다시 쏟아질 전망이다. 이 시기가 바로 부동산투자의 적기이다.

사실 강남 재건축의 경우 나라가 또다시 부도사태에 빠지지 않는 이상 가격이 40~50% 하락한 급매물보다 더 하락하기는 어렵다. 다만 지금 매수자들이 투자시기를 늦추는 이유는 여러 대외여건들이 불안정하기 때문이다. 2009년 1월 강남 재건축 시장의 움직임을 실제 거래 사례를 통해 살펴보면 은마아파트 102㎡(31평)가 7억 6,000만원, 잠실 주공5단지 112㎡(34평)가 8억 3,000만원, 구반포 주공1단지 73㎡(22평형)가 7억원, 개포 주공1단지 43㎡(13평형)가 5억 4,000만원, 가락시영 43㎡(13평형)이 4억 3,000만원, 둔촌주공 43㎡(13평형)가 4억원, 고덕주공 43㎡(13평형)가 3억 8,000만원에 각각 거래되었다. 대부분 2006년 말에 형성되었던 최고가보다 40~50% 싼 매물 위주로 거래가 되었다고 볼 수 있다. 지금은 호가가 반영되면서 거래가 또다시 휴면에 들어간 상태다.

이처럼 가격이 오르는 것은 순식간이기 때문에 본격적인 상승 국면에서는 이런 좋은 매물을 만나기 힘들다. 그나마 지금처럼 매수자들의 심리가 얼어붙어 있을 때 최대한 가격 흥정이 가능하고 물건을 골라서 살 수 있다.

시장의 흐름을 알면 투자 시기가 보인다

현재 부동산시장은 심리적 영향을 상당히 많이 받고 있는 분위기다. 세계 금융위기에 실물경기 침체까지 더해지면서 수요자들은 부동산 가격이 더 떨어질 것이라고 기대하면서 구매를 미루고 있다. 이처럼 매수세가 위축되는 현상 역시 심리적 요인이 크게 작용하여 발생한 것이다. 세제 개편에 따라 고가 주택, 다주택 소유자의 보유세가 낮아지면서 소유자는 급할 이유가 없고, 고금리에 까다로운 대출심사 등으로 대출받기 어려워진 환경까지 복합적으로 작용하면서 부동산시장은 꽁꽁 얼어붙었다. 즉, 수요자는 부동산 가격이 더 떨어질 것이라는 기대로 매수에 나서지 않고 있는 반면 매도자는 고금리에 대출이자를 감당하지 못하고 급매물을 내놓고 있어 집값의 하락 추세는 당분간 계속될 것으로 보인다.

만약 대외여건이 안정되고 집값이 구매를 원하는 수요자들의 구미를 당길 만한 수준으로 떨어지면 다시 매수세가 살아나면서 가격 하락이 멈출 수도 있다. 적당한 수준으로 가격이 떨어지면 그로 인해 부동산의 경착륙이 줄어들고 부동산시장의 거품이 빠지면서 투명한 시장 환경을 조성하는 계기가 마련되기 때문이다.

2009년에 한국은행은 세계적 금융위기와 경제 침체의 영향으로 내수경기가 급격히 하강하는 것을 막기 위해 금리를 2~2.5% 선까지 인하할 전망이다. 저금리 시대가 빨리 찾아오면 대출 부담이 경감하기 때문에 대출을 통해 주택을 구입하려는 수요가 다시금 살아날 것이다. 동시에 각종 규제 완화의 효과가 동시에 발휘된다면 시장의 환경은 순식간에 지금과는 전혀 다른 양상으로 전개될 가능성이 크다. 이러한 시기가 바로 부동산투자의 적기라고 할 수 있다.

부동산 침체기가 바로 기회의 순간

1997년에 IMF 외환위기로 인해 기업들이 줄도산하는 과정에서 국내 경기가 위축되자 15대 김대중 대통령은 정책의 방향을 건설경기 부양으로 잡았다. 그리하여 1998년에는 주택시장 부양책으로 신축주택 구입자에게 세제 혜택을 부여하고 아파트 분양가를 자율화했다. 이어서 다음 해인 1999년에는 아파트 분양권 전매를 허용하고, 아파트 재당첨 제한도 폐지하였다. 이런 파격적인 주택시장 부양책이 발표되면서 건설경기는 점차 회복되었다. 그때 부동산에 투자한 사람은 몇 년 후 2~3배의 수익을 챙길 수 있었다.

IMF가 지나고 부동산시장이 몇 년 동안 지속적으로 활황일 때에는 어떠한 투자 전문가도 부동산이 지금처럼 침체 시장을 맞이할 것이라고 예언하지 못했다. 따라서 앞으로 부동산시장의 침체가 장기화되고 더 이상 부동산이 투자 대상으로서 가치가 없다고는 확신할 수 없다. 더구나 현 정권이 두 손 두 발을 걷어붙이고 부동산을 살리기 위한 정책을 시행하고 있지 않은가! 분산투자의 개념으로 따졌을 때 인구 감소와 노령화를 감안하더라도 대한민국에서는 아직 부동산이 투자 대상으로서 가치가 있고, 부동산 침체를 맞은 지금이 투자하기에 가장 좋은 시기라고 할 수 있다.

아무도 이런 기회를 다시 잡을 수 있다고 장담할 수 없기에 지금 동원이 가능하다면 지금 당장 부동산에 투자하는 것이 좋다. 저금리 시대가 오고 누구나 대출 부담이 없을 때쯤이면 집주인들이 순식간에 가격을 올리기 때문에 지금과 같이 반값에 부동산을 구입하기는 어렵다. 위기 속에는 항상 기회가 있다고 했다. 남의 눈치를 보다 시기를 놓치지 말고 지금 바로 실천에 옮겨야 한다.

02

부동산과 경제의 함수관계를
정확히 이해하라

부동산이 경제에 미치는 영향은?

어떠한 투자를 하든지 투자 시기를 잡으려면 전반적인 경제의 흐름을 이해할 필요가 있다. 그렇다면 부동산이 경제 전반에 미치는 영향력은 얼마나 될까?

건물이나 토지는 덩치가 크고 값도 비싸기 때문에 거래할 때 자금 융통이 잘 이루어져야 한다. 그런 연유로 부동산은 경기를 가장 많이 타는 투자 대상 가운데 하나가 됐다. 말하자면 경기가 좋으면 부동산의 가치도 상승하지만 반대로 경기가 나빠지면 부동산 가치도 덩달아 하락한다. 또한 주택 경기가 호황일 때 주택가격이 상승하면 자연히 소비가 늘어난다. 이러한 현상은 사람들이 투자 자산의 가치가 상승하여 전보다 부유해졌다고 느끼면서 소비를 늘리기 때문에 나타나는 것이다. 따라서 이럴 때에는 가치가 상승한 자산을 직접 현금화하지 않더라도 소비는 늘어나게 된다. 대부분의 사람들은 주식 자산보다는 부동산 자산을 마련하고자 할 때 더 큰 자금을 동원하기 때문에 부동산 자산이 소비 지출에 미치는 영향이 클 수밖에 없다.

부동산이 살아야 경제가 산다

부동산시장이 경제에 미치는 영향력은 주택 경기가 호황일 때 창출되는 일자리 수만 보아도 알 수 있다. 2002~2006년 말까지는 주택 경기가 호황을 맞아 은행원 외에 부동산 관련 업무 종사자의 일자리가 눈에 띄게 늘어났고, 건설업계의 채용 규모 역시 급증했다. 또한 아파트에 구비되는 냉장고, 세탁기, 벽지, 화장실, 인테리어 등과 같은 시설에 대한 수요가 늘어 가전제품과 가구, 철물, 페인트, 콘크리트 등 주택과 관련된 용품이나 서비스를 제공하는 회사들의 고용도 늘어났다.

반면, 지금과 같이 불황일 경우에는 반대의 상황이 발생한다. 즉, 국제 금융위기로 인한 노동시장의 불안은 개발도상국은 물론 미국, 일본 등 경제협력개발기구(OECD)에 가입한 선진국에도 적지 않은 영향을 미친다. 우리나라의 경우 만약 내년 경제 성장률이 1%가량에 그치면, 실업자가 올해보다 20만 명 가까이 늘어날 가능성이 클 정도로 사회적인 문젯거리를 야기시킨다.

이와 같이 고용 악화가 심화될 경우를 대비해 세계 각국에서는 실직자를 위한 취업 알선 및 실업급여 서비스를 신속히 제공하고 있다. 그렇다면 세계 각국에서 고용시장의 안정을 위해 실업자를 대상으로 일자리 알선에 적극적으로 나서는 이유는 과연 무엇 때문일까?

바로 실물경기의 침체를 막기 위해서다. 만약 고용이 악화되어 일자리를 구하지 못하거나 소득이 줄면 사람들은 자연히 소비를 줄이게 되고 그 결과 실물경제가 악화된다. 특히 수출에 의존도가 높은 우리나라의 경우 미국이 고용 악화로 인해 실물경제가 악화되면 대미 수출에 큰 타격을 입어 기업들이 생산을 줄이게 된다. 그리고 생산을 줄이다 보면 설비 투자를 하지 않을 뿐만 아니라 채용 계획을 줄일 것이다. 그렇게 되면 직장을 구하지 못하거나 구조조정으로 직장을 잃는 사람들이 늘어나 가정 경제에 소득이 줄어든다. 그 결과 각 가정에서는 소비를 줄이게 되는데, 이는 우리나라 실물경제에 악영향을 끼칠 뿐만 아니라 무리하게 대출을 받아 이자 부담을 지고 있는 집주인들에게도 큰 부담으로 작용하게 된다.

물론 우리나라는 현재 저금리 시대로 가고 있지만 그 효과가 시중에 가시화가 되기까지는 어느 정도 시간이 걸리기 때문에 대출이자에 대한 부담이 경감하는 폭이 미약하다. 여기에 집값이 떨어져 자산가치가 하락하면 매도자들이 견디다 못해 집을 급매하거나 반값에 처분하게 되고 이에 부동산 시세는 사정없이 떨어지게 된다.

우리나라 정부에서는 부동산 부양을 위해 감세, 부양, 규제 완화 등의 정책을 발표하고 있지만 현실적으로 전혀 약발을 받지 않는 상황이다. 특히 버블세븐지역을 중심으로 호가가 최고 40% 이상 빠지면서 일부 지역을 중심으로 집값이 반토막 나는 사례가 점차 확산되는 분위기이다.

최근에 한국은행에서 금리를 1%나 파격적으로 낮추었으나 그동안 이미 상승한 금리에 반영되기까지는 다소 시간이 걸릴 것이다. 그로 인해 대출이자 부담을 느낀 매도자들이 내놓은 급매물은 갈수록 증가 추세에 있는 반면, 수요자는 없어 부동산 시세의 하락세는 당분간 지속될 전망이다. 특히 과거 집값 상승폭이 컸던 소위 버블세븐지역에서의 하락폭이 가장 크다. 그 이유는 버블세븐지역에 고가 아파트가 몰려 있다 보니 지금처럼 금리는 상승하고 자산가치가 하락하는 국면에 접어들면, 다주택을 보유한 집주인들이 대출을 활용해 고가 아파트를 구입하고서도 이자 부담을 이기지 못해 급매로 주택을 처분하기 때문이다. 따라서 이 지역이 다른 지역에 비해 하락폭이 더욱 클 수밖에 없다.

문제는 여기에 그치지 않는다. 현재 미국의 고용시장은 더욱 악화되고 있고, 우리나라 역시 2003년 12월 이후 고용 환경이 최저 수준을 기록할 전망이어서 실물경제가 지금보다 더욱 악화될 것으로 보인다. 이처럼 실물경기의 침체가 장기화되면 집값, 땅값 모두 5~10% 정도 추가적으로 하락할 가능성이 있다.

예전과 같이 경제와 부동산을 따로 떼어 설명하는 것은 불가능하다. 앞에서 설명한 것처럼 부동산과 경제는 톱니바퀴처럼 서로 맞물려 있기 때문에 경제상황을 지켜보면서 부동산시장을 예측할 줄 아는 안목이 있어야 정확한 투자 시기를 결정할 수 있다.

03

부동산 바닥을 알리는 징후 속에서
투자 시기를 잡아라

지금 우리나라의 부동산은 미국의 주택시장 환경과 무관하지 않다. 그렇기 때문에 이번 세계 금융위기의 원인과 그 이후 미국의 주택시장 상황을 지켜보면서 투자의 시기를 찾아야 한다.

먼저 미국발 서브프라임 모기지 사태의 원인부터 살펴보자. 이 사태의 주원인은 '주택가격의 거품'과 과도한 '금융파생상품'의 생성에 있다. 2000년대 초 정보기술(IT)에 대한 거품이 꺼지고 아시아발 금융위기의 영향으로 미국 경제가 침체에 빠지자 연방준비이사회(FRB)에서 의장직을 맡고 있던 그린스펀은 2000년 말 6.5%였던 연방 기준금리를 2001년 12월까지 1.7%대로 급속히 내리기로 했다. 뿐만 아니라 2004년도에는 경제 부양을 위해 1% 금리 인하를 단행하는 금리

정책으로 집값 상승을 부추겼다. 이러한 초저금리 정책으로 인해 유동성이 풍부해지게 되었고 주택 보유비용이 줄어들자 주택에 대한 수요가 늘면서 집값이 상승한 것이다. 문제는 이렇게 정상 금리 수준으로 선회하면서 집값은 하락하고 집의 가치가 대출 잔액보다 낮아져 집을 팔더라도 대출금을 모두 갚을 수 없게 되었다는 것이다.

미국의 대출 환경도 서브프라임 모기지 사태를 일으킨 원인으로 지적되고 있다. 미국 서브프라임 모기지의 경우 2006년도에 평균 주택담보인정비율(LTV)을 94%나 적용했기 때문에 주택 가격이 급격히 하락할 경우 집값보다 대출 잔액이 많아지는 사태가 벌어질 수밖에 없는 구조였다. 이처럼 서브프라임 모기지는 금융시장 전반에 걸쳐 그물처럼 연결되어 있었다. 그리하여 2007년 4월에는 담보로 잡은 부동산을 기반으로 채권을 발행하는 미국 2위의 서브프라임 모기지 회사가 부도 처리되는 것을 시작으로 모기지 회사들과 은행들의 신용등급이 하락하여 위기를 맞았다. 이들 회사의 채권과 채권을 활용해 만든 다양한 파생상품들의 값이 폭락하자 그 여파로 금융시장 전반에 걸쳐 연쇄적으로 위기가 닥쳤고, 월가는 금융 대혼란에 빠져들었다.

미국의 경제위기는 미국만의 문제?

이렇게 시작된 미국의 금융위기는 글로벌 금융위기로 이어지고, 이어서 각국의 실물경제에도 영향을 미치기 시작했다. 그 후에 유가가 급등하여 물가가 오

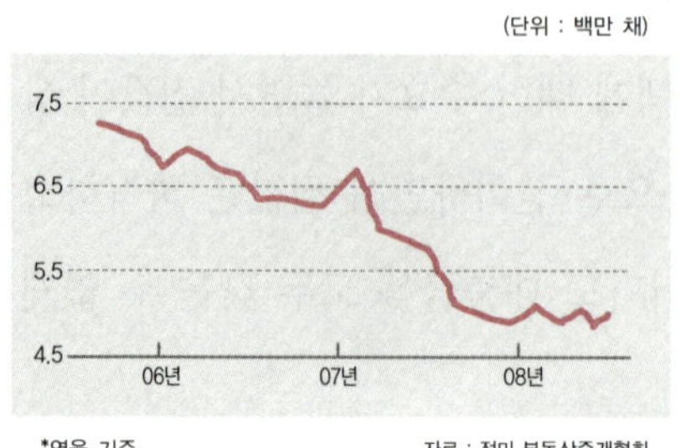

르자 미국의 소비가 감소했다. 결국 서브프라임 모기지론에서 발단이 된 자금시장의 악화는 전 세계의 경기를 후퇴시켜 지금과 같은 '글로벌 금융위기'를 초래하게 되었다. 이러한 위기를 벗어나기 위해 세계 각국이 공조를 하고 있고, 미국 또한 대선 이후 급속도로 정비를 하고 있는 분위기다. 나올 수 있는 악재는 이미 다 나온 만큼 금융위기로 인한 경기 침체도 머지않아 다시 회복될 것이다.

현재 미국과 우리나라에서는 곳곳에서 집값이 바닥을 칠 징후들이 감지되고 있다. 양국 모두 수출, 고용, 소비 등의 경제지표가 최악의 상황이고, 국내 은행의 원화대출 연체율도 증가 추세에 있다. 또한 미국은 신용카드 연체율이 급증하고 있고, 우리나라는 엔화대출에 대한 위기가 여전히 남아 있는 실정이다. 부동산시장에 거품이 빠지면서 거래는 꽁꽁 얼어붙었다. 하지만 더 이상 나올 악재는 거의 없다. 지금까지 언급한 내용들 자체가 바닥을 의미하는 요소들이다.

그렇다면 위에서 열거한 요소를 하나하나 살펴보자.

● 수출, 고용, 소비 등 경제지표 악화

수출, 고용, 소비 등 경제지표가 빠른 속도로 악화되고 있다. 여기에 한국 경제의 버팀목이었던 수출도 급감해 위기감이 더하고 있다. 2008년 12월 지식경제부의 발표에 따르면 11월 수출이 2007년 같은 달에 비해 18.3%나 감소했다고 한다. 미국의 IT 산업이 붕괴 조짐을 보이던 2001년 12월(20.4%) 이후 가장

26

큰 폭으로 줄어든 것이다. 이는 한국 최대의 수출국인 중국에 대한 수출이 28% 가까이 줄어드는 등 세계 경제의 침체로 수출시장이 빠르게 위축되어 나타난 현상이다. 2008년 11월 미국의 제조업 지수는 36.2로 26년 6개월 만에 최저 수준을 기록했을 뿐 아니라 앞으로 당분간은 경기 침체 국면이 해소될 가능성은 희박하다. 수출로 버텨온 한국 경제가 침체의 수렁에서 벗어나기는 쉽지 않아 보인다.

● 국내 은행 원화대출 연체율 증가

금융감독원에 따르면 2008년 9월 말을 기준으로 국내 은행의 원화대출 연체율은 0.97%로 1년 새 0.08%포인트 상승했고, 기업대출 연체율도 1.30%로 0.18%포인트가 올랐다고 한다. 특히 원·달러 환율 및 원자재 가격이 상승하여 중기 대출 연체율은 1.50%로 2008년 9월 말 대비 0.28%포인트 상승한 것으로 나타났다.

은행권이 이처럼 연체율 관리에 총력

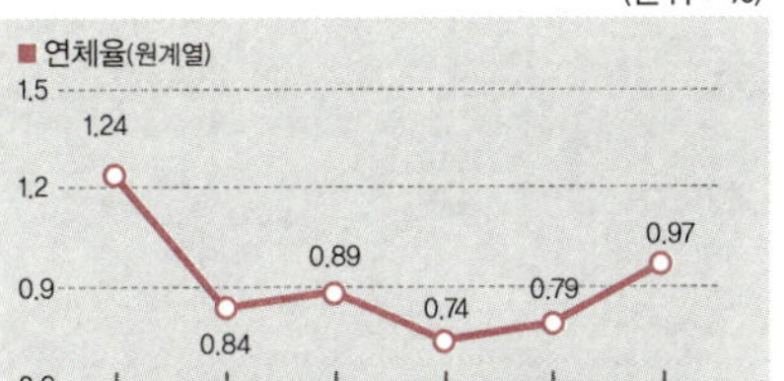

| 국내 은행 원화대출 연체율 추이

(단위 : %)

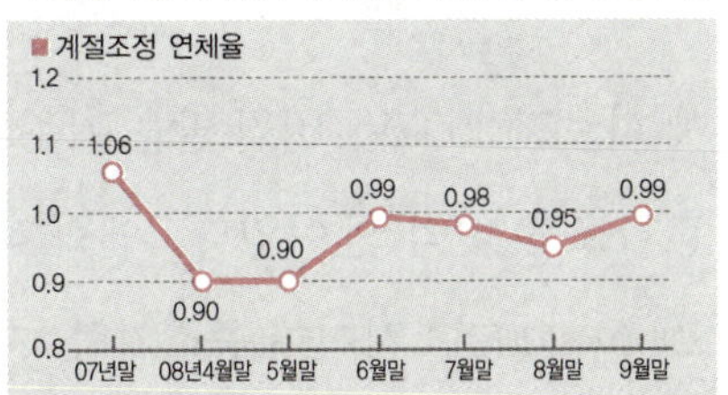

전을 펼치는 이유는 국제결제은행(BIS)의 자기자본 비율과도 연관 있는 자산 건전성 관리 때문이다. 연체율이 높다는 것은 자산 건전성이 나쁘다는 것을 의미하기 때문에 은행의 신인도에 직격탄이 될 수 있다. 더구나 정부가 2008년 연말까지 권고한 자기자본 비율(12%)과 기본 자기자본 비율(9%)을 맞추지 못할 경우 공적자금을 투입받아야 하는데, 이는 정부가 직권으로 경영에 간섭할 수 있는 빌미를 제공할 수도 있다. 하지만 은행들의 지나친 연체율 관리는 가계와 기업들이 이자 및 원금 상환, 금리 인상 등의 이자 폭탄으로 신음하게 하는 부작용을 낳고 있다. 시중 자금의 유동성 경색을 부추길 수 있다는 우려가 현실화되고 있는 것이다.

● 환율 급등에 따른 엔화대출 공포

| 엔화대출 잔액 추이

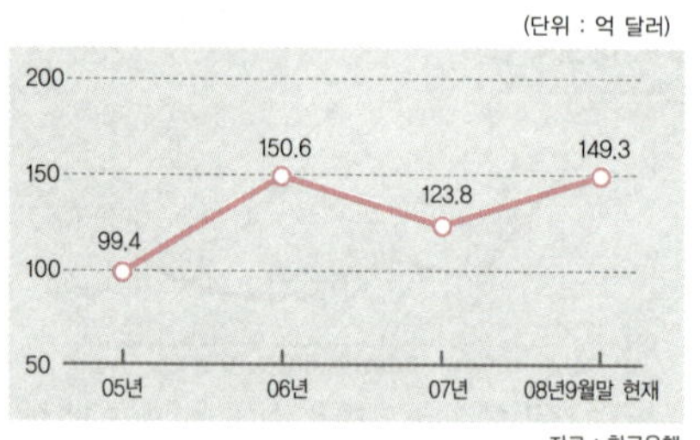

엔화대출을 받은 중소기업들의 시름은 더욱 깊어지고 있다. 한국은행이 운전자금 외화대출의 상환기한을 폐지한다고 밝혔지만 은행들은 여전히 두 배 이상 불어난 대출금리와 추가 담보 등을 요구하면서 대출자들을 압박하고 있다. 금융권에 따르면 2008년 10월 말을 기준으로 할 때, 6개 시중은행의 엔화대출 잔액은 총 1조 939억 엔이었다. 엔화 환율이 100엔당 700~800원대였던 지난 2006~2007년 사이에 중소기업, 자영업자 등을 중심으로 값싼 엔화를 빌려 쓰는 수요가 급증했다. 그리하여 지난 2005년 말 99억 4,000만 달러이던 전체 엔화대출이 2006년 말에 150억 6,000만 달러로 증가했으며, 2008년 9월 말에는 149억 3,000만 달러 수준이 되었다. 문제는 최근 환율이 급등하면서 원화 환산에 따른 상환 부담이 급증해 기업 경영에 부담이 되고 있다는 점이다.

● 신용카드 연체율 증가

미국 경제는 앞으로 한 고비를 더 넘겨야 할 것으로 보인다. 신용카드 업계가 올해 사상 최대의 적자를 기록할 것으로 관측됐기 때문이다. 현재 미국 경제는 명백한 불황 국면에 있기 때문에 주택시장이 안정을 찾기 전까지는 어떤 회복도 기대하기 어렵다.

최근 미국이 구제금융을 자동차산업 회생에 사용하지 않는 이유도 신용카드 부실 가능성을 염두에 둔 포석이라는 주장이 힘을 얻고 있다. 미국 FRB와 폴슨 재무장관은 서브프라임에 이어 프라임, 신용카드, 자동차 할부금융, 학자금 대출

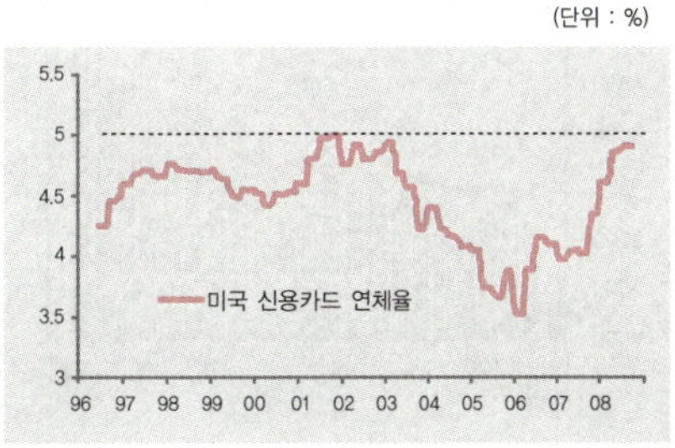

| 미국 카드 연체율

로 신용 리스크가 확대되는 상황이라면서, 이러한 때를 대비해 구제금융 지원액을 자동차에 쏟지 않고 있다고 강조했다. 문제는 실업률이 상승함에 따라 소득이 감소하여 현금과 저축액이 부족한 미국인들이 신용카드의 사용을 확대하고 있다는 점이다. 여기에 추가적인 주택가격 하락은 미국 가계의 실질 자본을 잠식하여 소비를 더욱 침체하게 할 것이다. 따라서 미국이 경기를 회복하려면 우선 주택가격이 저점에 도달하고 신용카드 위기를 벗어나야 할 것이다.

● 개인파산 증가

AACER(미국 파산전문 조사업체)의 조사에 따르면 2007년 10월 미국의 개인파산 신청 건수는 2005년 이후 처음으로 10만 건을 돌파한 것으로 나타났다. 이는

일평균 5,000여 명에 달하는 미국인이 파산 신청을 했다는 의미다. 이처럼 '자산가격 하락→소비자 신용 위축→경기 급강→고용 악화→개인파산 증가→소비수요 위축' 이라는 악순환의 연결고리가 유지되면 향후 기업들의 실적에 부정적인 영향을 미칠 수 있다.

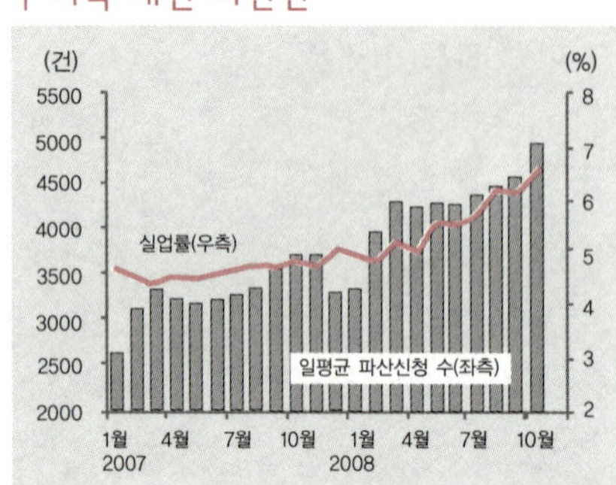

| 미국 개인 파산건

우리나라도 실물경제의 침체 속에 돈이 바닥나면서 기업 부도와 개인파산이 늘고 있는데, 서울보다 지방, 대기업보다 중소기업, 부유층보다 서민층이 먼저 한계 상황으로 내몰리고 있다. 한국은행에 따르면 지방의 어음부도율이 급격히 치솟아 일부 지역에서는 외환위기 때와 비슷한 수준에 근접하고 있는 실정이다. 2008년 9, 10월에 나타난 충남의 어음부도율이 각각 1.10%로 외환위기 한파가 몰아친 1997년 12월(1.43%) 수준에 다가섰다. 제주도도 10월에 1.04%로 나타나면서 1997년 12월(0.87%) 수준을 넘어섰다.

● 주택거래량 급감, 가격 하락폭 둔화

정부가 감세, 부양, 규제 완화 등의 부동산 부양을 위한 정책을 내놓았음에도 불구하고 시장은 전혀 호전되지 않고 있는 상황이다. 특히 버블세븐지역을 중심으로 최고가 대비 호가가 최고 40% 이상 빠지면서 일부 지역에서 집값이 반토막 나는 현상이 점차 확산되는 분위기이다. 실제로 2008년 11월 송파구 잠실동 주공5단지 112㎡이 2006년 12월에 최고가인 13억 6,000만원에 거래됐지만 2008년 12월에는 7억 9,000만원에 거래되면서 최고가 대비 42%나 떨어졌다. 송파구 신천동 장미2차아파트 129㎡도 2006년에는 최고가인 12억 5,000만원이었으나 현재는 그보다 48%가 하락한 가격의 매물도 나왔다. 가락동 가락시영2차아파트 56㎡는 급매물 시세가 6억원으로 2006년에 최고 11억원에 팔린 것보다 45.5%가 내렸고, 송파구 문정동 올림픽훼밀리아파트 106㎡는 급매물 가격이 5억 8,000만원 선으로 2006년 최고 실거래가인 9억 8,000만원에서 40.8%가 떨어진 가격에 거래되고 있다. 용인 일대의 일부 급매물 시세는 2006년의 고점 대비 30~40% 하락했다.

하지만 위에서 말한 거래 사례를 시세로 보기는 어렵다. 이는 대출 부담으로 급매하고자 하는 경우에만 해당하는 것으로 자금 계획에 여유가 있는 집주인의 경우에는 이렇게 주택을 싸게 처분할 이유가 없다. 우리는 정책이 달라지거나 향후 경기가 살아남에 따라 일부의 급매들이 순식간에 거래 또는 회수되면서 가격이 몇억원씩 오르는 것을 익히 접했다. 실제로 2008년 12월 말부터 2009년 1월에는 서울 한강변 및 재건축 규제 완화에 대한 기대감으로 급매물들이 소진되면서 일부 지역 주택기격이 20% 이상 회복되기도 했다. 하지만 2009년 3월 들어 금융시장이 다시 불안해지면서 부동산시장이 위축되었다. 이처럼 2008년 4분기를 바닥으로 보고 2009년 한 해 동안 바닥 다지기를 거듭한 후 가격 하락폭이 둔화되면서 차츰 안정을 찾아갈 것이다.

● 수급 불균형 문제

부동산의 경기 침체가 장기화되면서 매매시장의 하락세에 이어 전세시장까지 하락의 늪에 빠지고 있다. 현재 전세시장이 비수기인데다 잠실을 필두로 입주물량이 넘쳐나면서 수요를 초과한 공급이 발생해 집주인이 세입자를 구하지 못하는 '역전세 대란'까지 일어나고 있다. 그 여파로 서울의 전세시장은 2008년 12월에 들어서자마자 전역에 걸쳐 하락세가 확산되었다. 12월 첫째 주에 0.28%를 기록하여 2002년 11월 셋째 주 이후 6년여 만에 최저치의 변동률을 기록하기도 했다. 더욱이 집값 하락세와 경기 침체가 오래갈 것이라는 전망이 쏟아지면서 전세 수요자들이 보증금 보장에 대한 우려 때문에 전세를 기피하는 현상이 점점 심화되고 있다.

그에 따라 최근 서울 및 수도권의 전세시장은 수요자 위주의 시장으로 완전히 재편됐다. 게다가 올 상반기에 꾸준히 인기를 모았던 강북권도 호가 상승에 대한 부담과 실물경기 침체로 이사 자체를 꺼리면서 약세를 면치 못하고 있다. 강·남북 가릴 것 없이 서울 전역에 하락세가 확산되고 있는 것이다. 이렇게 전세금 하락이 장기화되면서 집주인들이 세입자들에게 보증금의 일부를 돌려주는 경우가 빈번하게 일어나고 있다. 세입자를 구하지 못해 전세금 반환이 어려운 경우에는 집주인들이 보증금을 깎아주며 재계약을 권하거나 대출까지 받아가며 전세금을 반환하는 사태까지 나오고 있는 실정이다.

2009년에는 공급물량 중 판교 신도시가 단연 관심사다. 2006년에 공급된 1만 6,208가구 가운데 40%에 육박하는 12개 단지 6,205가구가 2009년 6월까지 입주를 하고 10월에는 6개 단지 2,583가구가 입주한다. 요즘처럼 주택 수요가 부족한 상황에서 한꺼번에 많은 아파트가 시장에 쏟아지면 집값과 전세금 하락이 불가피할 것으로 예상된다.

이처럼 수출, 고용, 소비 등의 경제지표는 최악의 상황으로 치닫고 있으며 국내 은행에서 원화대출에 대한 연체율이 증가하고 있다. 게다가 환율 급등에 따른 엔화대출의 공포가 우리를 기다리고 있다. 대외적으로는 미국의 신용카드 연체율이 증가하고 있고, 개인 파산자 또한 증가하고 있는 실정이다. 이처럼 금융 경색으로 건설시장은 주택 거래량이 급감하여 수급 불균형 문제가 가시지 않아 역전세 대란에 빠져 있다.

이를 해결하기 위해 세계 각국에서 국가 공조를 통해 경제 안정을 위한 지구책을 마련할 예정이고 국내 또한 정부에서 각종 악재에 대한 선제 대응에 나서고 있다. 정부에서는 이미 부동산 대책을 마련했고, 2009년부터 그 핵심 사안들이 실행에 옮겨지면서 경기는 점차 안정을 찾아갈 것이다. 2008년 12월 말~2009년 1월 초까지의 거래량을 통해 그 기대감이 높아지고 있음을 감지할 수 있다.

강남권 재건축 시장에서 40~50% 싼 매물들이 소진되면서 호가가 상당 부분 상승했다. 잠실 주공5단지의 경우는 제2의 롯데월드 허가가 확실시되면서 매물도 자취를 감추었다. 이처럼 가격이 완전히 떨어진 것도 아닌데 거래가 된 이유는 바로 심리적인 요인 때문이다. 위에서 언급했던 바닥을 알리는 악재들이 거의 다 나온 상황이기 때문에 이어서 '지금이 바닥일 것이다' 라는 기대감이 작용한 것이다.

다만 문제는 자산가나 서민층 모두 현금이 없다는 것이다. 그렇기 때문에 호가가 올라간 상황에서 거래가 없는 상태가 지속되면 또다시 조급해진 집주인들이 가격을 내리기 시작할 것이다. 더욱이 2009년 상반기는 최대의 악재인 고용 시장 악화로 실물경기 침체가 발목을 잡고 있기 때문에 그럴 가능성이 있다. 이때가 또 다른 적정 투자 시기이니 절대 놓쳐서는 안 되겠다.

04

정책에 따른 부동산시장의
변화를 읽어라

부동산 정책, 참여정부 VS 이명박 정부

지난 참여정부와 새 정부인 이명박 정부의 부동산 정책 기조를 비교해보면 재미있는 사실을 알 수 있다. 두 정부의 공통점은 부동산 가격의 안정이 최대의 목표라는 것이다. 그러나 부동산 가격의 안정을 위한 두 정부의 방법과 각 정부가 처한 세계 부동산시장의 상황은 눈에 띄게 대조적이다.

부동산 가격 안정을 위한 정책면에서 참여정부가 규제 강화정책에 초점을 두었다면 이명박 정부는 규제 완화정책에 무게를 두고 있다. 공급 측면에서도 참여정부가 신도시를 통한 공급 활성화 정책을 실시했다면 이명박 정부는 도심부 공급 활성화 정책을 지향한다는 점에서 각 정부의 정책 노선은 확연히 다르다.

이제 각 정부가 직면한 세계 부동산의 동향을 비교해보자. 참여정부 때에는 전 세계의 자금 유동성이 풍부하여 주요국들의 부동산 가격이 폭등한 반면, 새로 시작된 이명박 정부는 미국의 서브프라임 부실과 금융위기가 겹치면서 그 여파로 세계 부동산은 침체기에 있다.

참여정부의 정책은 결국 실패했다

그렇다면 그동안 수많은 주택을 공급했음에도 아직까지 부동산 가격이 불안정한 이유는 무엇이며 과연 언제쯤 안정을 찾을 수 있을까?

참여정부의 부동산 정책 기조에는 반시장적인 정책들이 많음을 쉽게 찾아볼 수 있다. 예를 들면 분양가상한제, 양도세 중과, 종합부동산세 등을 실시한 결과 시장이 상당 부분 왜곡되었다.

분양가상한제를 실시하자 건설사들이 수익률 저하를 이유로 사업을 대거 포기하면서 주택 공급량이 점차 줄어들었다. 이는 향후 2~3년 안에 또 다른 부동산 혼란의 원인으로 작용할 가능성을 남겼다. 또한 분양가상한제가 적용되기 시작한 시기인 2007년 9월 이전에 분양 승인을 받아놓은 건설사들이 비싼 분양가로 물량을 쏟아냄에 따라 싼 분양가를 기다리고 있는 수요자에게 외면받아 미분양 물량이 쌓여가고 있다. 그리고 정부에서는 양도세 중과를 실시하면 다주택자들이 기존 매물들을 대거 쏟아낼 것으로 예상했으나 결과는 전혀 달랐다. 매도자들이 세금 중과에 대한 부담감 때문에 팔지 않고 버티기로 들어가면서 당초 정부가 예상했던 기존 매물을 통한 공급량 해소에는 전혀 효과가 없었다. 오히려 거래가 이루어지지 않는 등 시장만 왜곡되었다.

그렇다면 신도시 정책의 효과는 과연 얼마나 있었던 것일까? 참여정부는 부족한 주택 공급량을 해소하고자 서울과 거리가 먼, 땅값이 싼 지역을 신도시로 지정했는데, 이제야 순차적으로 공급되고 있다. 하지만 동탄 신도시나 용인 동백지구에 거주하는 사람들만 하더라도 서울에 근무하는 직장인들이 직주근접이 가능한 지역으로 다시 회기하고 있는 현상이 벌어지고 있다. 우리나라와 그리 멀지 않은 일본이 경험했던 것처럼 우리나라도 다시 도심지로의 회기현상이 일어나면서 자칫 배드타운으로 전락할 가능성이 점점 커지고 있는 것이다. 실제로 신도시의 부동산 가격은 많이 떨어졌고 찾는 사람도 많지 않다.

소문에 사서 뉴스에 팔아라

이런 시장 환경을 넘겨받은 이명박 정부는 어떨까? 결론부터 말하자면 정책을 펼쳐나가기가 쉽지 않다. 이미 왜곡되어 있는 시장의 실타래를 풀기도 쉽지 않거니와 미국의 서브프라임발 금융 쇼크와 국제유가 상승으로 내수경기가 둔화해 새로운 대안을 모색하기도 어렵다. 설상가상으로 물가상승에 대한 압력까지 겹쳐 자칫 경기가 위축할 수도 있는 실정이다.

그럼에도 불구하고 이명박 정부의 정책 기조는 친시장적이다. 먼저 세제정책을 보면 종합부동산세, 양도세 모두 합리적인 수준까지 완화하겠다고 밝혔다. 공급정책에 있어서는 신도시 공급정책 대신 도심 재개발과 재건축 완화를 통한 공급 활성화에 무게를 두고 있다. 이렇게 되면 이명박 대통령이 서울시장으로 재직했을 때 처음 추진하기 시작했던 뉴타운(촉진지구)의 추진 또한 박차를 가해 도심부 공급량 증가에 기여를 할 것으로 보인다. 하지만 뉴타운, 재개발, 재건축만으로 부동산시장을 안정시키는 데에는 한계가 있기 때문에 신도시와 택지개발 또한 병행해야 한다.

수년간의 현장 경험을 바탕으로 할 때 필자는 부동산 주택가격 안정화 방안에 대한 해답을 재건축 시장에서 찾고자 한다. 부동산 폭등의 진원지인 강남의 재건축 완화를 통해 공급량을 증가시키면 대한민국에 있는 모든 집값의 기준이 되는 강남의 부동산시장이 안정되어 결국 전체 집값 기준의 표본이 되기 때문이다.

새 정부에서는 8·21 부동산 대책에서 재건축 완화의 신호탄이 될 만한 정책을 내놓았고, 이에 따라 점차 강남의 재건축 활성화를 통한 공급량이 늘어날 것으로 보인다. 이처럼 이명박 정부가 지금의 어려운 시장 환경을 잘 극복하여 공급량이 원활하게 늘어난다고 가정할 때, 빠르면 5년 이내에 주택시장이 수급 균형점을 찾게 되어 재테크 시장에서 사라질 것이다. '소문에 사서 뉴스에 팔라'는 말이 있듯이 투자란 누구보다 빠른 통찰력이 필요하다. '소문난 잔치에 먹을 것 없다'는 격언처럼 주택시장이 끝날 무렵이면 땅값은 오를 대로 올라 있을 것이다.

부동산 언제 팔고 언제 살 것인가, 시점 파악하기

시장의 흐름을 주시하라

말 그대로 지금의 부동산시장은 한 치 앞도 내다볼 수 없는 불확실성의 시대, 즉 혼돈의 시대에 있다고 해도 과언이 아니다. 전 재산이 집 한 채인 주택 보유자들은 가격이 추가로 하락할 것이라는 우려 때문에 밤잠을 설치고, 내 집 마련 계획을 갖고 있는 실수요자들은 바닥을 가늠할 수 없어 그 시기를 기약 없이 늦추고 있는 상황이다. 이러한 현상으로 인해 부동산시장에는 급매물과 미분양이 넘치고 있다. 그렇다면 지금처럼 세계 금융위기와 실물경기 침체로 경기 흐름에 대한 판단이 쉽지 않을 때 부동산 투자전략을 어떻게 짜야 할까?

사실 경기가 침체기에 있을 때에도 거래가 전혀 없는 것은 아니다. 각 지역마다 최소한의 자산가치 기준을 가지고 있기 때문에 그 마지노선 가까이 근접하는 매물에 대해서는 거래가 일어나고 있다. 따라서 시장에서 벌어지는 몇 가지 조짐을 통해 투자전략 및 시기를 세워 보는 것이 현실적인데, 그 시점은 다음과 같다.

❶ 미국 부동산시장이 바닥을 다지는 신호로 볼 수 있는 주택시장이 회복될 때

❷ 금융시장이 살아나면서 주가가 상승세를 타고 지수가 1,400 이상 안정세를 유지할 때

❸ 무역수지가 흑자로 전환돼 상당 기간 지속될 때

❹ 은행의 대출금리가 6%까지 떨어질 때

이 모든 신호가 모두 시장에 나오기 시작할 때에는 이미 늦었다고 봐야 한다. 앞으로 시장 상황이 좋아질 것이라는 신호가 올 때쯤이면 자신의 매물을 싼값에 팔 사람이 없기 때문이다. 그러므로 위에서 언급한 여러 신호들을 계속해서 살펴 시장이 안정세를 유지하기 시작하면 다른 사람보다 먼저 투자해야 한다.

2009년에 실물경기 침체와 구조조정이 본격화되고 고용시장이 악화되어 소비가 심각하게 위축될 것이라고 보았을 때, 바닥은 2009년 상반기라고 할 수 있다. 따라서 2009년 하반기부터는 세계 경제가 안정을 찾아가기 시작하면서 앞에서 말한 신호들이 나타날 것이기 때문에 2009년 2~3분기가 가장 좋은 투자 시기라고 할 수 있다.

부동산투자, 그때그때 달라요

● 무주택자는 좀 더 여유를 갖고 기다려라

기존에 있는 주택을 구입해 내 집을 장만할 생각이라면 시장 상황을 지켜보다가 결정해도 늦지 않다. 조바심을 내고 빨리 내 집 마련의 꿈을 이루기보다는 좀 더 저축하면서 매수 시점을 느긋하게 기다릴 필요가 있다. 자금 여력이 있다면 소형보다 그동안 저평가됐던 112㎡(33평형)를 생각해볼 만하다. 1주택자에 대한 양도세 비과세 기준 금액이 '6억원 초과(공시가격 기준)'에서 '9억원 초과'로 높아질 뿐만 아니라 불경기가 끝나고 나면 저평가된 중형 평형대로 수요가 다시 몰릴 가능성이 크기 때문이다.

2009년 상반기에는 알짜 경매 물건이 대거 나타날 가능성이 높다. 그러므로 경매를 통해 내 집을 마련하는 것도 좋은 방법이라고 할 수 있겠다. 다만 도심과 멀리 떨어진 신도시는 가급적 피하는 것이 좋다. 참여정부가 신도시 공급정책을 폈다면, 이명박 정부는 서울 도심 재개발·재건축 공급 활성화 정책이 핵심이기 때문이다. 또한 시장의 원리로 접근했을 때 수급 균형을 이루게 되면 서울 중심부와 지리적으로 많이 떨어진 곳부터 가격이 하락할 가능성이 있다.

● 빚이 없는 1주택자는 보유세 걱정에서 벗어나라

현재 빚이 없는 1주택자가 넓은 평형대로 이사 가기를 원하거나 교외에서 도시 중심으로 집 장만을 하고자 한다면 지나치게 걱정할 필요가 없다. 6억원 이상의 고가 주택을 보유한 사람의 경우 종합부동산세 등 보유세가 완화 또는 폐지

될 예정이기 때문에 부담이 없어지게 됐다. 단, 기존에 있는 집을 팔고 다른 주택을 구입할 계획이라면 시기를 잘 잡아야 한다. 불황기엔 매물이 빨리 거래되기 힘들기 때문에 보유 주택을 먼저 판 뒤 갈아탈 집을 장만해야 낭패를 보지 않는다.

● 일시적 2주택자는 매도 시기를 늦추어라

일시적 2주택자가 양도세 비과세를 받기 위해서 필요한 기존 주택 처분시한과 처분조건부 대출 상환기간이 모두 1년에서 2년으로 늘어날 예정이다. 따라서 집을 당장 급매물로 내놓기보다는 매도 시기를 늦추는 게 유리하다. 지금은 급매물도 팔기 힘든 상황이고 시간적인 여유가 생긴 만큼 부동산시장의 상황을 봐가며 파는 게 좋다.

● 대출이 있는 1주택자는 버틸 때까지 버텨라

대출이 있고 이자 부담이 많은 1주택자는 차라리 그 집을 팔아서 빚을 갚고 전세로 살다가 집값이 떨어질 때 제2의 기회를 노려보는 방안도 고려해볼 만하다. 하지만 지금의 부동산시장은 매도가 쉽지 않기 때문에 최고가 대비 30~40%까지 싸게 처분할 수밖에 없는 상황이다. 강남과 같이 고가 아파트가 밀집한 지역일수록 이런 현상이 더욱 심한데, 반 토막 얘기가 나오는 이유가 바로 여기에 있다. 금리가 계속 인하될 전망이기 때문에 거래가 활성화될 때까지 기다릴 수 있다면 버티는 것이 좋다.

● 빚이 없는 다주택자는 소유 목적에 따라 다르게

종부세 등 보유세 부담이 줄어들 전망이므로 대출이 거의 없고 노후를 위한 '세컨드 하우스' 마련이라는 확실한 목적이 있다면 그렇게 우려하지 않아도 된다. 그러나 본인이 거주하는 집 이외의 주택을 보유하고 있는 이유가 시세차익을 노린 '투자' 용이었다면 파는 것을 심각하게 고려해봐야 한다. 앞으로 기대 수익률이 그리 크지 않기 때문이다.

● 대출이 있는 다주택자는 절세 여부를 확인하라

대출이 있는 다주택자의 경우는 더 급하다. 적지 않은 이자 부담을 안고 무리하게 2주택 이상을 갖고 있는 것보다는 투자가치가 높은 집 한 채만 보유하는 게 절세 측면에서 유리하다. 양도 대신 자녀나 배우자에게 증여하는 것도 고려해볼 만하다. 증여세 과표가 상향 조정되고, 세율도 기존 10~50%에서 2009년에는 7~34%, 2010년에는 6~33%로 내리기 때문이다. 하지만 집을 증여받은 뒤 5년 안에 다른 사람에게 팔면 증여세가 취소되고, 양도세가 부과되므로 유의해야 한다.

또한 다주택자 양도세 중과가 면제되는 시점에 빨리 매물을 내놓아 파는 게 바람직하다. 특히 집을 팔 때는 거품이 많이 낀 중대형 아파트부터 파는 것이 좋다. 2008년 하반기에 집값 하락을 주도한 지역도 용인과 강남 재건축 등의 버블세븐 지역이었다. 또 건설사들은 그동안 실수요가 많은 중소형보다 구매력이 있는 수요층이 매우 한정된 중대형 아파트를 주로 지어 왔다. 그렇기 때문에 현재 중대형 아파트는 수요보다 공급이 많은 상태여서 집값의 하락이 더 빠를 것이다.

06

뜨는 부동산 테마를 잡아라

혼돈의 시대에서 흙 속의 진주 찾기

지금처럼 세계 금융위기와 실물경기 침체로 인해 불안해진 시장 환경에서는 누구나 판단력이 흐려진다. 매도자가 부동산을 팔기 위해 아무리 싼 가격에 물건을 내놓아도 살 사람이 없다. 대출 심사가 까다로워 매수자는 자금 융통이 어려울 뿐만 아니라 자금이 있다 하더라도 부동산 버블 붕괴까지 거론되는 불안정한 부동산시장 환경에서는 가격이 더 떨어질 때를 기다린다. 그로 인해 부동산시장은 거래가 꽁꽁 얼어붙었고 고금리에 자산가치마저 하락하면서 진퇴양난의 상황에 빠졌다. 하지만 이처럼 위기 상황이 깊어질수록 흙 속의 진주를 찾기가 더 쉽다는 것을 명심해야 한다. 남들이 위기 상황에서 극도로 위축되어 있을 때 오히려 역발상의 자세로 준비를 하고, 남들보다 한 발 빠르게 움직이면 성공적인 투자를 할 수 있다.

　수년째 현장에서만 실전 경험을 쌓았고, 또한 건축사로서 건축, 건설 환경을 꿰뚫어보는 필자는 다가올 변화에 가슴이 벅차오른다. '위기는 기회다' 는 말은 귀가 따갑도록 들었을 것이다. 실천하고 안 하고는 종이 한 장 차이라고 하지만, 그 실천 여부에 따른 결과는 금액으로 환산할 수 없을 정도의 차이가 발생하기도 한다. 이명박 정부는 중반기에 접어들수록 건설경기 활성화에 상당 부분 치중할 것으로 보인다. 따라서 이제는 현실을 받아들이고 한 발 도약할 수 있는 기회로 삼을 때다. 그렇다고 무모한 투자는 자제해야 한다. 지금처럼 혼란스러운 시장 환경일수록 리스크 관리에 철저해야 하고, 앞으로 부상할 테마를 정확히 찾아낼 줄 알아야 한다.

재건축이 부활한다

　2009년 이후 이명박 정부에서 부동산 화두로 급부상할 재료는 재건축이다. 2009년부터 본격적으로 규제가 완화되면서 여러 가지 측면에서 긍정적인 효과가 있을 것으로 예상되어 실수요자에게는 강남권에 내 집 마련을 할 수 있는 최고의 기회인 셈이다. 특히 여러 대외여건이 악화되어 시세마저 최고점 대비 40~50%나 저렴한 매력 있는 가격이 형성되어 있기도 하다. 뿐만 아니라 한강변 재건축 단지의 경우 일부 대지면적의 기부체납을 통해 초고층 아파트 단지로 탈바꿈하여 향후 한강의 스카이라인을 완전히 바꾸어놓을 것이다. 이렇게 되면 자산가치 또한 상승하는 효과가 있다. 압구정 구현대, 잠실 주공5단지, 구반포 주공1단지, 반포 한신아파트, 여의도 시범아파트가 대표적인 한강변 재건축 단지들이므로 이곳들을 눈여겨볼 필요가 있다. 또한 압구정 구현대, 잠실 주공5단지, 대치 은마, 여의도 시범아파트 등의 3종 일반주거지역을 지켜보는 것이 좋다. 그 외에도 저층 재건축 단지인 개포 주공, 가락 시영, 둔촌 주공, 고덕 주공아파트를 주목할 만하다.

'한강 르네상스 프로젝트'로 다시 태어나는 한강변

용산 국제업무지구는 한강변과 연계되어 수변도시로 탈바꿈할 예정이다. 이곳이 국제 금융허브로 육성되면 대한민국의 랜드마크 도시로 우뚝 설 전망이다. 또한 용산역세권 개발을 통해 구도심지가 재정비되고, 재정비촉진지구로 지정된 한남 뉴타운은 용산공원 조성 및 남산 생태의 축을 연결하는 친환경 명품도시 구조로 탈바꿈할 전망이다.

지하철은 돈의 맥

국토해양부에서는 도심지 역세권을 재정비촉진지구로 지정해 도심개발을 활성화하는 방안을 내놓았다. 도심지 역세권을 '고밀복합형 재정비촉진지구'로 신설하기로 하였는데, 이 고밀복합형 뉴타운에는 계획수립 절차 단축, 용적률 완화, 주차장 설치기준 완화 등의 인센티브도 주어진다. 이를 통해 2018년까지 12만 가구의 주택을 공급할 예정인데, 1~2인이 살 만한 소형 주택을 집중적으로 공급할 예정이다.

고밀복합형 뉴타운을 지정할 수 있는 지역은 지하철 2개 노선이 겹치는 지역 등 대중교통 결집지의 이면도로에 인접한 저밀도 주거지다. 이는 중심지를 기준으로 반경 500m 이내에 있으므로 소액으로 투자할 수 있는 물건이라면 무주택자도 주목할 만하다.

주택, 질적인 양극화 시대에 들어서다

우리나라는 산업화 과정을 거치면서 질적인 성장보다는 양적인 성장에 치중해왔다. 이는 서울의 도시구조를 보아도 확연히 드러난다. 한강변의 경우 성냥갑 아파트들이 촘촘히 들어서 있다 보니 한강의 미관이 완전히 훼손되었다. 뿐만 아니라 도심지 또한 특색 없는 성냥갑 아파트 일색이다. 아파트 브랜드와 인테리어 마감재 정도가 미세한 차이를 보일 뿐이다. 하지만 최근에 서울시에서는 이런 점을 바로 잡기 위해 성냥갑 아파트를 허용하지 않을 방침이다. 반면 차별화된 디자인, 주거공간, 조경시설이면 용적률이나 층고를 추가적으로 완화시켜줄 전망이다. 이렇게 되면 향후 어떤 변화를 예상해볼 수 있을까?

바로 성냥갑 아파트와 신규 아파트와의 양극화 시대를 가져올 것이다. 사실 지금까지는 단지마다 특별한 차별성이 미미하였기 때문에 투자 가치에도 큰 차이가 없었다. 그러나 용적률이나 층수 제한이 완화되면 건폐율이 상대적으로 줄어들어 조경공간이 풍부해지면서 친환경 단지를 구성하는 것이 가능하다. 게다가 층수를 더 높게 지을 수 있고 디자인도 차별화될 뿐만 아니라 주거공간까지 쾌적해지면서 기존의 성냥갑 아파트와는 집값에서도 많은 차이가 날 것으로 전망한다. 이처럼 다양한 형태의 아파트가 생기면 기존의 성냥갑 아파트는 점차 소외될 것이다.

07

부동산투자의 성공방정식

정치와 경제에 해박하라

부동산투자는 정치적으로 접근하면 대부분 성공한다. 우리나라 특성상 부동산은 정치에 지배를 받을 수밖에 없기 때문이다. 특히 국민들이 부동산에 대한 환상을 가지고 있기 때문에 정치인들은 그 점을 잘 이용한다. 2002년 대선 당시 노무현 전 대통령은 '행정복합도시'를 표방하여 충청권의 표심을 잡을 수 있었고, 2007년에 이명박 대통령은 경기가 침체되어 있을 당시 '한반도 대운하'를 통해 경제 대통령으로 당선될 수 있었다. 그 외에도 총선에서 대부분의 후보들은 뉴타운 등을 개발하겠다는 공약을 빼놓지 않았고 실제로 부동산 공약들을 통해 당선이 되는 경우가 많았다. 그리고 공약으로 발표된 지역들의 부동산은 하나도 빠짐없이 가격이 급등했다. 이처럼 우리나라는 부동산과 정치를 떼어놓고는 설명할 수 없기 때문에 반드시 정치에 관심을 가져야 한다.

하루의 시작을 뉴스와 신문으로 시작해보라. 필자의 경우 아침 6시 뉴스로 하루를 시작하여 출근길에 차에서 '손석희의 시선집중'을 통해 눈과 귀를 튼다. 다음으로 아침 운동을 마치고 피트니스 센터에서 각 언론사의 신문 5개를 헤드라인부터 필독하여 경제의 흐름을 읽어나간다. 그중에서 중요한 부분은 메모하거나 스크랩을 해두었다가 자료로 활용한다. 요즈음은 인터넷으로도 모든 신문을 읽을 수 있기 때문에 자료로 스크랩하기가 용이하다. 지하철로 이동할 때에도 쉬지 않는다. 요즈음은 메트로 신문의 종류도 다양해 짧은 거리를 오갈 때 경제면을 읽으면서 유용하게 시간을 활용할 수 있다.

이처럼 뉴스와 신문을 생활화하여 경제의 흐름을 훤히 들여다 보아야만 돈의 맥을 잡을 수 있다.

인적 네트워크를 쌓아라

이 세상은 인간이 창조하고 만들어간다. 따라서 개인은 세상을 바꾸어가는 사람 중 한 사람이다. 하지만 그중에서는 각 분야의 능력 있는 사람을 엮어주는 사람이 있다. 그런 사람이 보통 한 조직의 리더가 될 자격이 있으며 부자가 될 가능성도 크다. 부동산투자도 마찬가지다. 혼자만의 능력만으로는 이 넓은 세상을 살아가기가 만만치 않다. 부동산도 결국 인간이 창조하였고 만들어가기 때문에 대인관계가 원만한 사람들이 그렇지 않은 사람들에 비해 성공할 확률이 크다.

부동산 분야는 다양하다. 크게는 주택, 상가, 토지 등으로 나눌 수 있다. 세부적으로 분류해보면, 주택에는 아파트, 빌라, 단독주택, 다가구주택 등이 있고, 상가는 근린상가, 테마상가, 단지 내 상가, 쇼핑몰 등이 있으며, 토지는 농지, 임야, 대지 등이 있다. 이처럼 부동산 분야는 다 나열할 수 없을 정도로 많다.

이 같은 다양한 부동산에 투자하여 부자가 되기 위해서는 인적 네트워크가 가장 중요하다. 따라서 상가, 토지, 부동산 정보업체, 부동산 공인중개사, 건설사, 시행사, 건축설계사, 인테리어 등 주위에 있는 많은 사람들을 나의 친구로 만들어야 한다.

시대 흐름에 따라 투자하라

● 녹색성장

이명박 정부의 슬로건은 '녹색성장'이다. 이는 자연환경 친화적이라는 의미를 내포한다. 즉, 이산화탄소와 자연환경의 무분별한 파괴를 자제한다는 것이다. 예를 들어 강을 개발한다면서 옛날처럼 난개발을 하는 것이 아니라 강의 수심을 깊게 하고 강 주변을 정비하여 강의 기능을 부대적으로 정비함으로써 3차 산업, 즉 관광산업을 유도한다는 뜻이다. 그러므로 땅투자를 염두에 두고 있다면 녹색성장을 잊어서는 안 된다.

● 신도시보다는 도심 재개발 · 재건축

참여정부가 신도시 공급정책을 표방했다면 이명박 정부는 도심 재개발 · 재건축을 골자로 한다. 돈의 흐름도 마찬가지인데, 참여정부 당시 신도시에 투자했던 사람들은 재테크에 성공할 수 있었지만 앞으로는 그렇지 않다. 이명박 정부의 핵심 주택정책이 도심권 재개발·재건축 활성화이기 때문이다. 이미 신도시에 과도하게 투자했던 사람들은 빠져나오지 못한 채 자산가치도 하락하고 있다. 우리나라는 정권이 바뀔 때마다 부동산 정책도 크게 바뀌므로 그 흐름을 잘 타야 한다.

청약통장을 활용하라

현재 청약통장에는 청약저축, 청약예금, 청약부금의 세 종류가 있다. 정부는 세 종류의 통장을 하나로 합쳐 국민주택통장(가칭)을 만들거나 아예 새로운 형태의 통장을 도입하는 방법을 검토 중이다. 그만큼 청약의 기회가 늘어날 가능성이 크다. 특히 기존 가입자의 기득권을 최대한 존중하고 신규 가입자에게도 지금보다 많은 혜택을 줄 전망이다. 그러므로 기존 청약통장 가입자들은 분위기에 휩쓸리지 말고 현재의 청약통장을 꾸준히 유지하는 것이 좋다.

청약저축은 국민주택기금의 지원을 받아 짓는 전용 84.96㎡(25.7평) 이하 규모의 국민주택을 분양 또는 임대받을 수 있는 통장이다. 이는 국민주택기금의 지원을 받아 짓는 민영아파트, 주택공사·도시개발공사가 공급하는 전용면적 84.96㎡(25.7평) 이하의 국민주택, 임대주택 등을 분양받을 수 있다. 단, 당해 주택 건설지역에 사는 무주택 가구주로서 1가구 1계좌에 한하며 20세 미만인 단독 가구주는 가입할 수 없다. 저축금액은 매달 2만~10만원을 5천원 단위로 자유롭게 내면 된다. 가입 후 2년이 경과하고 월 납입금 연체 없이 24회 이상 납입하면 1순위가 되며, 6개월간 납입하면 2순위가 된다.

청약예금은 민간건설업체가 짓는 민영주택을 분양받을 자격을 얻기 위해 가입하는 예금으로 지역별로 청약 가능한 면적에 따라 일시불로 납부하는 방식이다. 한꺼번에 목돈을 넣어두고 6개월이 지나면 2순위, 2년이 경과하면 1순위의 청약자격이 생기는데, 20세가 넘는 사람이면 1인 1계좌가 가능하다. 모든 시중 은행에서 취급하며, 2년마다 한 번씩 청약 가능한 평형을 바꿀 수 있다.

청약부금은 전용 84.96㎡(25.7평) 이하의 민영주택과 민간건설이 짓는 중형의 국민주택 59.50~84.96㎡(18~25.7평)에 청약할 목적으로 가입하는 저축이다. 다만 청약예금과 달리 전용 84.96㎡ 이하에만 청약할 수 있다. 한꺼번에 목돈을 넣어야 하는 청약예금과 달리 매월 5만원 이상 50만원 이내에서 자유롭게 낼 수 있다. 20세가 넘는 사람이면 1인 1계좌가 가능하다. 부금의 가장 큰 장점은 주택 구입자금과 당첨 후 주택 입주 전까지 주택 임차자금 대출도 가능하다는 것이다. 부금에 가입한 뒤 2년이 지나면 전용 84.96㎡ 초과 평형을 받기 위해 청약예금으로 바꿀 수 있다.

광고에 현혹되지 말고 안목을 키워라

우리는 대부분 광고를 통해 부동산 상품을 접하게 된다. 아파트는 이미 텔레

비전 광고까지 진입한 지 오래되었고, 상가는 신문의 전면을 차지하는 것이 보통이다. 땅도 마찬가지로 신문지면이나 인터넷을 통해 일반인들이 쉽게 접할 수 있다. 문제는 경기가 좋을 때야 상관없지만 지금처럼 불황일 때는 모든 광고에 거품이 많이 끼어 있다는 것이다. 분양이 안 되다 보니 건설주들은 과대, 과장 광고를 하게 되고 그로 인한 피해는 고스란히 소비자들의 몫으로 돌아간다. 그렇다면 이러한 현실에서 가장 현명하게 투자할 수 있는 방법은 무엇일까? 불황일수록 위험 요소에 대한 관리를 철저히 해야 하는데, 그렇게 하기 위해서는 수익률이 크지 않더라도 안정적인 상품에 장기투자를 하여야 한다. 내수경기가 침체될수록 서민들은 대박을 꿈꾸게 되고 이는 악덕기업들의 먹잇감이 될 가능성이 크다. 따라서 광고에 현혹되지 말고 안정적인 상품에 장기투자를 하는 것이 좋다.

실천하라

부동산투자를 성공적으로 하기 위해서는 무엇보다 발품을 많이 팔아야 한다. 부지런하지 않은 사람은 부자가 될 자격이 없다. 서류나 인터넷을 통해 부동산과 관련된 모든 정보를 확인하는 데에는 한계가 있기 때문이다. 예를 들어 주거용일 경우 일조권이나 조망권이 상당히 중요한데, 현장답사 없이는 이를 확인할 방법이 없다. 마찬가지로 무엇보다 유동인구가 중요한 상가의 경우는 현장을 가 보지 않고는 이를 확인하는 것이 불가능하며, 토지의 경우도 경사도라든가 주변의 유해시설 등을 서류만으로는 정확하게 파악할 수 없다. 그렇기 때문에 현장답사를 귀찮게 생각해서는 절대로 안 된다. 현장답사를 생활화하다 보면 자연스레 안목도 길러진다.

필자는 주말이면 가족들과 교외로 나가 여가를 보낸다. 동시에 이 시간들은 모두 필자에게 현장답사의 기회이다. 가족들과 물 좋고 공기 좋은 곳에서 단란한 시간을 보내면서 현장답사까지 할 수 있으니 일석이조의 효과를 얻을 수 있는 셈이다. 이처럼 우리는 주변에서 흔하게 부동산을 접할 수 있다. 망설이지 마라. 시간이 없다는 것은 핑계일 뿐이다. 가까운 부동산 중개업소부터 시작해 보라.

연기자가 되어라

부동산투자를 잘 하기 위해서는 연기자가 될 필요가 있다. 상황에 따라 적절하게 대처할 수 있는 카멜레온이 되어야 한다. 때로는 신혼부부로, 때로는 세입자로, 때로는 부동산 중개업자로 역할을 바꿔가며 정확하게 물건을 조사하라. 일반적으로 우리는 공인중개사를 통해 부동산 상품들을 소개받는다. 그들은 부동산에 관한 많은 정보와 지식과 입담을 무기로 값싼 매물보다는 그렇지 않은 매물을 추천하는 경우가 많다. 결국 각자가 부동산 중개업자보다 부동산 정보를 많이 알고 뛰어난 연기력을 갖추어야 값싸고 좋은 매물을 가려낼 수 있다.

항공사진과 지도를 자주 보라

일반인들은 부동산을 배우고 싶어도 막상 시작하려면 무엇부터 해야 할지 막막하다. 이럴 때에는 일단 인터넷을 활용하는 것이 좋다. 요즈음은 인터넷이 발달되어 있어 거기에 있는 많은 정보들만 활용하면 부동산에 대해 어느 정도 안목을 키울 수가 있다.

먼저 지도 검색 프로그램을 활용하는 방법이 있다. 콩나물, 지피에스 등을 이용하면 유료 서비스를 통해 조사할 부동산의 위치나 주변 여건을 1차적으로 확인할 수 있고, 현장에 대한 위성사진을 활용할 수도 있다. 또한 구글어스라는 프로그램을 활용하면 위성사진을 통해 주변 현황을 무료로 파악할 수 있다. 그것 외에도 부동산투자를 하기 위해서는 기본적으로 전국지도, 서울시 · 수도권지적도, 제4차 국토종합개발도 등의 지도를 휴대해야 한다. 항공사진과 지도를 자주 보다 보면 돈이 될 만한 부동산이 서서히 보일 것이다.

자료로 남겨라

'기록은 기억을 지배한다' 는 말이 있다. 현장답사를 다녀오면 많은 자료들이 남게 된다. 하지만 이 자료들을 기록하지 않으면 어느 순간 기억 속에서 사라질 것이다. 그러므로 기록하는 습관이 부자가 되기 위한 기본 자세라고 할 수 있다. 구체적인 방법으로는 다음과 같은 것들이 있다.

❶ 현장을 다니면서 조사한 내용을 간단한 수첩에 메모하고, 부동산 중개업소에서 들었던 정보들 또한 하나도 놓치지 말아야 한다.

❷ 현장을 여러 번 방문하기 힘들 경우 카메라로 사진을 찍어서 남기는 것이 좋다. 요즈음은 컴퓨터 파일로 저장이 가능하기 때문에 좋은 자료를 쉽게 남길 수 있다.

❸ 현장답사를 마치고 돌아와서 메모한 내용들과 찍은 현장 사진들을 모아 컴퓨터 파일로 보관해야 한다. 메모한 내용은 한글파일로, 사진들은 이미지파일로 구분하여 관리를 하면 시간이 갈수록 보배가 된다.

08

부동산 부자들이 알고 있는
시장의 원리

부동산투자, 시장의 원리에 의해 결정된다

투자에 있어 가장 기본적이고 중요한 '시장의 원리'에 대한 얘기부터 시작해보도록 하자. 부동산에 있어 '시장의 원리'를 빼놓고 설명할 수 있는 것은 거의 없다. '시장의 원리', 즉 '수요와 공급의 법칙'을 이해한 후 적극적이고 공격적으로 부동산에 투자를 하는 사람은 대부분 성공한다. 반면 그렇지 않은 사람은 부동산시장이 위축될 때에 같이 위축되고 가격이 본격적으로 상승하기 시작하면 그때 구매에 나선다. '수요와 공급의 법칙'을 소홀히 하고 뉴스나 신문 또는 각종 매체에 현혹되기 때문이다. 토지 투자로 소위 대박이 난 사람들의 특징은 대부분 남다른 정보력과 인적 네트워크 그리고 정치·사회·경제·문화 등 다양한 분야까지 섭렵하여 거시적인 안목을 가지고 투자에 나선다는 점이다.

땅투자는 정권 교체기가 대박의 기회이다

2002년이나 2007년처럼 대선이 있는 해일수록 각 정당의 대선 후보자의 공약사항에 관심을 가져야 한다. 2002년의 경우 노무현 대통령이 충청지역에서 표를 얻기 위해 행정복합도시(세종시)를 공약사항으로 발표한 후 발 빠른 투자자들은 행정복합도시 후보지 주변의 토지를 가리지 않고 사들이기 시작했다. 이로 인해 충청도의 땅값은 천정부지로 오르기 시작했지만 이때 충청권에 투자한 토지 투자자가 모두 성공한 것은 아니다. 주식과 마찬가지로 대통령이 당선되기 전에 투자한 사람만 큰 시세차익을 남기고 빠져나왔다. 대통령이 당선된 후 뒤늦게 그 지역으로 몰려간 개미투자자들 중에는 투기대책이 발표되면서 장기간 자금이 묶여버리는 신세가 돼버린 사람도 부지기수였다. 또한 참여정부가 국토의 균형발전이라는 미명하에 기업도시 및 혁신도시 등을 발표하면서 충청도를 시작으로 전 지역이 투기의 장이 되기도 했다.

2007년 대선을 앞두고 가장 이슈가 되었던 내용은 이명박 대통령의 '한반도 대운하' 공약이었다. 이 공약은 진보당으로부터 네거티브 공격을 받기도 했지만 투자자와 기획 부동산에게는 더할 나위 없는 기쁜 소식이었다. 한반도 대운하 공약은 한강, 낙동강, 영산강, 금강을 동시에 아우르는 광범위한 프로젝트로서 이명박 당시 한나라당 후보가 당선될 경우 집권 5년간 뜨겁게 달아오를 핵심 지역이었다. 대선에 임박해 이명박 당시 한나라당 후보의 당선이 유력해지자 이 지역들의 땅값이 단기간에 폭등하기 시작했다.

이후 현실성의 문제로 인해 여론의 지지를 받지 못하면서 새 정부의 핵심 공약이었던 '한반도 대운하' 공약 자체가 후퇴하였고 관련 지역에 투자했던 투자자 역시 투자금이 묶여버리는 신세가 되었다. 반면 새 정부가 한반도 대운하 다음으로 부각시켰던 '새만금개발계획'이 구체적으로 가시화되면서부터 새만금 주변부의 땅값이 급등하기 시작했다. 1년 전만 해도 3.3㎡당 20만원 하던 바다가 보이는 1,983㎡(600평)의 땅이 지금은 3배가 오른 60만원에 거래가 되고 있을 정도다.

이처럼 정권이 바뀌는 주기마다 땅으로 부자가 될 수 있는 기회는 또다시 온다. 지금도 늦지 않았다. 시간은 순식간에 지나가고 누구에게나 기회는 공평하게 올 것이다. 다만 '대박의 기회는 준비된 사람에게 돌아간다'는 사실을 명심해야 할 것이다.

유동성의 흐름과 트렌드 변화에 주목한다

유동성의 흐름과 트렌드 역시 정부의 부동산 정책에 따라 그 성격을 달리한다. 참여정부는 2007년 1월부터 부재지주 양도세율을 9~36%에서 60%로 상향 조정하였고, 주택시장에는 1·11대책을 발표하여 DTI 규제로 대출 한도를 옥죄었다. 이를 통해 가수요를 차단하면서 유동성 자금의 증가를 억제한 것이다. DTI 규제로 인해 중·대형 평형의 고가 아파트에 대한 투자가치가 떨어지면서 상대적으로 DTI 규제에서 자유로운 재개발 지분, 소형 저가 아파트 및 오피스텔로 유동성 자금이 쏠려 이에 대한 시세가 상승하였다. 또 일부 유동성 자금은

2007년에 반짝 주가가 상승함에 따라 금융상품이 쏟아져 나왔고 주식과 펀드시장으로 흡수되기도 했다. 이처럼 유동성 자금은 물풍선 효과를 반복하기 때문에 이 흐름을 예측할 수 있다면 투자에 있어 그 결과는 어긋남이 없다. 이를 토지에서 활용할 수 있는 예는 쉽게 찾아볼 수 있다. 참여정부 5년 동안 신도시 및 지역균형발전의 골자인 기업, 혁신도시 발표로 토지 보상비 87조원이 풀리면서 이 유동성 자금이 주변부 토지 및 수도권 주택시장으로 흡수되어 토지 및 아파트 가격이 급등하는 현상이 생겼다.

이렇게 부동산투자는 부동산 정책에 직접적인 영향을 받아 유동자금이 옮겨 다니면서 투자 대상이 바뀌게 된다. 그렇다면 앞으로의 전망은 어떨까? 2015년에 가까워질수록 수도권의 주택 보급률이 120%에 육박할 전망이다. 그렇게 되면 주택시장의 투자가치는 점차 떨어져 유동자금이 임대수익형 부동산과 토지 시장으로 흡수될 것이다. 이를 대비해 필자는 고객의 자산 포트폴리오를 수정하도록 상담을 하고 있다. 실제로 임대수익형 부동산과 토지로 자산을 옮겨놓았거나 벌써부터 준비를 하는 사람의 비율이 점차 높아지고 있는 추세이다.

땅으로 대박 나는 사람 VS 쪽박 차는 사람

땅투자로 대박이 난 사람에게는 그럴 만한 특별한 이유가 있다. 땅투자로 대박이 난 사람들의 사례를 살펴보기로 하자. 먼저 비도시지역에서 대박이 난 경우가 있는데, 이 사람들은 농지나 관리지역에 넓은 토지를 소유하고 있다가 신도시 개발에 포함되거나 소유하고 있던 땅의 인접지가 택지로 개발되어 막대한 토지 보상을 받는다. 다음으로 정권 교체기마다 발표되는 핵심 공약의 개발지 또한 대박이 날 수 있는 토지이다. 참여정부의 행정복합도시나 지역균형발전의 핵심 내용인 기업, 혁신도시에 포함되는 경우와 그 주변지가 바로 대박이 났던 땅이다. 그 외에도 아파트 사업지에 포함되는 경우와 맹지였던 토지가 도로 신설 또는 확장으로 인해 도로에 접하게 되어 지가가 급등하는 경우도 있다.

하지만 도로가 신설된다고 해서 땅값이 급등하는 것은 아니다. 고속도로 또는 고속화도로가 지나갈 경우는 오히려 도로 주변지보다 IC가 들어서는 주변지의 땅값이 급등한다. 고속도로나 고속화도로의 경우는 주변지에서 진입이 불가능하여 IC에서 본격적으로 진입이 이루어지기 때문이다. 또한 토지적성평가를 통한 토지의 효용성이 극대화되면 지가가 큰 폭으로 상승한다. 그 밖에 지하철이나 복선화 전철처럼 기반시설이 확충되는 지역 또한 대박이 날 만한 토지이다.

위에서 말했듯이 토지로 대박이 난 사람들의 공통점은 남다른 정보력과 통찰력 및 인적 네트워크를 갖고 있으며 무엇보다도 장기적인 안목을 갖고 기다림을 습관화했다는 것이다.

반면 땅투자로 쪽박을 찬 사람들을 살펴보면 뉴스나 신문과 같은 매체와 기획부동산의 과대, 과장 광고에 혹해 묻지마식 투자를 즐겨하는 경향이 있다. 기획부동산들이 대규모의 쓸모없는 임야를 값싸게 산 후 팔기 좋은 크기로 쪼개어 비싸게 되파는 이런 땅들은 평생 투자금이 묶일 수밖에 없다. 게다가 대부분 진입로가 없어 건축행위가 불가능한 경우가 많다. 땅투자에 있어서 무엇보다 가장 중요한 것이 인적 네트워크이므로 투자를 결정하기에 앞서 항상 객관적인 시각을 지닌 사람으로부터 도움을 받는 것이 중요하다.

부동산투자에 있어 가장 빠지기 쉬운 유혹은 소액 투자로 대박이 날 수 있다는 막연한 기대감이다. 또 기획 부동산들은 사람들의 이런 심리를 잘 이용하기 때문에 앞으로도 피해자들은 줄어들지 않을 것이고, 사실 이를 제재할 만한 제도적 장치도 미비한 실정이다.

예를 들면 국내 경기에 민감한 상가시장의 경우 경기가 회복 국면으로 접어들 때면 어김없이 '임대수익 최고의 투자상품' 임을 강조하며 소액 투자자들을 유혹하는 광고가 판을 친다. 그리고 5일 근무제 및 웰빙에 대한 관심이 증폭되면서 '시세차익이 가능한 전원주택지' 라는 타이틀로 건축허가가 나지 않은 땅을 잘게 쪼갠 후 비싸게 분양하는 기획 부동산도 상당수다. 이를 방지하기 위해서는 각자가 토지에 대한 기본 지식을 습득하여 미연에 피해를 차단하거나, 토지에 투자하기에 앞서 전문가의 도움을 받는 것이 중요하다. 전문가에게 지불하는 컨설팅 수수료를 아깝게 생각해서 본인 스스로 결정하였다가 전 재산을 몽땅 날려버리는 경우를 많이 보게 된다. 또 계약까지 다 해놓고 뒤늦게 찾아와서 잘 투자했는지 상담하는 경우도 많이 있는데 이런 사람들치고 제대로 투자한 경우를 본 적이 없다. 주택이야 잘못 사더라도 환금성이 워낙 좋기 때문에 조금만 손해 보면 재투자가 가능하지만, 땅은 잘못 투자하면 평생 투자금을 회수하지 못하는 경우가 많다. 따라서 땅투자 초보자라면 인적 네트워크에 충실해야 한다.

새로운 주택공급정책이 발표되면 땅값이 뛴다

2007년은 강남 대체신도시 후보지에 대한 여러 예측들이 난무했던 한해였다. 주택공급정책이 발표되기 전까지 유력한 후보지로 거론되던 지역으로는 과천, 하남, 오포~모현, 용인 남사면 등이 있었고, 오포~모현은 마지막까지 유력하다는 소문이 끊이지 않았다. 그 이전으로 거슬러 올라가면, 2006년 4분기에 다시 한 번 집값이 폭등하자 다급해진 정부는 그해 11월에 11·15 부동산 정책 발표와 동시에 선제대응을 하고자 '분당급 신도시'를 추가로 발표하겠다고 했다. 그 후 2007년 1월에는 민간택지에도 분양가상한제를 적용하고 수도권 전역과 지방의 투기과열지구의 민간아파트에도 분양원가를 공개한다는 1·11대책을 발표하였다. 소득 수준에 따라 대출한도를 제한하는 DTI(총부채상환비율)를 강화하여 적용함에 따라 부동산시장은 점차적으로 안정되어 가는 듯했다.

하지만 근본적인 수급 불균형 문제를 해결하지 않고는 다시 부작용이 발생할 가능성이 크다. 정부는 '분당급 신도시'를 발표하려 했으나 이사철임에도 부동산 시세가 안정세를 유지하자 정책의 일관성에 대한 여론의 비판이 부담스러워 이를 연기한 바 있다. 당초 발표하겠다던 시기를 계속해서 연기하는 사이 후보지로 거론되던 지역들의 땅값과 집값이 계속해서 급등하게 되었다.

특히 참여정부 입장에서는 신도시 발표로 자칫 집값이 요동치게 되면 2007년 12월에 있을 대선에도 영향이 클 것으로 예상하여 묘책을 강구하기에 이른다. 정책의 일관성과 공급정책이라는 두 마리의 토끼를 잡기 위한 명분을 찾는 것과 동시에 대선에서도 정치적으로 유리한 입지를 선점하고자 한 것이다. 그리하여 발표한 지역이 바로 동탄2 신도시였다.

참여정부의 바람대로 유일하게 동탄 신도시 주변지의 토지와 집값이 급등했을 뿐 그 외 수도권에 미친 영향은 미미하였다. 하지만 그 후 강남 대체지로서의 동탄 신도시에 대한 회의적인 평가들이 쏟아졌다. 실제로 1년이 훨씬 지난 지금 동탄 신도시 부동산의 경우 땅값을 제외하고는 주택 공급량이 증가하였지만 수요자가 없어 집값이 약세를 면치 못하고 있다. 정책 입안자들이 부동산을 단지 전략적 수단으로만 생각하면서 빚어낸 아마추어 수준의 결과물이라고 평가할 수밖에 없는 경우이다.

참여정부가 내놓은 균형발전 정책의 3대 축인 행정복합도시와 기업도시, 혁신도시도 마찬가지다. 임기를 얼마 남겨두지 않은 2007년 7월에는 행정도시, 9월에는 혁신도시, 10월에는 기업도시까지 말뚝을 박긴 하였으나 균형발전의 효율성, 탈 수도권으로의 의식전환, 천문학적 비용 등 문제가 복잡하게 얽혀 있는 국책사업이 제대로 진행이 될지가 참으로 걱정스러웠다. 혁신도시만 해도 간신히 제주와 김천에서 시작은 했으나 나머지 9곳은 보상 진척도가 50%에도 못 미쳐 착공이 연기되는 경우가 비일비재한 실정이다. 반면 이들 지역의 땅값은 4

| 참여정부 균형발전 정책

구분	내용
행정복합도시	충남 연기군 남면, 금남면, 동면과 공주시 장기면, 반포면 일원
기업도시	[산업교역형] 전남 무안 [지식기반형] 충북 충주, 강원 원주 [관광레저형] 전북 무주 [혁신거점형] 충남 태안, 전남 해남/영암
혁신도시	전북 전주시 / 경남 진주시 / 광주, 전남 나주시 / 대구 동구 / 울산 중구 / 강원 원주시 / 경북 김천시 / 제주 서귀포시 / 부산 / 충북 진천군

년 만에 58.5% 이상 뛰었고 보상협의가 지연될수록 땅값은 계속 올랐다.

새 정부 역시 부동산을 전략적으로 이용함에는 큰 차이가 없을 것으로 보인다. 대한민국 국민들에게 부동산이 계속해서 사랑받는 동안은 말이다. 투자자라면 그만큼 정치와 정책의 변수들을 꼼꼼히 챙겨야 한다.

2장

내 집 마련을 위한

투자전략

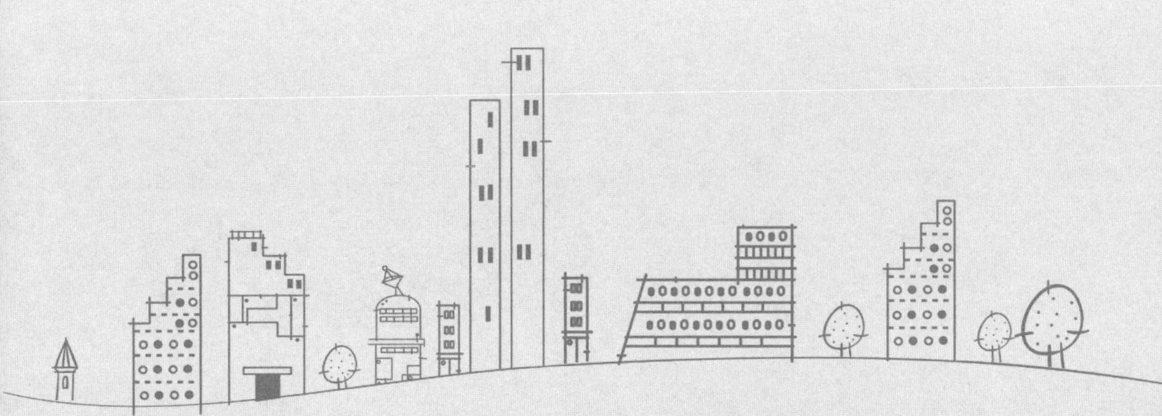

내 집 마련은 ‘주거로서의 기능’, ‘재테크로서의 기능’,

‘생활에 있어서 최소한의 방어적 수단’ 으로서

반드시 필요하다.

01

내 집 마련,
무조건 해야한다

집값 폭락, 일시적인 현상인 이유

2006년 말 참여정부가 내놓은 부동산 정책의 부작용으로 인해 집값이 폭등하면서 정부를 신뢰하고 기다리던 사람들마저 대출을 활용해 내 집 마련에 나섰다. 집값이 최고점을 찍은 후에도 전반적으로 약보합세를 유지했고, 소형 평형 아파트와 오피스텔, 빌라 등은 꾸준히 가격이 상승했다. 그러나 금융규제가 강화되자 부동산시장은 꽁꽁 얼어붙었다.

이처럼 수급 불균형이 해소되지 않는 한 유동성은 어디론가 흘러가 부동산 가격을 밀어올린다. 하지만 수급 불균형 또는 유동성 둘 중 하나만 해소가 될 경우 시장 원리상 가격이 오르는 경우는 거의 없다. 이는 바로 참여정부 말기인 2007년부터 더욱 강화된 금융규제를 통해서 확인할 수 있다. 그 이후 버블세븐지역에서 고가 아파트의 거래는 거의 실종하게 되었고, 세계 금융위기가 가시화되면서부터는 불과 3개월 사이에 버블세븐지역의 아파트 가격이 40% 이상 급락하기도 했다.

이처럼 2007년부터 2008년까지의 부동산시장 약세의 주원인을 찾자면 바로 자금경색이라고 할 수 있다. 여기서 주목해야 할 부분은 자금경색이 진행되는 동안 수급 불균형은 전혀 해소되지 못했다는 것이다. 이런 상황 속에서 만약 금리가 점차적으로 하락하여 저금리 시대에 진입하면 유동성이 다시 풍부해지면 또다시 악순환이 되풀이된다. 실제로 세계 금융위기로 인해 세계 각국이 제로금리 시대에 진입했고, 우리나라도 빠른 속도로 저금리 시대로 진입하고 있다. 이는 최근의 경제지표들을 살펴보아도 알 수 있는데, 대표적으로 국책연구기관인 한국개발연구원(KDI)이 2009년 우리나라의 경제 성장률을 1% 아래로 대폭 하향 조정한데다 2009년 상반기 성장률을 −2.6%로 예상해 건설 경기 부양이 절실한 상황으로 치닫고 있다.

그리하여 정부에서는 내수경기를 살리기 위해 본격적으로 부동산 규제들을 대폭 손질하기 시작했다. 먼저 금리를 빠른 속도로 내리고, 토지거래허가제를 대폭 해제하였다. 그리고 주택 공급과 일자리를 동시에 늘리고자 도심지 재건축 규제를 완화하여 본격적으로 실행에 옮겼다. 또한 늘어나는 미분양 문제를 해소하기 위해 투기지역, 투기과열지구 및 전매제한을 하나씩 해제해나가고 있다.

이처럼 정부가 풀어주지 않을 것 같던 규제를 대폭 풀어주는 이유는 그만큼 우리나라 경제가 위험하기 때문이다. 세계 금융위기로 인해 수출이 급감하면 이로 인해 기업은 생산, 설비, 고용을 차례로 줄여 결과적으로 국민 소득이 감소한다. 이렇게 되면 내수경기가 침체하고 극단적으로는 대출이자 연체율이 늘어나 금융위기가 다시 재연될 수도 있다. 정부는 이것이 두려운 것이다. 즉, 지금보다 부동산 가격이 더 이상 하락하는 것을 원치 않는다는 뜻이다.

내 집 마련, 꼭 해야 하는 이유

2009년은 전 세계 경제가 바닥을 다지는 기간이다. 또한 내 집 마련하기가 가장 적합한 시기이기도 하다. 집값이 더 떨어지기를 기다리는 것은 자칫 시기를 놓칠 수도 있으므로 지금부터는 목표를 세워야 한다. 각자의 자금계획 및 주변 여건에 따라 자신에게 적합한 지역을 설정하고 발품을 팔자.

'2008년도 주거실태조사' 결과를 보더라도 내 집 마련을 꼭 해야 하는 이유를 알 수 있다. 2008년도에 주택을 산 가구를 기준으로 연소득 대비 구입주택 가격비(PIR)는 서울이 10.5배였다. 이는 2007년도 9.8배보다 오히려 높아진 수치이다. PIR이 10.5배라는 뜻은 집 한 채의 구입가격이 연봉의 10.5배란 뜻이다. 즉, 10.5년치 봉급을 쓰지 않고 모두 모아야 집을 살 수 있다는 뜻이다. 월급만으로 내 집을 장만하는 것이 어렵기 때문에 빚을 내서라도 집 장만을 서두르는 것이 현명하다는 사실이 실증적으로 조사된 셈이다. 지난 10년간 도시 근로자의 가구당 월평균 소득은 1.5배가 늘어났지만 아파트 가격은 무려 2.57배나 상승한 것으로 나타났다. 더구나 갈수록 아파트 가격의 상승률이 소득 수준 상승률을 크게 웃돌면서 격차가 벌어지고 있어 자산 확보 차원에서도 조기에 내 집을 마련하는 것이 좋다.

월 급여가 400만원 이상인 직장생활 15년차의 40대 가장이 있다고 가정하고, 15년 동안 내 집 마련을 했을 때와 하지 않았을 경우를 비교해보자. 먼저 내 집 마련을 하지 않고 매년 수입 중 30%를 15년 동안 저축했다면 1억원 정도를 모았을 것이다. 그러나 현 시세를 볼 때 서울은 물론이고 수도권 지역에서 1억원으로 79㎡(24평) 아파트를 대출 없이 구입하는 것은 불가능하다.

반대로 결혼을 하면서 대출을 활용하여 1억원 정도의 주택을 마련했다고 가정해보자. 2001년도만 해도 1억원 안팎이면 79㎡(24평) 정도의 아파트 구입이 가능했다. 이렇게 구입한 아파트는 물가 상승률이나 원자재 값 상승 등의 경제 상황을 감안했을 때, 현재 자산가치가 최소한 1억원 이상 상승했다. 여기에 중간에 79㎡(24평)에서 109㎡(32평)로 옮겨 탔다고 한다면 자산가치의 상승 속도는 저축이 감히 따라갈 수 없다. 이처럼 상승하는 물적 가치의 폭을 월급만으로는 따라갈 수 없기 때문에 내 집 마련이 시급한 것이다.

내 집 장만이 절실한 또 다른 이유로는 내 집이 가져다주는 안정감과 만족감에 있다. 내 집이 없다면 이사철이나 전세계약 만기 시점이면 어김없이 불안감과 공허감 그리고 스트레스가 찾아온다. 여기에 이사철마다 들어가는 비용이나 도배비 등 부수적인 비용도 부담으로 작용한다. 그리고 사업이나 투자시 내 집만큼은 가지고 있어야 만일의 경우가 발생하더라도 나중에 재기하는 데 발판이 될 수 있다. 또한 나이를 먹어 노후자금이 여의치 않을 경우 내 집을 담보로 노후자금을 마련할 수 있다는 이유가 생긴다.

이처럼 집이란 안정감과 만족감을 주는 '주거로서의 기능'과 자산가치를 상승시킬 수 있는 '재테크로서의 기능', 그리고 만일의 경우에 대비할 수 있는 '최소한의 방어적 수단'이 될 수 있기 때문에 반드시 갖출 필요가 있다. 항간에는 집값이 하락하여 더 이상 자산가치로서 장점이 없다고 생각하는 사람들이 많다. 그러나 부자치고 내 집을 갖고 있지 않는 사람이 없다는 사실을 안다면 자산을 증식시키는 데 있어 집은 여전히 중요한 가치라는 사실을 알 수 있을 것이다.

노후 주택을 주목하라

재건축이란?

재건축은 한마디로 노후하거나 불량한 주택(단독주택이나 아파트)을 헐고 새로운 주택을 짓는 것이다. 좀 더 구체적으로 설명하자면 기존 주택의 소유자가 자율적으로 조합을 결성한 뒤 시공권이 있는 등록업자와 공동으로 사업 주체가 되어 기존 주택을 헐고 새로운 주택을 건설하는 것을 말한다.

1960년대 후반 이후 국내에 공급되기 시작한 아파트들은 대부분 20년이 경과하면서 기능과 시설(난방, 상하수도, 배관, 방수) 면에서 크게 노화되어 거주민들이 상당한 불편을 겪게 되었다. 이에 따라 1980년대 중반부터 재건축으로 신규 주택을 얻고자 하는 욕구가 급증했고 이런 상황에서 정부는 1987년 12월 주택건설촉진법을 개정해 재건축사업의 법적 근거를 마련했다. 그리고 이듬해인 1988년

6월에는 주택건설촉진법시행령을 고쳐 구체적으로 재건축을 진행할 수 있는 공동주택 판단기준 및 조합설립 절차 규정을 만들게 되었다.

재건축의 과거, 현재 그리고 미래

● 1960~2002년

1960년대와 1970년대 초반에 지은 아파트 가운데 일부가 노화하면서 질적인 문제를 개선하기 위해 재건축의 요구가 높아지기 시작했다. 1960년대에 지은 대부분의 아파트는 용적률이 100% 미만이었다. 이를 1987년 당시 건축법에서 허용하는 용적률 250%에 높이 25층까지 건설할 경우 2~3배 이상의 면적이 증가하고 경제적 이익을 얻을 수 있었기 때문에 재건축 제도를 활성화시키는 계기가 되었다. 물론 정부의 입장에서도 재건축은 대규모 단지의 슬럼화 방지와 행정지원 없이 손쉽게 주택공급을 할 수 있는 정책수단이기도 했다.

이렇게 하여 1988년 12월 마포아파트 재건축조합이 최초로 사업인가를 받은 이후 재건축 사업은 급격히 증가하게 되었다. 정부는 1990년대 중반까지 재건축 적용대상을 확대하고 사업 촉진책으로 재건축을 장려하였으며, 1993년 3월 주택건설촉진법을 개정하여 20년이 경과하지 않아도 재건축이 가능하도록 규제를 완화하였다. 이로 인해 대지지분이 많고 기존 용적률이 낮은 지역이면 높은 용적률과 대량의 일반 분양물, 높은 일반 분양가로 인해 조합원들은 적은 추가 부담금으로 평형을 늘리고 재산 증식을 할 수 있었다.

또한 개발이익이 조합과 주택업자에게만 돌아가는 재건축 사업의 특성에 결정적으로 수익성을 크게 높여준 두 가지 정책이 있었다.

첫째는 ‘건축법 완화’였다. 1988년 주택건설 200만 호 계획이 추진되면서 건축법의 용적률이 급격히 완화되어 1992년부터 용적률 300%가 넘는 고밀도 초고층 아파트의 건설이 가능해졌다.

둘째는 ‘소형주택 건설 의무비율 완화’였다. 하지만 10여 년간 지속된 재건축 완화의 흐름이 규제 강화로 돌아서기 시작한 것은 외환위기 이후부터다. 2001년 상반기 서울의 아파트 가격이 7.74% 오르는 동안 재건축 아파트의 상승률은 그보다 3배가량 높은 21%에 이르렀다. 그러자 2001년 7월 말 건교부는 ‘소형주택 건설 의무제’ 부활과 동시에 용적률을 250% 이하로 제한하게 된다. 하지만 반년이 채 못 가 용적률이 다시 급등하였고, 2002년 8월 정부는 재건축을 추진하는 주민들이 사업계획 승인을 받은 뒤에만 시공사를 선정할 수 있도록 규제를 더욱 강화하였다.

● 2003~2007년

2003년 참여정부에 들어서도 재건축 사업을 규제하는 조치는 줄곧 이어졌다. 2003년에는 5·23대책을 통해 후분양제를, 같은 해 9·5대책에서는 수도권 등 투기과열지구에서 재건축 조합원의 분양권 전매를 금지하고 전체 건설예정 세대 수의 50% 이상을 전용면적 25.7평 이하 중·소형 평형으로 짓도록 ‘소형주택 의무비율’을 확대하였다. 또 2002년 12월 ‘도시 및 주거환경 정비법(도정법)’의 법제화를 통해 재건축으로 늘어나는 용적률의 25%를 임대아파트로 짓도록 하는 규정이 신설되었다.

2006년에는 3·30대책의 후속 입법으로 그해 5월 '재건축 초과이익 환수에 관한 법률'이 제정되어 재건축으로 발생하는 초과이익의 일정 부분을 직접 환수하기로 했다. 또한 민간택지에도 분양가 상한제 적용으로 인해 재건축 조합원들의 추가부담금 규모는 늘어나고 일반 분양분과 분양 가격은 줄어드는 구조와 개발이익 환수, 기반시설부담금, 개발부담금 등의 규제들로 재건축 아파트가 급격히 위축되었다.

● 2008년 이후

2000년 이후 서울시에 공급된 신규 주택의 40%는 주택 재건축에 의한 것이었다. 2000~2002년 강남구에 공급된 주택의 총 공급량 중 재건축 아파트의 비중이 79%에 이르렀고, 같은 기준으로 송파구는 88%에 달했다. 그만큼 재건축은 앞으로도 유력한 수도권의 주택공급 수단으로 손색이 없다는 얘기다.

새 정부의 도심 재개발, 재건축을 통한 도심주택 공급활성화에 대한 의지가 확고하고, 실제로 8·21 부동산 대책에서 재건축 절차 간소화, 재건축 일반 공급분에 대한 후분양 의무 폐지, 조합원 지위 양도 금지(조합설립 인가 후 등기시까지) 폐지, 층수 제한 완화 등이 발표되면서 한층 기대감이 높아졌다. 여기에 소형 평형 의무비율과 임대주택 의무비율까지 완화되고, 개별 단지에 따라 우수 디자인, 친환경 설계 등을 감안해 선별적으로 완화해줄 가능성도 커 새 정부에서 재건축 완화를 통한 도심지 공급 활성화가 탄력을 받을 전망이다.

특히 용적률 상향 조정으로 재건축 시장에 돌풍을 일으킬 것으로 보이는데,

이는 정부가 2007년에 지방자치단체의 제한 범위를 넘어 최고 50%포인트까지 재건축 용적률을 높여주기로 했기 때문이다. 재건축으로 지어 일반인에게 팔 수 있는 아파트가 지금보다 많게는 30% 이상 늘게 되면 그만큼 사업성이 좋아진다는 뜻이다. 단지별로는 저층 등 2종 주거지역보다 3종 주거지역 재건축 추진 단지들의 용적률이 상대적으로 더 많이 높아지는데, 대치동 은마, 잠실동 주공5단지 등이 이에 해당한다. 압구정동 등 한강변 단지들은 사업부지 일부를 공공용지로 내놓으면 초고층 재건축도 가능해져 그 기대감이 상당히 고조되고 있다. 다만, 단지별로 재건축 여건이 크게 다르기 때문에 단지별 사업성과 사업 속도 등을 잘 따져야 한다.

재건축 단지 중에서도 서울권에서는 압구정, 반포, 여의도 일대 재건축 아파트들을 투자 1순위로 꼽는다. 그중에서도 특히 압구정동 현대아파트를 최고 유망 단지로 본다. 그 이유는 불황기에도 집값 하락폭이 작은데다 경기가 살아나면 '한강 르네상스 프로젝트 효과'를 가장 많이 볼 단지일 뿐만 아니라 강남 최고 부촌 아파트의 명성을 되찾을 것이기 때문이다. 여기에 기업의 최고경영자, 교수, 정치인 등 사회적 지위를 갖춘 이들을 이웃으로 둔다는 자부심이 크기 때문에 전통적으로 대기 수요가 많은 단지이기도 하다.

규제 완화에 따른
투자의 핵심을 잡아라

정부의 관심을 한몸에 받고 있는 재건축 부동산을 주시하라

재건축은 부동산투자에 있어서 노다지로 통한다. 그만큼 강남 재건축이 부동산 가격 폭등의 진원지였기 때문에 참여정부에서 원천봉쇄를 했던 것이다. 물론 신도시 정책을 실시해 주택공급을 늘리려 하기도 했지만 줄어드는 공급량을 해소시키는 데에만 급급해 소비자가 필요로 하는 곳에 공급을 하지 못하는 한계점을 드러냈다.

이명박 정부에서는 이 부분에 초점을 맞추고 있다. 소비자가 필요로 하는 적재적소에 주택공급을 해주고 이를 통해 얼어붙은 건설경기를 살리겠다는 취지로 재건축에 묶여 있는 과도한 규제들을 대폭 손질하기로 한 것이다. 재건축의 규제들이 하나하나 풀리면 그동안 저평가되었던 강남에서의 재건축이 다시 꿈

틀대기 시작할 것이다. 이미 2008년 12월과 2009년 1월 해가 바뀌면서 그 기대 감이 점차 확산되면서 호가가 반영되고 있기도 하다.

정부에서 서울 강남권 등의 재건축 대상 아파트에 한해 소형주택과 임대주택에 대한 기준을 완화하고 용적률까지 대폭 높여준다고 발표하자 사업 추진에 탄력이 붙는 분위기다. 대표적 재건축 아파트인 서울 강남구 은마아파트, 개포 주공, 송파구 가락 시영 및 잠실 주공5단지 등은 저마다 규제 완화에 따른 이해득실을 따지느라 분주하다. 구체적인 완화정책을 살펴보면 다음과 같다.

● 재건축 용적률 완화

서울의 경우 현재 조례에 의해 지역별로 용적률이 각각 170%(1종 주거지), 190%(2종 주거지), 210%(3종 주거지)로 제한되어 있다. 앞으로는 이 한도가 '국토 계획 및 이용에 관한 법률'에 명시된 최고 용적률인 200%(1종), 250%(2종), 300%(3종)까지 늘어난다. 이렇게 되면 가구 수가 늘면서 일반 분양을 통해 조합원의 공사비 부담을 줄일 수 있게 되어 재건축 단지마다 사업이 한층 탄력을 받을 것이다.

● 소형 의무비율 완화

정부는 11·3대책 발표를 통해 재건축 단지 '소형 아파트 건설 의무비율'을 대폭 낮추기로 했다. 60㎡ 이하와 60㎡ 초과~85㎡ 이하로 나눠 각각 20%, 40%씩 짓도록 했던 기준을 85㎡ 이하 60% 건설로 바꾸기로 한 것이다. 이러한 상황에서는 조합원들이 동의하면 60㎡ 이하의 가구를 한 채도 짓지 않을 수 있다. 수익성이 높은 중대형으로만 재건축을 할 수 있게 되는 셈이다.

또한 개인의 재산권 침해를 차단하기 위해 조합원과 일반 분양 계약자 등 이해관계인 전원의 합의를 전제로 이 기준을 적용하는 범위에 제한을 두지 않기로 했다. 따라서 조합원들의 동·호수 추첨과 추가분담금을 정하는 관리처분인가뿐만 아니라 일반 분양을 한 후 착공한 재건축 단지들까지 새로운 기준에 따라 설계를 바꾸면 소형 아파트를 짓지 않아도 된다.

● 임대아파트 의무비율 폐지

임대주택 의무비율은 폐지된다. 하지만 당초 정비계획상 용적률을 초과할 경우에는 현 정부의 서민용 주택인 보금자리 주택을 의무적으로 일정 비율 이상 지어야 한다. 이 비율은 지자체가 늘어나는 부분의 30~50% 범위에서 정한다. 물론 재건축 단지에서 추진하는 재건축 아파트의 용적률이 정비계획상 용적률에 미치지 못할 경우에는 보금자리 주택을 짓지 않아도 된다. 그러나 정부는 이런 경우엔 소형주택 의무비율을 적용하여 사실상 용적률을 높이고 보금자리 주택을 짓는 쪽으로 유도할 계획이다.

부동산 정책에 따라 투자전략을 세우자

재건축 규제 완화로 수혜가 예상되는 곳은 상대적으로 용적률 상향 비율이 큰 1~5층짜리 저층 저밀도 재건축 아파트 단지다. 용적률이 늘어나면 조합원의 주택 면적은 물론 일반 분양분이 늘어 사업 수익성이 높아진다. 또 현재 소형 평형으로만 이뤄져 있기 때문에 중·대형으로 넓혀갈 수 있는 조합원들이 늘어날 수 있다. 10~15층짜리 중층 아파트의 경우 대개 3종 주거지에 들어서 있기 때문에 용적률 상향과 함께 층수 제한이 없는 이점을 기대해볼 만하다. 3종 주거지 아파트들은 원론적으로 층수 제한이 없어 늘어난 용적률을 활용한 초고층 아파트 건축이 가능하다.

세계 금융위기와 실물경기 침체로 인해 정부의 잇단 재건축 규제 완화에 따른 효과가 나타나지 않고 있다. 오히려 부동산 가격은 더욱 하락하는 추세다. 이처럼 집값이 계속해서 하락할 경우 우리나라 경제에 악영향을 끼쳐 금융위기를 초래할 수도 있다. 이에 따라 정부에서 재건축에 관한 각종 규제를 완화하거나 폐지할 가능성이 높다. 그러므로 정부의 대응정책을 지켜보면서 재건축 아파트에 대한 투자전략을 세우는 것이 좋다. 여기에 세계 경기상황의 추이를 지켜보는 것 또한 필요하다. 경기 동향을 주시하면서 경기 회복과 규제 완화의 혜택을 많이 볼 분야나 지역에 대한 정보를 철저히 수집하여 자금계획을 세워야 한다. 이렇게 실수요자 입장에서 투자하면 경제가 불황기에 있더라도 큰 기회를 잡게 될 것이다.

한강변 재건축에 주목하라

도시의 역사를 알면 투자처가 보인다

도시의 역사를 알고 그 흐름에 편승한다면 부동산투자 역시 성공할 수 있다. 도시구조의 변화를 분석해보면 부동산투자와도 밀접한 관계가 있다는 것을 확인할 수 있다. 즉, 조선시대에는 한양의 사대문 안에 각종 문물이 집중적으로 생성되었고, 일제시대와 6·25사변을 거쳐 1960년대 이후 산업화가 진행됨에 따라 점차 서울의 인구가 늘어났다. 이처럼 도심 집중화로 인해 택지와 주택이 부족하게 되었다. 이에 정부에서는 인구와 주택의 수급 불균형을 해소하기 위해 1970년대부터 지금의 반포와 강남 그리고 송파 등의 택지개발뿐만 아니라 경부고속도로와 외곽순환도로 및 제2 외곽순환도로 주변으로 택지개발을 조성하게 되었다. 또한 1기 신도시와 2기 신도시를 통해 수도권의 주택 수급 불균형을 해소하고자 부동산 정책들을 펴기에 이른다. 공교롭게도 지금까지의 부동산투자 패턴 역시 인구 및 도시의 팽창과 흐름을 같이 해왔다는 것을 알 수 있다. 그러므로 부동산투자 역시 과거 도시의 흐름을 이해하고 그 흐름을 따라간다면 성공할 수 있다.

지금까지의 도시팽창과 부동산 패턴을 살펴보면 '강남 → 1기 신도시 → 2기 신도시 → 서울 뉴타운 및 재정비촉진지구(U턴 프로젝트) → 한강 르네상스 프로젝트'로 유턴하고 있음을 짐작할 수 있다. 좀 더 세부적으로 살펴보면, 기존에는 강남과 서울에 있는 다른 지역의 부동산 가격차가 컸지만 1기 신도시들이 그 격차를 줄였고 그 다음으로 뉴타운 및 재정비촉진지구가 지정됨에 따라 강남구와 특정 지역을 제외한 서울 전역이 전반적으로 평준화되고 있음을 알 수 있다.

이런 현상은 서울시 시책의 목표인 균형발전과도 잘 맞아떨어지는 지극히 당연한 현상이다. 더욱이 최근에 서울 경전철 7개 노선을 확정하는 등 인프라가 계속 개선되고 있고, 한강 르네상스 프로젝트를 통해 세계적인 관광도시로 비상하기 위한 준비를 하고 있기 때문에 서울은 더욱더 경쟁력 있는 도시가 될 것임이 분명하다. 또한 정부가 서민주거안정대책의 일환으로 2007년부터 다가구, 다세대주택 신축을 위한 건축법을 대폭 완화함에 따라 한강변을 시작으로 다세대주택이 대거 등장해 단독주택 가격이 걷잡을 수 없이 오르기도 했다. 이런 이유 때문에 부동산투자를 고려한다면 한강을 낀 지역의 단독주택지, 역세권, 입지가 좋은 곳의 재건축에 투자하는 것도 현명하다.

부동산투자에 있어 앞으로는 한강 접경지역과 그렇지 않은 지역의 양극화가 또다른 국면으로 떠오를 전망이기 때문에 지금부터라도 이 흐름을 빨리 파악하여 실천에 옮긴다면 향후 개개인의 부동산 자산가치를 충분히 상승시킬 수 있을 것이다.

'한강 르네상스 프로젝트'의 핵심 지역에 주목하라

필자는 '서울시 시책'의 중요성을 누차 강조해왔다. 그중 가장 눈여겨봐야 할 서울시 시책은 바로 '한강 르네상스 프로젝트'이다. '한강 르네상스 프로젝트'란 한강이 도시경쟁력을 키우는 잠재력 있는 자원이라는 인식하에 한강을 서해안 시대를 향한 관광 네트워크의 중추기능을 담당할 수 있도록 개발하고자 하는 서울시의 시책 중 하나이다. 한강 르네상스 프로젝트의 핵심 지역으로는 국제광역터미널 후보지인 용산, 서부이촌동과 여의도 그리고 수변도시 예정지인 마곡, 상암~난지, 당인리, 흑석, 행당, 잠실 등이 있다. 이 지역들은 크게 강서대권, 중심대권, 강동대권역의 세 권역으로 나뉘는데, 이 지역들을 중심으로 한강 르네상스 워트프론트타운 개발이 본격적으로 진행되고 있다. 구체적인 내용을 살펴보면 다음과 같다.

| 서울 한강변 수변도시 조성

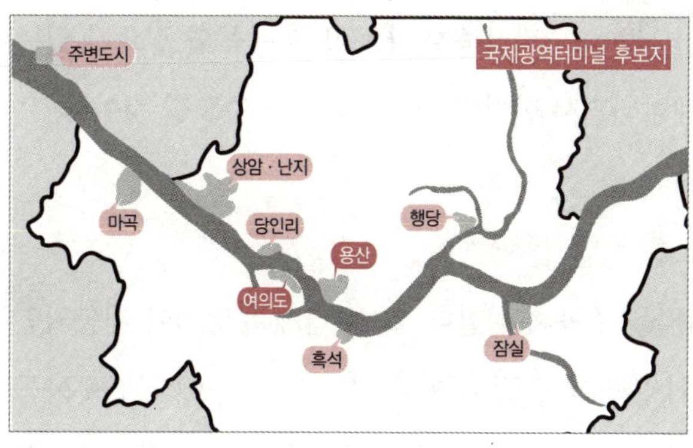

● 강서대권역(마곡, 상암~난지)

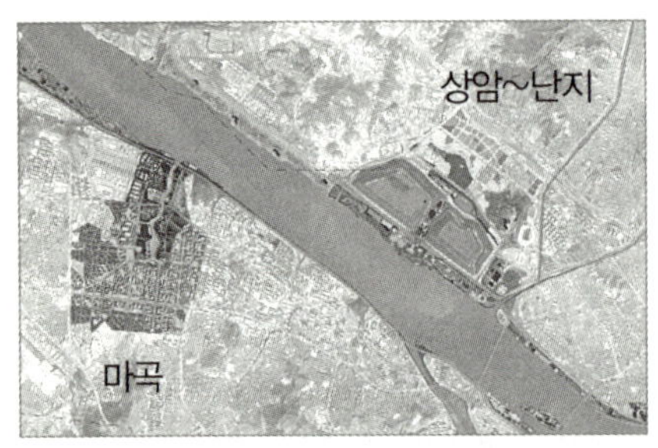

마곡지구 주변부를 주목하라. 이 지역은 9호선과 공항철도가 개통될 예정이고, 주운 수로와 마리나, 페리 터미널 등을 갖춘 대규모 수변공간으로 탈바꿈할 것이다. 마곡동에 있는 벽산아파트는 현재 저평가되어 있지만 한강을 끼고 있을 뿐만 아니라 마곡지구 경계선에 위치하고 있어 최대 수혜를 볼 것이다.

● 중심대권역(여의도, 용산, 이촌동, 반포, 당인리)

용산 국제업무지구 주변부를 주목해야 한다. 이곳은 2017년까지 단군 이래 최대 개발지로서 상전벽해할 지역이다. 그리고 여의도, 이촌동, 반포의 한강변 재건축 아파트 또한 주목할 필요가 있는데, 이곳은 향후 초고층으로 개발되면서 한강변 스카이라인을 주도할 것이다.

● 강동대권역(행당, 잠실, 뚝섬, 풍납~암사)

행당동 6, 7구역 재개발 지역을 주목해야 한다. 2010년에 분당선이 개통되면 왕십리 민자역사는 4개 노선의 환승역이 될 것이다. 게다가 인근에 복합문화공간도 조성된다. 잠실에 있는 엘스, 우성, 아시아선수촌 아파트 또한 주목해야 한다. 잠실종합운동장 부지에 121층 (633m) 높이의 '잠실국제컨벤션콤플렉스'가 들어설 예정이기 때문이다.

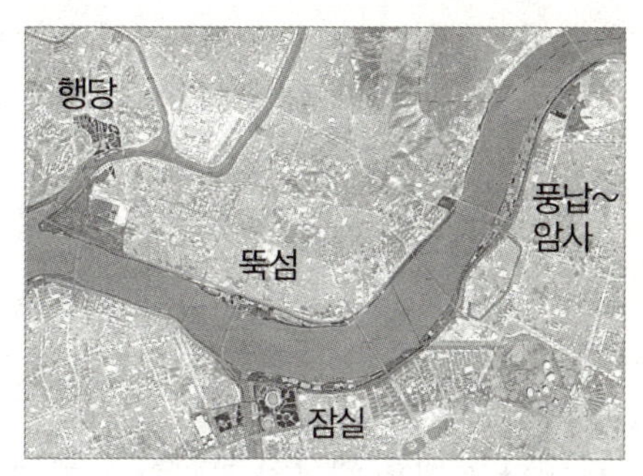

이 중에서 최고 투자처는 용산국제업무단지 주변이다. 용산구 개발의 핵은 무엇보다 '드림 허브'인 국제업무지구 개발(56만㎡)과 미군 이전지 용산민족공원 조성(271만㎡), 한강로 일대 개발사업(330만㎡), 한남 뉴타운 사업(109만㎡) 등을 들 수 있다. 코레일 철도공사 소유의 철도 정비창 안에 620m 높이(150여 층)의 국내 최고층 빌딩이 들어서 기업 본사와 컨벤션 센터, 호텔을 갖춘 국제업무단지로 개발된다. 또한 150여 층 규모의 초고층 빌딩을 정점으로 용산국제업무지구 중심부에는 250m 높이의 업무 및 주상복합 시설이 들어선다. 또한 한강변에는 기존 유람선 선착장과 한강시민공원 등과 연계한 친환경 위락시설이 들어서게 된다.

단기적으로는 세계 금융위기와 국내 실물경기 침체로 인해 한강 르네상스 프로젝트가 부동산시장에 미치는 영향은 그다지 크지 않을 것으로 보인다. 그러나 '오바마 신뉴딜정책' 등 세계 각국의 공조를 통해 점차 경기가 안정될 전망이기 때문에 앞으로는 한강 르네상스 프로젝트의 파급효과가 급속도로 나타날 것이다. 따라서 중장기적으로는 한강 르네상스의 핵심 지역으로 꼽히는 지역들의 조성을 통해 국가 경쟁력 향상과 함께 경제적인 파급효과를 기대해볼 수 있다.

지금과 같은 불황기일수록 가격 흥정이 가능하기 때문에 급매를 위주로 자금 계획을 세워보는 전략이 필요하다. 하지만 한강 르네상스 프로젝트가 부동산에 미치는 영향이 막대한 만큼 아직 가격에 거품이 많이 남아 있다. 그러므로 시세가 바닥을 찍을 때까지 관망하는 자세가 필요하다. 한강 르네상스 프로젝트는 서울시의 장기적인 세계 관광도시화 프로젝트로서 짧은 시간에 가시화되기는 어렵다. 따라서 내 집 마련과 투자를 병행하고자 하는 투자자라면 지금과 같이 세계 금융위기와 국내 실물경기 침체로 인해 거품이 대거 빠지는 시점이 기회다.

도시기능 회복정책에 주목하라

재개발이 뜨고 있다

　재개발이란 재개발구역 안에서 토지를 합리적이고 효율적으로 이용하고 도시기능의 회복을 위하여 주거환경을 개선하는 도시계획사업이다. 즉, 도시 내에 낡고 오래된 주택이 밀집되어 있어 주거생활이 불편하고, 도로, 상하수도 시설이 불량한 지역을 재개발구역으로 지정하여 도로, 상하수도, 공원 등의 공공시설을 정비하고 낡은 주택도 헐고 새로 건축하는 것이다.

　재개발도 재건축에 비해 규제 완화는 덜 이뤄졌지만 관심을 가져볼 만하다. 뉴타운의 상당수가 2008년 개발계획을 확정해 2009년부터 재개발구역들의 사업이 본 궤도에 오르기 때문이다. 또한 재건축과 마찬가지로 가격 거품이 많이 걷혀 매력적이다. 재건축에 비해 내 집 마련하기 위한 투자비용이 적게 든다는 장점도 있다. 특히 요즘 화두로 떠오르고 있는 '한강 르네상스 프로젝트' 의 직접적인 영향을 받는 지역을 잘만 찾는다면 강남 재건축이 부럽지 않을 정도다. 그 대표적인 지역이 한남 뉴타운과 왕십리역 인근의 재개발 지역인데, 서울시가 방침을 정하지는 않았지만 이 지역에 뉴타운을 추가로 지정할 가능성도 있다. 게다가 뉴타운 거래 규제의 완화는 위축된 수요를 되살릴 수 있을 것으로 전망한다. 그러므로 강남 재건축 진입이 여의치 않다면 호재가 많은 재개발에 관심을 가져볼 만하다.

지방의 경우는 항만 기능을 상실한 군산내항 주변 지역을 해양 문화공간으로 개발하기 위한 '군산 내항 재개발 사업' 이 본격적으로 추진될 예정이다.

재개발도 재건축에 비해 규제 완화는 덜 이뤄졌지만 2009년부터 다시 관심을 가져볼 만하다. 뉴타운의 상당수가 2007년 개발계획을 확정해 2008년부터 재개발구역들의 사업이 본 궤도에 오르기 때문이다. 대표적으로 뉴타운의 대표격이라 할 수 있는 한남 뉴타운 등도 그동안 개발계획을 세우지 못했으나 2009년부터 본격적으로 재개발될 전망이다. 여기에다 뉴타운 거래 규제의 완화는 위축된 수요를 되살릴 수 있을 것이다. 현재는 대지지분 20㎡(6평) 이상이면 토지거래허가를 받아야 하지만, 앞으로는 뉴타운 이외의 다른 지역과 같이 180㎡(54평) 이상으로 완화할 예정이다. 토지거래허가제가 완화되면 직접 거주하지 않고도 재개발 대상 주택에 투자할 수 있어 거래시 투자여건이 상당히 개선되는 셈이기 때문에 거래 활성화에 큰 도움이 될 전망이다. 다만 일반 재개발보다는 뉴타운에 포함된 재개발 구역이 투자가치가 높다는 점과 구역 내에 조합원 수가 적고 지분 쪼개기가 심하지 않은 지역에 한해 선별적으로 투자해야 함을 명심하자.

| 대상 지역 종류에 따른 분류

구분	내용
도심 재개발 사업	도심지 또는 부도심지와 간선도로변의 기능이 쇠퇴해진 시가지의 기능을 회복 또는 전환하기 위하여 시행되는 재개발 사업
주택 재개발 사업	노후, 불량한 주택이 밀집되어 있거나 공공시설의 정비가 불량한 지역의 주거환경을 개선하기 위해 시행되는 재개발 사업
공장 재개발 사업	노후, 불량한 공장 등이 있는 공업지역의 기능을 회복하기 위해 시행되는 재개발 사업

| 재개발 사업방식에 의한 분류

구분		내용
재개발 사업방식에 의한 분류	전면 재개발 또는 철거 재개발	밀집시가지, 불량시가지 또는 비위생 주택지를 대상으로 하면서 기존 건축물을 전반적으로 제거해서 새로운 건축물과 공공용지를 확보할 수 있는 계획적 시가지 정비 방식
	수복 재개발	도시기능과 생활환경이 점차 악화되고 있는 대상지에서 건축물의 신축을 부분적으로 허용하되 나머지 건축물을 수리, 개조함으로써 점진적으로 개선하는 방식
	보존 재개발	재개발 대상지가 앞으로 악화될 염려가 있거나 역사적, 문화적으로 보존해야 할 건축물을 포함하는 경우 주로 이용하는 방식
	개량 재개발	철거 재개발과 반대 방식으로 수행하는 재개발, 지구 내의 주거환경을 점진적으로 개선해나가는 방식
	순환 재개발	재개발구역의 일부 지역 또는 당해 재개발구역 외의 지역에 주택을 건설하거나 건설된 주택을 활용하여 재개발구역 또는 재개발사업시행지구를 수개의 공구로 분할하여 순차적으로 시행하는 방식

 **재개발의 장·단점**

● 장점

❶ 청약통장(청약예금·부금·저축) 불필요

❷ 평형 배정과 동호수에 추첨 우선권이 있음(일반 분양보다 로열층에 우선 배정)

❸ 입지여건이 좋은 아파트를 선택하여 투자할 수 있음(추첨에서 낙첨되는 경우 없음)

❹ 철거 시점에 이주비를 무이자 또는 저금리로 건축기간 동안 빌려주어 초기 투자비용 절감

❺ 사업단계별로 가격이 상승하므로 매매에 따른 시세차익과 환금성을 기대할 수 있음

● 단점

❶ 사업기간 장기화

❷ 금융비용 및 기회비용(예금이자) 등의 과다로 손실 발생 우려

❸ 추진 절차 및 관련 법규가 복잡하고 변수가 많아 아파트에 비해 확실한 투자가 어려움

❹ 비전문가 등의 잘못된 조언이나 사기, 법규의 변경 등으로 피해를 입는 경우가 있음

❺ 가격에 거품이 있는 경우가 있음(일반 분양가보다 많은 비용이 소요되는 경우가 있음)

사업 진행속도에 주목하라

무시할 수 없는 브랜드 파워

우리가 흔히 아파트를 고를 때 가장 먼저 떠올리는 것이 건설사와 그 아파트의 브랜드이다. 어느 건설사의 무슨 브랜드냐에 따라 자산가치가 달라지기 때문이다. 하지만 그것보다 더 중요한 것이 각 아파트의 사업 주체이다. 아파트 사업을 수행하는 주체는 여러 분야의 관계자들로 구성되는데 크게 사업시행사(건축주), 시공사, 설계자 및 감리자 등이 있다. 이 중 아파트 사업을 통해 막대한 수익을 남기는 사업의 주체는 시행사와 시공사이다. 시행사는 자기자본을 많이 들이지 않고 금융권에서 프로젝트 파이낸싱을 일으켜 사업비를 마련한 후 분양하여 발생되는 수익금으로 되갚게 된다. 여기서 건설사는 시행사에서 제시하는 사업계획서의 타당성을 검토한 후 브랜드 인지도를 활용하여 시공과 분양을 책임지게 된다.

이때 건설사의 브랜드 파워에 따라 사업성도 크게 달라지는데, 시행사는 사업성이 좋은 땅을 가지고 있으면 브랜드 파워가 높은 건설사와 사업을 추진할 수 있어 분양에도 유리하다. 건설사 입장에서는 사업을 통한 막대한 수익은 물론 지역마다 랜드마크 아파트 단지를 통해 브랜드를 홍보할 수 있는 기회이므로 '누이 좋고 매부 좋은' 구조인 셈이다. 그렇기 때문에 건설사들이 서로 같은 지역 내에서 브랜드 파워 경쟁을 하는 것은 너무나도 당연한 현상이다.

재개발 속도가 빨라야 돈이 덜 샌다

반면, 재개발에서는 조합원들 개개인이 모두 사업시행자로서 재개발 사업으로 발생되는 수익금을 사업시행자인 조합원 개개인에게 환원하는 방식으로 이루어진다. 건설사는 단지 시행자인 조합에서 시공에 대한 권한을 부여한 용역업체라고 보면 된다. 그러나 현실적으로는 그렇지 않은 경우가 대부분이다.

이는 재개발 지역마다 비슷한 양상을 보이는데 조합원들 중에서 선출된 조합위원들이 대부분 비전문가이다 보니 노하우를 겸비한 정비업체와 건설사에 휘둘려 정작 정비업체와 건설업체만 배를 불리는 경우가 많다. 특히 분양가상한제가 적용되면서 신규 분양가 책정에 눈치를 볼 수밖에 없는 건설사로는 조합원의 건축비를 높게 책정해 분양가를 종전보다 높이는 방법으로 자기 배만 불리려 한다. 그로 인해 발생되는 분쟁으로 인해 사업이 지지부진해지는 경우도 곳곳에서 발생하고 있다. 그러므로 재개발 지분에 투자할 때에는 그 구역이 내부적으로 마찰이 없는지, 그래서 사업 추진에는 무리가 없는지 등 알아보아야 할 점들이 많다.

재개발에서 시행자는 건축주로 표현할 수 있는데, 이해하기 쉽게 땅 주인이라고 보면 된다. 재개발에서는 땅의 소유주인 조합원 개개인이 시행자가 되는 것이다. 자기가 소유한 땅에 직접 건축하고자 할 때 본인의 자본만으로 사업을 할 수 있는 사람은 거의 없다. 대부분 자기자본과 대출을 활용해 건축을 하고서 발생한 수익으로 대출금과 이자를 갚는 방법으로 신축을 하게 된다.

민간 분양 아파트 사업을 할 때에는 시행자가 자기자본의 일부와 금융권의 프로젝트 파이낸싱*을 통해 막대한 자금으로 아파트 부지(땅)를 매입한 후 건설사와 사업 타당성이 맞아떨어지면 사업을 시행한다. 반면 재개발은 이미 사업의 시행자인 조합원들이 각자 소유한 땅에 아파트를 짓기 때문에 별도의 토지 매입비가 필요없는 사업방식이라고 이해하면 된다. 나머지 필요한 금액은 건축비와 기타 인허가 관련 용역비, 개발비 등인데 이 자금 역시 건설사를 통해 대출하는 경우가 많기 때문에 사업기간에 따른 대출이자 부담에 따라 조합원들의 추가부담금이 결정된다.

결국 아파트 사업과 같은 대규모 개발사업에는 사업에 쓰이는 막대한 대출금에 대한 이자 부담을 얼마만큼 줄일 수 있느냐가 사업의 성패를 좌지우지한다. 대출이자 부담을 줄이기 위해서는 사업 일정을 최대한 단축시켜야 한다. 하지만 재개발의 경우 예기치 않은 여러 가지 변수들로 인해 사업

여기서 잠깐

프로젝트 파이낸싱
(Project Finacing)

프로젝트 파이낸싱이란 대출금의 원리금 상환이 해당 프로젝트에서 발생하는 현금 흐름(Cash Flow)에 의존하여 이루어지는 금융거래 방식이다. 선진국에서는 이 제도가 활성화되어 있지만, 우리나라 금융시장에서는 제한된 범위 내에서 프로젝트 스폰서의 지원, 즉 시공사의 대출에 대한 신용연대보증 및 책임준공이행각서, 부동산 신탁회사의 이자보증과 자금관리를 조건으로 하는 등 제 수단을 통한 안정적 장치로 이 제도가 운영되고 있다. 자금조달의 기초를 프로젝트를 추진하려는 사업주의 신용이나 물적 담보의 가치에 두지 않고 프로젝트 자체의 수익성에 두는 금융기법으로 최근에는 건설업체의 자산개발 분야에도 본 방식이 도입되고 있다.

이 늦어지는 일들이 비일비재한데 사업 일정이 늦어질수록 '개발비'라는 명목으로 불필요한 지출이 늘어난다. 또 사업이 계속해서 지연되면 금융비용이 점차적으로 늘게 되고 이는 모두 조합원들의 분양가에 전가되어 조합원들이 손해를 볼 수밖에 없다.

그렇기 때문에 재개발에 투자할 때에는 사업 진행속도가 빠른 지역을 선택하는 것이 가장 좋다. 사업이 빨리 진행되기 위해서는 우선 조합원들의 단합이 잘 되어야 한다. 또한 다가구를 다세대로 전환하는 지분 쪼개기가 많으면 조합원 수가 늘어 사업성이 떨어진다. 재개발 쪼개기가 많지 않더라도 단독주택보다 다세대가 밀집된 지역은 조합원이 많기 때문에 조합원 수와 건립 예상가구 수 등을 따져봐야 한다.

재개발 투자시 확인해야 할 사항

❶ 현장답사를 한 후 해당 구청에 방문하여 기본적인 사항을 반드시 체크하라!
❷ 입지 여건을 세심히 분석하라!
❸ 사업 추진속도가 빠른 지역을 선점하라!
❹ 조합 내부에 분쟁이 있거나 조합장이 자주 바뀌는 지역은 삼가라!
❺ 예상 아파트 건립 가구 수와 조합원 수 중 조합원 수가 훨씬 적은 지역을 선택하라!
❻ 지분 쪼개기가 많은 지역은 삼가되, 입지가 좋다면 실수요로 장기투자하라!
❼ 다세대가 밀집되어 있어 조합원 수가 많은 지역은 삼가라!
❽ 가격 거품이 있는 지역은 관리처분 시점에 투자하라!
❾ 감정 평가액이 잘 나올 수 있는 주택에 투자하라!

소형 대지지분에 내 집 마련 성패가 달렸다

재건축, 재개발 사업과 대지지분

대지지분은 각 세대가 현재 가지고 있는 토지 소유분을 말하는 것으로 등기부 등본을 통해서 확인이 가능하다. 재개발 구역에서는 대부분 지분을 공유하고 있는 다세대주택이 많이 있는데 이런 경우 세대마다 바닥면적 비율대로 지분을 나눠 가진다고 보면 된다. 예를 들면 등부기등본 '표제부(대지권의 표시)' 란의 대지권 비율에서 확인이 가능한데, 84분의 10처럼 전체 대지면적 중 소유면적이 표시되어 있다.

재건축에서의 대지지분도 단지 내 대지면적을 전체 세대 수의 아파트 평형을 고려해 나눈 대지의 몫이다. 이에 따라 아파트는 대지면적이 넓을수록 세대 수가 적고, 건축면적이 좁을수록 대지지분은 늘어나게 된다. 결과적으로 용적률이 낮을수록 대지지분은 높아진다. 예를 들어 5대 저밀도지구 아파트들의 경우 층고가 5층 이하로 용적률이 낮은 반면 대지면적은 넓기 때문에 그만큼 대지지분이 크고, 중고층 아파트는 대지면적 대비 세대 수가 저밀도지구에 비해 크기 때문에 그만큼 대지지분 면에서 불리한 점이 많다. 대지지분은 무상입주 평형과 추가부담금 산정의 기준이 되며 대지지분이 클수록 재건축 사업 이후에 조합원이 무상 입주하게 되는 아파트의 평형이 커지게 되며 이에 따라 추가부담금이 줄어들게 된다. 이처럼 대지지분은 재개발, 재건축 사업의 수익성을 가늠하는 핵심적인 사항이다.

재개발투자는 작은 지분이 유리하다?

재개발에 있어서 투자자들은 소형 대지지분을 선호하는 경향이 있다. 물론 지분도 크고 시세도 저렴해서 적은 자금으로 좋은 물건에 투자하는 것이 가능하다면 더할 나위 없겠지만 지금은 전문가와 비전문가의 구분이 없을 정도로 누구나 부동산에 관련된 지식이 해박하기 때문에 그런 기회가 드물다.

현명한 투자자들은 소액으로 분산투자하는 것을 즐긴다. 그 이유는 소액 투자로 고수익을 올릴 가능성이 크기 때문이다. 예를 들면 단기간에 2,000만원을 투자해서 2,000만원을 벌기는 어려운 일이 아니지만 20억원을 투자해서 한꺼번에 20억원을 버는 것은 불가능하다. 금액의 단위가 커지면 커질수록 수요자가 줄어들기 때문이다.

투자자들이 소형 대지지분을 선호하는 또 다른 이유로는 소액으로 일단 재개발 지분에 투자한 후 자금계획을 세울 수 있는 충분한 시간적 여유를 가질 수 있기 때문이다. 기존의 아파트를 사기 위해서 자금계획을 세우려면 계약금, 중도금, 잔금까지 통상적으로 30~45일 내에 모두 지불해야 하지만, 재개발의 경우는 초기에 주택을 구입할 수 있는 값만 있으면 된다. 나머지 금액은 개발이 진행됨에 따라 순차적으로 지불하기 때문에 소액으로도 내 집 마련이 가능하다.

재개발 사업은 절차에 따라 구역지정을 받고 나면 입주할 때까지 대략 5~6년이라는 기간이 소요되기 때문에 소액으로도 자금계획을 세우기가 용이한 상품이라고 할 수 있다. 투자자들이 작은 지분에 집중하는 이유는 바로 소액투자로 내 집 마련을 원하는 수요층이 그만큼 두텁기 때문이다. 이처럼 부동산투자를 함에 있어서 중요한 내용 중 하나는 바로 팔 때를 염두에 두어 다분히 대중적이어야 한다는 것이다.

물론 부동산 주기에도 사이클이 있기 때문에 이 원리가 항상 일치하는 것은 아니다. 먼저 작은 지분에 수요자가 몰리기 시작하면 가격이 상승하여 큰 지분과의 가격 격차가 줄어든다. 이렇게 되면 큰 지분이 저평가되기 시작하면서 투자 가치가 더 좋아지고 수요자는 다시 큰 지분으로 옮겨가게 된다. 그 결과 큰 지분의 값이 상승하게 되는데, 이러한 과정을 반복하면서 가격이 결정되는 것이다.

그렇다면 지금의 모든 재개발시장은 어떤 상황에 와 있을까? DTI 규제(총부채상환 비율)와 분양가상한제 및 종합부동산세가 본격적으로 적용되면서 2007년 한 해 동안 기존의 중·대형 아파트를 중심으로 가격이 하락하였고, 거래량도 급감했다. DTI 규제는 중·대형 평형의 수요자를 감소시켰고, 분양가상한제는 신규 아파트 분양가를 제한함으로써 주변 시세를 더 이상 끌어올리지 못하게 했다. 종합부동산세 또한 투자자들에게 심리적인 부담감을 안겨주어 중·대형의 고가 아파트 위주로 약세를 면치 못하고 있다.

이처럼 DTI 규제와 분양가상한제 및 종합부동산세로 인해 중대형 주택의 구매욕이 급감하면서 유동성 자금이 재개발 소형 평형으로 순식간에 몰렸다. 그러면서 서울에서 진행 중인 거의 대부분의 재개발 구역 소형 지분들의 시세에는 거품이 껴 있는 반면 20~30평대의 중·대형 지분은 상대적으로 저평가되기 시작했다.

사실 사업 초기단계에 투자하는 경우라면 추가부담금에 대해 그다지 심각하게 생각할 필요가 없다. 그러나 사업단계가 진행될수록 실수요자들이 진입하면서 대지지분의 크기와 추가부담금을 아주 중요하게 고려해야 한다. 작은 지분의 경우는 초기 투자금이 적은 대신 추가부담금이 많고 큰 지분은 초기 투자금이 많이 드는 대신 추가부담금이 적다. 따라서 입주할 때까지 지불해야 할 총 금액은 작은 지분보다 큰 지분이 적다는 것을 알 수 있다. 이에 따라 재개발 투자를 생각하고 있다면 구입하고자 하는 주택의 대지지분을 반드시 확인해야 한다.

대지지분 다음으로 중요한 것이 공시지가인데 공시지가가 높을수록 감정평가액이 많아 추가부담금을 줄일 수 있다. 그렇다면 일반인들도 공시지가를 손쉽게 확인할 수 있는 방법은 무엇일까?

서울시의 경우에는 홈페이지(http://www.seoul.go.kr/)에 접속한 후 '토지정보서비스 → 개별 공시지가 → 주소검색'의 순서대로 조회를 하면 해마다 1월 1일을 기준으로 공시지가를 확인할 수 있다. 강북의 경우 구릉지가 3.3㎡(1평)당 500만원대에 거래되고 있으며, 대로변에 접하거나 역세권에 인접한 대지는 1,000만원 이상까지 가격이 형성될 정도로 같은 재개발 구역 내 같은 크기의 대지지분이라 할지라도 공시지가의 차는 크다.

이처럼 공시지가에 따라서 추가부담금의 액수가 크게 달라질 수 있으므로 반드시 확인하여야 한다. 양심적이지 못한 중개업소에서는 재개발에 대해 정확히 모르는 사람이 많다는 점을 노려 공시지가가 낮은 지분을 비싸게 파는 경우가 종종 있다. 재개발투자에 있어서 대지지분과 공시지가의 중요성을 거듭 강조하여도 결코 지나치지 않은 이유가 여기에 있다.

대지지분 33㎡(10평)와 16㎡(5평)평을 비교(대지지분 33㎡의 평당가를 800만원, 16㎡의 평당가를 1,000만원으로 가정)했을 때, 33㎡(10평)의 총 매매가는 8,000만원이고, 16㎡(5평)의 총 매매가는 5,000만원이며, 감정평가액이 평당 500만원씩이라 가정할 때, 33㎡(10평)는 총 평가액이 5,000만원이 되고, 16㎡(5평)은 2,500만원이 된다.

이때 총 매매가액에서 총 평가액을 뺀 금액이 웃돈(프리미엄)이 된다. 16㎡는 원매도인에게 웃돈으로 2,500만원을 더 준 셈이고, 33㎡는 웃돈으로 3,000만원을 더 준 셈이니 결과적으로 3.3㎡(1평)당 1,000만원에 매입한 16㎡ 지분은 500만원이나 저렴하게 산 것이다. 또한, 초기 투자금액도 저렴하여 기회비용도 줄인 효과가 발생하였다(단, 동일한 평형의 아파트로 배정받는다는 가정하에 성립됨).

장기적인 자산가치를 원한다면 도시재정비촉진지구를 노려라

재개발, 뉴타운, 재정비촉진지구 무엇이 다를까?

뉴타운 사업은 종래 민간이 주도한 개발(재개발)이 도시기반시설에 대한 충분한 고려 없이 주택 중심으로만 추진하여 생긴 문제점을 개선하기 위해 시행하는 새로운 '기성시가지 재개발 방식'이라고 할 수 있다. 주택 재개발이 민간의 편의 위주로 개별 주택의 가치를 중심으로 한 소규모 개발이라면 '뉴타운 개발'은 공공이 원하는 민간사업으로 적정 규모의 생활권역을 대상으로 한 충분한 도시기반시설을 확충하는 종합적인 도시계획 사업이다.

도시재정비촉진지구란 정부가 낡은 도심 주거지를 50만㎡(15만 평) 이상 단위로 묶어 계획적으로 개발하는 사업이다. 개별적으로 재개발, 재건축이 진행되면서 빚어진 난개발을 막기 위해 '도시재정비촉진특별법'을 도입하였고, 용적률

등 건축규제 완화, 우수학교 유치 지원 등의 인센티브가 주어진다. 이 지역은 서울 강북의 뉴타운 사업을 지원하기 위해 급조한 특별법에 의해 지정된 지역으로 서울시가 추진해온 뉴타운 사업보다 광역적이고 체계적인 사업방식이다. 도시재정비촉진지구로 지정된 지역으로는 1차 뉴타운 2곳(길음, 은평), 2차 뉴타운 1곳(한남), 3차 뉴타운 10곳(상계, 장위, 이문·휘경, 거여·마천, 흑석, 신림, 시흥, 신길, 북아현, 수색·증산) 및 2차 균형발전촉진지구 3곳(구의·자양, 천호·성내, 상봉·망우) 등이다.

| 뉴타운, 균형발전촉진지구, 도시재정비촉진지구

구분		내용
서울지역 균형발전 지원에 관한 조례	뉴타운	주거환경개선사업 • 시범(1차) 뉴타운 : 3곳(은평/길음/왕십리) • 2차 뉴타운 : 12곳 　(미아/중화/전농/천호/한남/노량진/영등포/신정/방화/아현/가좌/교남) • 3차 뉴타운 : 10곳 　(상계/장위/이문·휘경/거여·마천/흑석/신림/시흥/신길/북아현/수색·증산)
	균형발전 촉진지구	서울 도시공간 구조를 다핵화로 전환하기 위하여 상대적으로 개발이 이루어지지 않아 낙후된 지역 중심지를 실질적인 중심지로 육성하는 사업 • 1차 균형발전촉진지구(5곳) : 청량리/미아/홍제/합정/가리봉 • 2차 균형발전촉진지구(3곳) : 구의, 자양/천호, 성내/상봉, 망우
도시재정비 촉진을 위한 특별법	도시재정비 촉진지구	낡은 도심 주거지를 50만㎡(15만 평) 이상 단위로 묶어 뉴타운 사업보다 광역적이고 체계적으로 개발하는 사업 • 시범(1차) 뉴타운 : 2곳(은평/길음) • 2차 뉴타운 : 1곳(한남) • 3차 뉴타운 : 10곳 　(상계/장위/이문·휘경/거여·마천/흑석/신림/시흥/신길/북아현/수색·증산) • 1차 균형발전촉진지구(5곳) : 청량리/미아/홍제/합정/가리봉

일반적으로 재개발, 뉴타운, 재정비촉진지구의 개념을 이해하기란 쉬운 일이 아니지만 이해를 돕고자 비교하여 설명해보기로 하겠다.

재개발은 도시가 생성된 후 수십 년이 흘러 주택이 노화되고 도시기반시설이 열악해지면 민간이 주도하여 하나의 구역 단위씩 개발하는 형식으로 이루어진다. 예를 들면, OO동 13구역 재개발, OO동 10구역 재개발 등이 그것이다. 하지만 이렇게 하나의 구역 단위씩 개발을 하다 보면 서로 공공의 이익을 위한 기반시설(도로, 공원, 학교, 편의시설 등)에 대한 비용부담에 인색해질 수밖에 없어 난개발이 양산된다.

이런 문제점을 해소하고자 각각의 여러 재개발 구역을 하나로 묶어 광역화 개발을 하는데, 이것이 바로 뉴타운이다. 뉴타운도 출발은 야심찼으나 광역화만 가지고는 수많은 이해관계를 모두 해결해가며 원활히 사업을 추진하는 데 한계가 있었고, 오히려 주변의 땅값 상승만 부추겼다.

또다시 이런 문제점을 보완하고자 정부에서는 ‘도시재정비특별법’을 도입하여 뉴타운 사업보다 더 광역적이고 체계적인 사업방식을 도입하게 되었는데, 이것이 바로 ‘도시재정비촉진지구’라고 이해하면 되겠다.

장기적인 관점에서 보면 사업 속도와 삶의 질은 반비례한다. 다시 말해 재개발의 경우는 단위가 작기 때문에 뉴타운이나 도시재정비촉진지구보다는 사업 속도가 빠를 수 있지만 시간이 지남에 따라 주거 인프라가 좀처럼 개선되기가 쉽지 않다. 반면 도시재정비촉진지구는 완전히 형성되기까지는 아주 긴 시간이 소요되지만 향후 삶의 질이나 자산가치 면에서 재개발이나 뉴타운보다 그만큼 우수할 수밖에 없는 것이다. 그러므로 지금처럼 재개발이 가치에 비해 가격이

너무 고평가되어 있을수록 입지가 좋고 각자의 여건에 잘 부합하는 지역의 '도
시재정비촉진지구'에 실수요로 투자하여야 한다.

| 뉴타운과 재정비촉진지구 비교

구분	뉴타운	재정비촉진지구
법적근거	서울 지역균형발전 지원에 관한 조례	도시재정비촉진을 위한 특별법
지구유형	1) 뉴타운 2) 균형발전촉진지구	1) 주거지형(495,870㎡ 이상) 2) 중심지형(198,348㎡ 이상)
사업종류	1) 뉴타운 • 주거환경개선 • 재개발, 재건축 • 도시개발, 시장정비 2) 균형발전촉진지구 • 도시환경 • 도시개발	재정비촉진사업
절차	지구지정 → 계획수립 → 구역지정	지구지정 → 계획수립(구역지정 의제)
구역요건 완화	–	• 구역 요건 20% 완화(노후도 제외) • 떨어진 구역을 1개 구역 지정 가능
건축특례	–	1) 용도지역 상향, 건폐율, 용적률, 층고 완화(재건축은 제외) 2) 소형 의무비율 완화(85㎡ 이하 80% → 60%, 재건축은 제외)
개발이익 환수	기반시설 설치	1) 기반시설 설치 2) 증가 용적율의 50~75% 임대 건립
사업촉진 계획	–	촉진계획 수립 후 2년 내 조합 설립, 3년 내 시행인가 받지 못하면 총괄 사업관리자가 직접 사업
제한사항	• 개발허가 제한 • 토지거래허가 80㎡(54평) 이상	• 개발허가 제한 • 토지거래허가 20㎡(6평) 이상

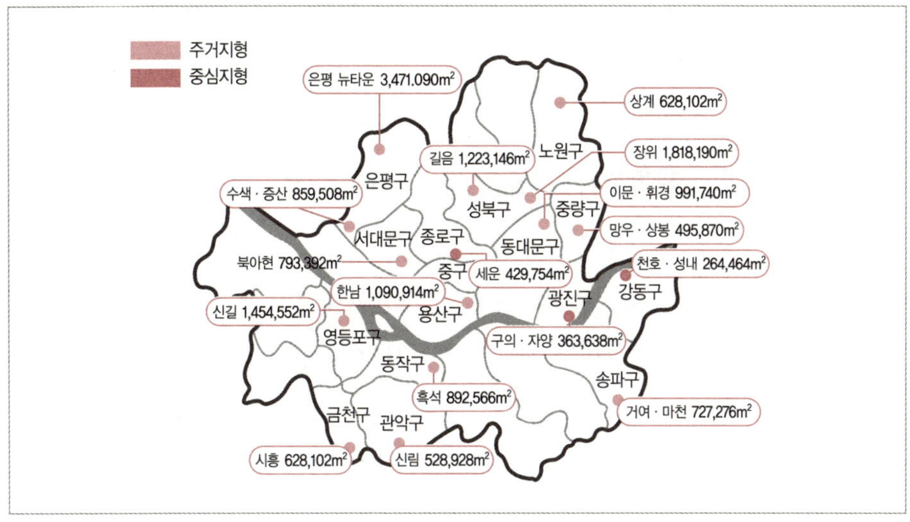

* 장위, 신길, 세운은 시법지구임. 주거지형은 주택개발 중심. 중심지형은 주거, 상업, 업무 복합개발 중심

자료 : 건설교통부

도시재정비촉진지구 투자시 이것만 확인하자

2006년 7월 1일부터 서울 강북 뉴타운 재정비촉진지구 지정지 내에서 20㎡ 이상의 땅을 구입할 때는 시 · 군 · 구청으로부터 토지거래허가를 받아야 한다. 도시재정비촉진지구를 토지거래허가구역으로 지정하면서 토지거래허가 대상 면적을 180㎡(54평)에서 20㎡ 이상으로 대폭 강화하였는데, 이로 인하여 재개발 지분뿐만 아니라 도시재정비촉진지구로 지정된 뉴타운 내 아파트 거래까지 모두 토지거래허가를 받게 되었다.

실제로 서울 뉴타운 내에는 20㎡ 이상인 필지가 전체의 88%에 달하므로

20㎡ 이상 지분의 토지거래허가제로 인해 거래가 급격히 위축되어 투기차단 효과가 있었다. 이처럼 지분 20㎡ 이상은 실거주 목적으로만 구입할 수 있기 때문에 촉진지구 지정지마다 토지거래허가에서 제외된 20㎡ 미만의 지분들의 거래가 상대적으로 활발했다. 지금은 세계 금융위기로 거품이 걷히고 있는 과정이다.

2007년 DTI 규제, 종합부동산세, 분양가상한제 등이 적용되기 시작하면서부터는 주택이 재테크의 개념에서 주거의 개념으로 옮겨가는 과도기로 인식되기 시작했다. 앞으로는 서울 전역 가격에 평준화가 이루어지면서 재정비촉진지구 내의 부동산이 가격을 주도하게 될 것이다.

뉴타운 토지거래허가 완화로 지각 변동

또한 현재 대지지분 20㎡ 이상을 대상으로 한 토지거래허가제가 뉴타운 이외의 다른 지역처럼 180㎡ 이상으로 풀릴 전망이다. 토지거래허가제가 완화되면 직접 거주하지 않고도 재개발 대상 주택에 투자할 수 있어 거래 투자여건이 상당히 개선된다고 볼 수 있다. 뉴타운 거래 규제의 완화는 위축된 수요를 되살릴 것이다. 그러므로 입지가 좋고 향후 우수한 주거 인프라로 탈바꿈하게 될 재정비촉진지구 중 한 지역을 선점한다면 수익을 얻을 수 있을 뿐만 아니라 명품 도시로서의 인프라를 누리게 될 것이다.

| 재정비촉진지구 투자시 꼭 알아야 할 내용

구분			내용
토지거래허가 대상 토지면적	뉴타운		178.5m² 이상
	재정비촉진지구		20m² 이상
토지거래 허가 자격	주택	무주택	구입 가능하고 전 세대원이 살아야 허가 가능
		1주택	기존 주택을 처분하고 전 세대원이 직접 들어가서 살 계획이라면 허가 가능(단, 학업 등의 이유로 불가피하게 떨어져 있는 경우 제외)
		2주택 이상	아예 허가를 받지 못함
	상가 및 업무용 건물		직접 영업하거나 전임 관리인을 선임해 운영하는 등 이용 목적에 부합하면 허가 가능(단, 주택과 달리 다른 곳에 보유중인 상가나 건물을 처분하지 않아도 됨)
	상가주택		상가 및 주택의 면적이 건물 전체 연면적에서 차지하는 비중이 큰 용도만으로 허가 가능 (단, 비중의 판단 기준은 공부상이 아니라 현황)
기타	구입 후 매도 여부		3년 이상 거주한 후부터 매도 가능
	구입하는 주택세 입자가 있을 경우		구입하는 주택에 임차인이 있을 경우는 임대차계약 만료시부터 거주하는 조건으로 허가를 받을 수 있음
	조합원 입주권		입주 후부터 거주하는 조건

아직까지 최고의 투자 대상은 역시 강남의 아파트이다. 강남은 수도권에 사는 사람들의 70% 이상이 선망하는 지역이다. 이는 그만큼 대기 수요자가 충분하다는 의미로 강남에 있는 아파트 가격이 오르는 첫 번째 이유가 바로 여기에 있다. 한번 강남에 이사 온 사람은 특별한 이유가 없는 한, 셋방살이를 하더라도 강남을 떠나려 하지 않는다. 우선 다른 지역에 비해 교육환경, 생활 편의시설 등이 잘 갖추어져 있고 무엇보다도 명품 지역에서 산다는 자부심이 크기 때문이다. 강남 지역 재건축 아파트 단지 중 '빅 4'로 불리는 단지로는 압구정동, 잠실 5단지, 개포 주공, 대치동 아파트를 꼽을 수 있다. 이 '빅 4' 뿐만 아니라 강남에 있는 재건축 단지들은 미리 확인해둘 필요가 있다. 지금부터 강남 지역 재건축 아파트를 하나하나 파헤쳐보기로 하자(내 집 마련시 교통, 교육환경, 생활 편의시설은 어느 지역이든 반드시 살펴야 하는 항목이다. 여기서는 금액별 투자 사례를 강남구역을 들어 투자의 이해를 돕고자 한다).

2억원대 투자 현황

● 가락 시영아파트(2종 일반주거지역)

❶ 단지 현황

가락 시영아파트는 부지면적만 396,696㎡로 1차, 2차를 모두 합쳐 총 6,600가구가 있다. 서울 지역 중 단일 규모로는 최대 규모의 재건축 단지이다. 가락 시영1차는 43㎡, 50㎡, 56㎡의 3,600가구이고, 가락 시영2차는 33㎡, 43㎡, 56㎡, 63㎡의 3,000세대로 구성되어 있다.

❷ 교육환경

가락초, 중대초, 가락중·고, 배명중·고, 일신여중, 일신여상 등의 비교적 좋은 학군이 형성되어 있으며, 대치동 학원가까지 5분 거리에 위치해 있다.

❸ 교통 및 편의시설

8호선 송파역 역세권이면서 2010년이면 가락시장역에서 3호선 환승이 가능해진다. 남부순환도로 및 양재대로와 인접해 있어 교통이 편리하며, 국내 최대 농수산물시장에 근접해 있고, 롯데월드, GS마트, 삼성의료원 등의 편의시설이 근접해 있어 편리하게 이용가능하다.

❹ 투자 추천매물(2008년 4분기 국토해양부 실거래가 및 2008년 12월 급매 기준)

- 43㎡(13평형)

- 매매가 : 4억 3,000만원(㎡당 1,000만원)

- 전세가 : 6,000만원

- 실투자금 : 2억 7,000만원(대출금 1억원 활용할 경우)

3억원대 투자 현황

● 여의도 시범아파트(3종 일반주거지역)

❶ 단지 현황

여의도 시범아파트는 지난 1971년 10월에 입주하였으며, 60~159㎡(18~48평형)로 구성되어 있는 1,584세대의 대단지 복도식 아파트다.

❷ 교육환경

여의도초, 여의도중, 윤중중, 여의도고 등이 있어 학군이 좋다.

❸ 교통 및 편의시설

지하철 5호선 여의나루역에서 도보 10분 이내 거리에 위치하며, 63쇼핑, 한화쇼핑,

프라이스클럽, 신세계백화점, 여의도성모병원, 한강시민공원 등 편의시설이 잘 갖추어져 있다.

❹ 투자 추천매물(2008년 4분기 국토해양부 실거래가 및 2008년 12월 급매 기준)

• 79㎡(24평형)

• 매매가 : 6억원(㎡당 760만원)

• 전세가 : 1억 4,000만원

• 실투자금 : 3억 6,000만원(대출금 1억원 활용할 경우)

● 은마아파트

❶ 단지 현황(3종 일반주거지역)

은마아파트는 지난 1979년 12월부터 입주가 시작되었으며, 102㎡(31평형), 112㎡(34평형)의 단 두 개 평형으로만 구성된 4,424가구의 매머드급 대단지 아파트다. 또한 14층 높이의 중층 복도식 아파트다.

❷ 교육환경

대현초, 대곡초, 진선여중, 휘문중, 대명중, 숙명여고, 휘문고, 단대부고, 중대부고, 은광여고, 경기고, 경기여고 등의 좋은 학군이 형성되어 있다.

❸ 교통 및 편의시설

3호선 대치역이 도보 2분 거리 내에 있고 노선버스가 잘 갖추어져 있다. 경부고속도로, 중부고속도로까지 15분 이내에 진입 가능할 정도의 교통 요지이다. 롯데백화점, 현대백화점, 은마상가, 삼성의료원, 영동세브란스병원 등 편의시설 이용이 용이한 입지를 갖추었다.

❹ 투자 추천매물(2008년 4분기 국토해양부 실거래가 및 2008년 12월 급매 기준)

• 102㎡(31평형)

• 매매가 : 7억 6,000만원(㎡당 745만원)

• 전세가 : 2억원

• 실투자금 : 4억 1,000만원(대출금 1억 5,000만원 활용할 경우)

● 압구정 구현대아파트

① 단지 현황(3종 일반주거지역)

압구정 구현대는 지난 1976년 6월부터 입주를 시작했다. 아파트는 1~7차까지 구성되어 있다. 이 중 구현대 1~7차, 10차는 3종 일반주거지역이고, 구현대 4차만 2종 일반주거지역이다. 지상 5~15층 41개동에 108~264㎡(32~80평형) 규모의 3,076가구가 대단지를 이루고 있다.

❷ 교육환경

단지 내 구정초, 구정중·고를 비롯해 신사중, 현대고, 청담고 등 강남 8학군의 명문 학군이다.

❸ 교통 및 편의시설

지하철 3호선 압구정역 역세권이며, 성수대교와 동호대교 이용이 수월하고 올림픽대로를 통해 여의도나 잠실까지 차로 20분이면 도달이 가능한 사통팔달의 교통 요충지이다. 편의시설로는 현대백화점, 갤러리아 백화점, 강남성모병원, 한강시민공원, 도산공원과 신사동 일대의 레스토랑, 갤러리 등이 즐비하다.

❹ 투자 추천매물(2008년 4분기 국토해양부 실거래가 및 2008년 12월 급매 기준)

• 현대 3차 109㎡(33평형)

• 매매가 : 9억 5,000만원(㎡당 870만원)

• 전세가 : 2억원

• 실투자금 : 5억 5,000만원(대출금 2억원 활용할 경우)

● 반포 한신1차아파트

❶ 단지 현황(2종 일반주거지역)

반포 한신아파트는 지난 1977년 6월부터 입주를 시작하여, 1~27차까지 총 1만 1,691가구의 대단지를 이루고 있다. 그중에서도 한강변에 입지한 한신1차는 93~175㎡(28~53평형)로 구성된 790세대 아파트다.

❷ 교육환경

신동초, 반원초, 반포초, 잠원초, 원촌초, 서원초, 경원중, 원촌중, 신동중, 신반포중, 세화여중, 반포고, 현대고, 구정고, 세화고 등 8학군에 포함되는 학군으로 형성되어 있다.

❸ 교통 및 편의시설

지하철 3호선 잠원역과 7호선 반포역 역세권이며, 고속버스터미널을 이용해 전국 어디든 가기가 편리하다. 한강변에 자리 잡고 있다 보니 올림픽대로와 강변북로를 이용하기가 좋다. 반포대교와 한남대교를 통해 강북으로 접근하기가 용이하고 강남대로

를 이용하기 수월하다. 편의시설로는 신세계백화점, 뉴코아아울렛, 킴스클럽, 강남성
모병원, 국립중앙도서관, 한강시민공원, 영풍문고 등이 근접하고 있어 불편함이 없다.

❹ 투자 추천매물(2008년 4분기 국토해양부 실거래가 및 2008년 12월 급매 기준)

• 93㎡(28평형)

• 매매가 : 11억원(㎡당 1,180만원)

• 전세가 : 1억 7,000만원

• 실투자금 : 7억 3,000만원(대출금 2억원 활용할 경우)

재건축 투자물건 분석

지금까지 세계 금융위기 속에서 투자가 가능한 금액대별 강남 재건축단지와 실제 물
건을 소개하였다. 위에서 소개한 물건들은 사실 2006년 말 최고점 대비 30~40%
하락한 시세로 이 가격들이 시세라고 볼 수는 없다. 2009년 1월에는 재건축 규제가
완화될 것이라는 기대감 때문에 거래가 없었음에도 불구하고 호가가 많게는 순식간
에 20%가량 회복하기도 했다. 이처럼 강남 재건축은 이명박 정부의 숙원 사업인 만
큼 최대 투자처로서 손색이 없다. 베스트 투자물건에서 소개한 물건의 가격대가 바
닥이라고 단정 지을 수는 없지만 시장 동향상 발목 정도라고 보면 될 것 같다. 강서
구 마곡지구와 송파 신도시에서 토지 보상금이 대거 풀릴 예정이기 때문에 최고의
투자처인 재건축으로 투자자들이 쏠리다 보면 더 이상 이 가격대의 재건축 매물은
찾아보기 힘들 것이다. 그러므로 이 정도 가격대 매물을 찾을 수만 있다면 자금계획
을 잘 세워 지금 당장 투자해야 한다.

재정비촉진지구의 넘버원 '한남 뉴타운'

다양한 구릉지형이 형성되어 있어 주거환경이 열악한 한남 뉴타운이 용산공원 조성 및 남산·한강 르네상스 개발계획 등으로 인해 새롭게 변화하는 도시구조로 탈바꿈할 전망이다. 주거시설에는 조합원 주택 8,000가구, 임대주택 2,090가구, 일반 분양주택 2,202가구가 들어선다. 평형 비율로는 60㎡가 41.98%, 85㎡ 이하 34.26%, 85㎡ 이상 23.76%다. 또 한남 뉴타운의 용적률을 당초 227%에서 219%로 낮출 계획이다. 지구 중심인 보광동에 설치될 그라운드 2.0(인공지반)의 하부에는 도로 및 주차장 등의 기반시설과 함께 50층 규모의 주상복합인 '르네상스 타워'를 비롯해 호텔, 공원, 업무시설, 쇼핑센터 등의 다용도 시설이 들어선다. 글로벌 파빌리온 파크는 뉴타운에서 경사가 가장 급한 도깨비시장 길을 중심으로 테마공원을 만들어 남산에서 한강으로 이어지는 남산지세를 복원하는 사업이다. 한남지구 내에서 가장 급격한 경사를 가진 도깨비시장 길을 중심으로 테마를 가진 공원(글로벌 파빌리온 파크)을 계획하여 남산에서 한강으로 이어지는 남산지세를 복원하고, 주변에는 지형에 순응하는 다양한 테라스형 주거유형을 도입하여 공원 속의 주거와 같은 명품 주거지로 만들 계획이다.

한강변에 위치한 동빙고동은 일본의 미드타운이나 롯본기힐즈와 같이 상업, 관광, 문화 그리고 주거가 하나 되는 복합공간으로 계획하여 도시 경쟁력을 한층 높일 수 있는 세계적 관광상품으로 탈바꿈하여 한강변의 새로운 종합문화공간으로 재탄생할 것이다. 다만, 주의할 점이 있다면 용산구가 1단계(3, 4구역)로 오는 2009~2014년, 2단계(1, 2구역)로 2012~2017년에 각각 개발할 계획에 있어 2단계에 편입되는 1, 2구역의 경우 개발이 장기화되면서 기회비용이 더 들어갈 수 있으므로 추진경과를 봐가며 투자 시기를 결정해야 한다.

● 투자 추천매물(2008년 4분기 국토해양부 실거래가 및 2008년 12월 급매 기준)

- 빌라 대지지분 : 33㎡(10평) / 건축면적 : 73㎡(22평)

- 매매가 : 4억 3,000만원(㎡당 1,300만원)

- 전세가 : 8,000만원

- 실투자금 : 2억원(대출금 1억 5,000만원 활용할 경우)

용산~여의도 최대 수혜지 노량진 뉴타운

동작구가 역점사업으로 추진하고 있는 노량진재정비촉진계획변경(안)에 대해 2009년 1월 9일 ~ 1월 23일까지 주민의견 수렴을 위한 공람을 실시했다. 노량진지구는 지난 2003년 11월에 2차 뉴타운지구로 지정되고, 2005년 4월에는 노량진뉴타운개발 기본계획이 승인되었다. 여기에 뉴타운 관련 법안인 '도시재정비 촉진을 위한 특별법'의 시행됨에 따라 2007년 12월 재정비촉진지구로 의제처리가 된 지역이다. 그동안 기반시설이 열악하고 노후한 불량주택이 밀집되어 서울시의 대표적인 낙후 지역으로 꼽혀왔던 노량진 일대는 향후 뉴타운 개발이 완료되면 민자역사 개발, 지하철 9호선 개통, 수산시장 현대화 등으로 중심기능과 더불어 동작구 생활문화의 거점으로 육성될 전망이다. 위치는 동작구 노량진 1, 2동, 대방동 일원에 76만 2,000㎡(23만 505평)의 면적으로 조성된다.

노량진 뉴타운에는 7,702가구 규모의 주택이 들어설 예정인데, 존치되는 가구를 제외하면 분양 4,271가구, 임대 853가구 등 총 5,124가구를 공급하게 되고, 지구 중심부에 27층 높이 고층 주상복합을 건축한다. 지구 내 장승배기 길 중앙부에 들어서는 타운센터는 4개 블록을 복합용도로 개발하는데, 타운센터 중심에는 최고 27층의 고층 주상복합 4개동을 짓는다. 그리하여 저층상가와 고층·중층 빌딩을 적절히 배치해 지형 및 주변여건을 고려한 스카이라인을 만들 예정이다. 아울러 지역 전체를 순환하는 생활녹지축을 조성하여 생활권을 연결하는 십자형 녹지축을 계획하는 그린 네트워크를 형성함으로써 노량진근린공원과 연결되는 능선축의 녹지를 회복하고 지구 내에 생태녹지축을 연계하여 자연환경을 단지 내에 유입시키고자 한다. 또한 한강조망과 바람길을 고려한 남북 녹지축을 계획하여 자연 지형에 순응하는 환경친화적 공간을 구축한다.

특히 국제 금융의 허브로 육성될 용산국제업무지구와 여의도를 마주하고 있으며 1호선 용산역까지 한 정거장이면 도달이 가능하다. 또한 노들섬에 들어서게 될 오페라하우스와의 접근성이 뛰어나 예술의 메카로 자리매김할 전망이다. 또한 2009년 5월에 황금노선인 9호선이 개통되면 강남뿐만 아니라 영종도까지 가까워져 국제적인 부도심의 역할을 수행할 것으로 보인다.

● 투자 추천매물(2008년 4분기 국토해양부 실거래가 및 2008년 12월 급매 기준)

- 빌라 대지지분 : 19㎡(5.8평) / 건축면적 : 36㎡(11평)

- 매매가 : 2억 1,000만원(㎡당 1,100만원)

- 전세가 : 4,000만원

- 실투자금 : 1억원(대출금 7,000만원 활용할 경우)

좁은 골목길을 따라 낡은 집들이 늘어서 있는 성동구의 대표적 낙후 지역인 행당 6 구역(행당동 100번지 일대 4만 9,240㎡)에 대한 재개발에 탄력이 붙게 되었다. 행당 6 구역은 2004년부터 재개발이 추진돼 왔지만, 두 개의 추진위원회가 서로 대립하는 양상을 보이면서 사업이 지지부진했고 결국 지난해 8월 두 구역으로 나뉘면서(6, 7구역) 재개발에 속도를 내게 됐다. 재개발을 통해 전용면적 108.51∼ 178.40㎡ 규모의 아파트 총 709가구가 12∼33층 높이로 들어서고, 임대아파트(55.52∼58.98㎡) 146가구도 공급될 예정이다.

이 지역은 서울의 허파라고 할 수 있는 서울숲과 가깝고, 왕십리역(2, 5호선 및 중앙선)과 한양대역(2호선) 역세권이며, 2010년에 분당선이 추가로 개통할 예정에 있어 강남까지 20분이면 출퇴근이 가능해진다. 또한 왕십리 민자역사가 2008년에 오픈하면서 각종 편의시설이 확충되었다. 바로 앞의 경원선 철길 옆의 저지대는 무허가 공장이 난립하고 폐기물 적체가 심했을 뿐만 아니라 상습 침수지대여서 공공기관 및 민간업체가 사업을 포기하는 사례가 있었다. 그런데 이 지역에 주거 461가구, 모델센터 및 SSM(Super Super Market), 한국영화아카데미, 창조복합공연장 및 아트홀 등이 들어서면서 자연과 조화된 주거, 상업, 문화공간으로 탈바꿈하여 환골탈태할 전망이다.

● 투자 추천매물(2008년 4분기 국토해양부 실거래가 및 2008년 12월 급매 기준)

　• 빌라 대지지분 : 6.6㎡(2평) / 건축면적 : 17㎡(5평)

　• 매매가 : 1억 5,000만원(㎡당 2,270만원)

• 전세가 : 공실

• 실투자금 : 5,000만원(대출금 1억원 활용할 경우)

뉴타운, 재개발 역시 재건축과 마찬가지로 거품이 많이 걷혀서 좋은 매물이 많다. 용산구에 있는 한남 뉴타운의 경우 호황일 때에는 대지지분 33㎡(10평)의 물건은 구경조차 할 수 없을 정도였지만 지금은 여러 여건들로 인해 초기 투자비용이 적게 들면서 좋은 매물을 20% 이상 싸게 살 수 있다.

그래도 매수자들은 2009년까지 세계 경제상황이 좋지 않을 것을 우려해 쉽게 구매를 결정하지 못할 것이다. 정부에서는 건설경기를 살리지 못해 안달이 나 있고, 언론은 재건축 가격이 조금이라도 상승하면 호들갑이다. 매수 대기자들은 이런 상황에 따라 좌불안석이다. 그렇기 때문에 향후 넘버원 개발지를 추천하는 것이다. 앞으로의 주택시장은 분명한 양극화 시장으로 흘러간다. 즉, 한강 르네상스 프로젝트와의 연관성, 주거 인프라 그리고 단지의 차별성(친환경 디자인 등), 지하철 신규 개통 여부 등에 따라 기존의 성냥갑 아파트와 가격 격차가 더욱 벌어질 것이다. 2009년 상반기는 매수자의 자금 규모에 따라 최고의 주거지역에 내 집을 마련함과 동시에 투자까지 할 수 있는 절호의 기회다.

혼자서 투자하기가 힘들다면 전문가의 도움을 받는 것도 좋다. 상담을 원하는 사람들의 유형을 보면 당장 투자할 것도 아닌데 전문가 컨설팅에 왜 돈을 쓰냐는 유형과 다른 사람보다 앞서 전문적인 상담을 받은 후 그에 따라 준비를 하겠다는 유형으로 구분된다. 필자는 후자를 권장한다. 그렇다고 전자의 유형이 모두 잘못되었다는 것은 아니다. 다만 통계상으로 보았을 때 전자의 경우 컨설팅 비용 때문에 차일 피일 미루다 결국 투자 시기를 놓칠 확률이 높았던 반면 후자의 경우는 다른 사람보다 먼저 좋은 물건을 구매할 수 있었고 같은 비용으로 더 큰 투자 수익을 얻었다. 준비된 자에게 기회가 오는 법이다. 선택은 여러분에게 달렸다.

3장

안정적인 수익을 올릴 수 있는
상가 투자전략

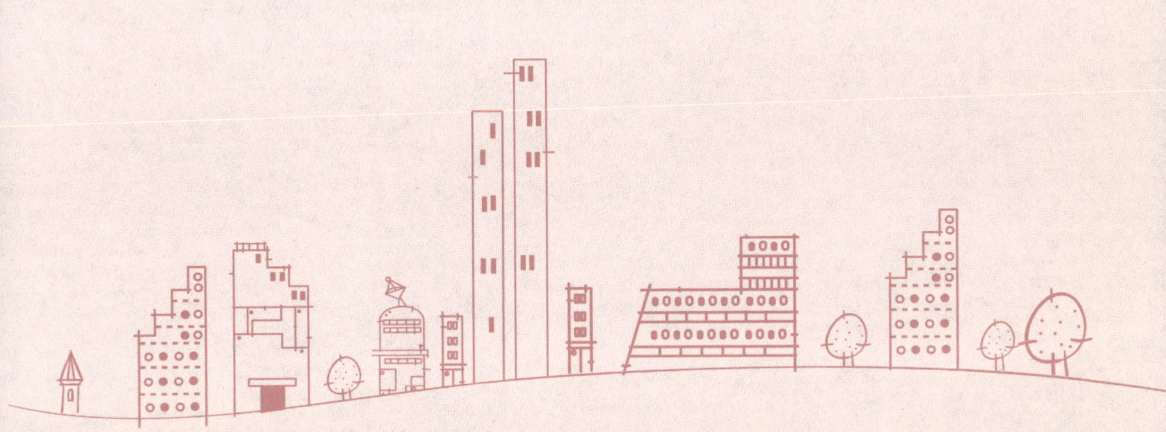

저금리 시대에는 위험 부담이 작은
수익형 부동산에 투자하는 것이 현명하다.

01

수익형 부동산,
상가를 노려라

왜 수익형 부동산인가?

　IMF를 겪은 후부터 사람들 사이에서는 30대부터 노후 준비를 염두에 두는 경향이 빠르게 확산되고 있다. 보험에 가입할 때에도 연금형 상품을 선호하고, 부업을 통해 소득을 극대화하려고 하며, 다니던 직장이 비전이 없다고 판단되면 아예 전업이나 창업을 통해 미래를 준비하려고 한다. 하지만 이마저도 위험 부담이 작다고 볼 수는 없다. 모든 선택은 모험을 바탕으로 하기 때문에 거기에는 항상 위험이 존재한다.

　이런 상황에서 수익형 부동산에 투자하는 것은 어떨까? 물론 수익형 부동산에 투자하려면 투자금이 많이 필요하지만 그 외의 많은 장점이 있다. 저금리 시대가 장기화되고 고령화 사회의 도래하면서 사람들은 매달 현금이 들어오는 부동산 상품에 대한 관심이 커지고 있다. 글로벌 금융위기로 인해 세계 각국이 제로금리 시대로 가고 있는 지금 우리나라 역시 저금리 시대에 진입하고 있다. 이렇게 되면 은행에 돈을 넣어두는 것보다 수익형 부동산에 투자하는 것이 더 높은 수익을 올릴 수 있는 방법이다. 또한 고령화 사회가 가까워져 옴에 따라 투자 성향도 점차적으로 위험 부담이 작은 안정적인 수익형 부동산을 선호하는 방향으로 바뀌었다. 매달 안정적인 고정 수익이 발생하고 매도시에는 시간이 지남에 따라 시세차익도 발생한다. 이런 점들 때문에 수익형 부동산을 선호하고, 그중에서도 특히 상가를 소유하고 싶어한다.

필자는 수많은 컨설팅 사례를 통해 일반인들의 투자 선호도를 관측할 수 있었는데, 대부분의 사람들은 '내 집 마련 → 수익형 부동산(오피스, 상가, 오피스텔 등) → 땅'의 순서로 투자를 한다. 즉, 사람들이 급선무로 생각하는 것은 내 집 마련이고, 여유 자금이 생겼을 때 상가나 오피스텔과 같은 수익형 부동산에 투자하여 매달 안정적으로 현금이 들어오기를 원한다는 것이다. 상가는 임대료 발생에 의한 안정적인 운영 수익이 있을 뿐만 아니라, 매도시 예상할 수 있는 시세차익을 통해 처분 수익을 노릴 수 있다는 장점도 가지고 있다. 땅투자가 가장 후순위인 경우가 많은데, 그 이유는 장기간 목돈이 묶이는데다 투자하는 동안 상가와 같이 임대 수익이 발생하지 않기 때문이다.

2018년에 근접하면 베이비부머 세대가 은퇴를 하고 우리나라 인구도 줄어들며 본격적인 고령화 시대가 온다고 한다. 그때가 되면 아파트는 자산가치를 상승시키는 상품에서 제외될 것이며, 수익형 부동산에 대한 수요는 갈수록 늘어날 것이다. 불과 10년도 남지 않았다. 이것이 지금부터 우리가 상가에 관심을 가져야 하는 이유다.

상가에 투자하기 전에는 무엇보다 상가의 종류와 그 특성을 이해하고 유형별로 투자방법을 미리 파악하는 것이 중요하다. 상가의 종류에는 근린상가, 아파트 단지 내 상가, 주상복합 상가, 테마상가, 쇼핑몰, 상가주택 등이 있고, 상가를 분양받는 방법으로는 등기분양과 임대분양이 있다. 등기분양은 토지와 건물이 모두 계약자 앞으로 소유권이 이전되는 것이고, 임대분양은 전·월세 개념으로 점포 사용권만 주는 것이기 때문에 둘 중 어떤 것이 유리한지 미리 파악하는 것이 좋다. 등기분양이 유리한 상가로는 아파트 상가와 근린상가가 있고, 임대분양이 유리한 것은 테마상가나 쇼핑몰, 복합상가 등이 있다.

상가의 종류별로 다르게 공략하라

● 근린상가

흔히 우리가 도로변에서 볼 수 있는 대부분의 상가가 바로 근린상가에 해당한다. '근린(近隣)'이라는 의미는 한자어 그대로 생활권에 인접해 있음을 의미한다. 건축법규상의 근린생활시설은 우리가 살고 있는 주택과 가깝고 도보로 접근할 수 있으며, 생활에 직접적으로 필요한 시설물을 말한다. 주로 준주거지역 및 근린상업지역에 분포되어 있는 상가로서 제과점, 약국, 세탁소, 미장원, 학원, 병의원 등 우리 실생활과 밀접한 업종이 입점한 2~5층 규모의 건물이다. 근린상가는 배후 소비자들이 필요로 하는 불요불급한 업종이 입점됨으로써 고정적이고 안정적인 영업이 가능하지만 각 업종별 점포들이 전체적으로 활성화되어야 상가 전체가 살 수 있다는 점에 유의해야 한다.

근린상가 투자시 고려해야 할 사항이 무엇인지 구체적으로 살펴보자.

❶ 대로변이나 역세권 등 입지적 여건이 투자성에 큰 영향을 준다.

❷ 주변에 대형 상가가 위치해 있는지 여부와 교통여건 등 주변 시장에 대한 조사를 철저히 해야 한다.

❸ 버스정류장 근처나 횡단보도 앞에 위치한 상가가 좋다.

❹ 퇴근길 방향에 있는 상가를 고르는 것이 좋다.

● 아파트 단지 내 상가

말 그대로 아파트 단지 내에 있는 상가이다. 아파트 단지 내 상가는 배후 단지 규모에 큰 영향을 받는 것이 특징이다. 또한 인근에 대형 할인매장, 백화점 유무를 확인하고 의류점 등의 중복 업종은 피하는 것이 좋으며 식품점과 같은 생활밀착형 업종을 선택하는 것이 좋다. 대형 상가에서 셔틀 버스를 운행하면 단지 안 상가의 수요가 분산돼 매출이 줄어들기 때문에 여러 가지 제반여건을 고려해야 한다. 지하층은 식료품, 슈퍼마켓, 1층은 약국, 제과점, 비디오 대여점, 2층 이상은 학원, 사무실, 미용실 등을 내는 게 좋다.

단지 내 상가에 투자시 유의할 점이 무엇인지 살펴보자.

❶ 단지 규모가 1,000세대 이상이어야 안정적이다.

❷ 대형 평형으로 구성된 단지보다 중 · 소형 평형 밀집지역이 유리하다.

❸ 상가면적을 배후 아파트 가구 수로 나눈 수치가 최소 0.3평 이하여야 경쟁력이 있다.

❹ 예정가 대비 낙찰가가 150%를 넘으면 투자성이 떨어진다.

❺ 인근에 대형 상권이 입지한 경우 단지 내 상가의 경쟁력이 떨어진다.

● 주상복합, 오피스텔 상가

가장 흔하고 일반적인 형태의 상가로서 주로 상층부에는 오피스텔이나 아파텔 형식의 업무시설 또는 주거형태의 시설이 위치한다. 주상복합 상가는 주로 대로변 또는 역세권 사거리에 위치함으로써 교통 및 복합적인 생활지원 시설을 제공하는 형태로 구성되어 일반 통행 인구를 자연스럽게 건물 내로 유치하는 효과를 발휘하기도 한다.

주상복합 상가에 투자시 유의할 사항이 무엇인지 살펴보자.

❶ 건물 자체의 고정수요를 확보하고 있으므로 세대 수가 많을수록 안정적인 영업이 가능하다.

❷ 대로변을 접하고 있는 점포보다 후면부에 접하는 점포는 상대적으로 수익성이 떨어진다.

❸ 건물 자체에 대한 고정수요와 유동수요가 많더라도 정작 임대료가 비싸면 수익성이 떨어진다.

● 전문 테마상가

일정 '테마'를 모티브로 특화시켜 전문화된 제품을 한 장소에서 판매하는 형태의 상가를 말한다. 즉, 한방, 의류, 공구, 전자, 보석 등과 같이 전문 테마를 중심으로 상권을 형성한다. 장점으로는 일정 주제로 관련 업종을 한 장소에 집화시킨 형태이기 때문에 특정 대상 또는 전문분야를 타깃으로 하는 용산 '전자상가'나 일본의 '아키아바라'와 같이 아이템으로 활성화되었을 경우 그 유명세가 매출 향상에 도움을 줄 수 있다. 또한 가격이나 품목이 다양하고 한 곳에서 여러 제품을 비교함으로써 가장 최적의 상품을 선택할 수 있다.

전문 테마상가에 투자시 유의해야 할 점이 무엇인지 살펴보자.

❶ 입지와 상권을 눈여겨봐야 한다.

❷ 대부분 도심지에 위치해 땅값이 만만치 않기 때문에 분양가가 비싸다.

❸ 공급 과잉인 테마 상가는 피하는 것이 좋다.

❹ 특화된 아이템이나 전문성이 결여되면 상가 자체가 슬럼화될 수 있다.

❺ 일부 지역에 편중되어 있어 접근성이 떨어진다.

● 쇼핑몰

최소한의 상가면적에서(구좌 단위 분양 및 임대) 관련 상품(잡화, 의류, 액세서리 등 다양한 업종군 입점)의 집적효과를 기반으로 최대의 매출목표를 지향하는 전문상가의 형태이다. 대표적이 쇼핑몰로는 동대문의 '밀리오레'와 '두타'를 꼽을 수 있다. 백화점은 운영 주체가 점포의 80% 이상을 직접 운영하는 방식인 반면 쇼핑몰은 점포의 대부분을 개인 점포주에게 분양하여 개인 또는 상가위원회에서 운영하는 방식으로 이루어진다. 일반 상가에 비하여 투자비, 인테리어비, 운영 경비 등이 월등히 저렴하여 판매 경쟁력에 있어서 효과적인 운영이 가능하다는 장점이 있다.

쇼핑몰 투자시 유의할 점이 무엇인지 살펴보자.

❶ 주로 20~30대층의 젊은 소비자를 대상으로 한다.

❷ 불경기와 인터넷 쇼핑몰로 인해 점차적으로 수익성이 악화된다.

❸ 공급 과잉인 쇼핑몰은 피하는 것이 좋다.

❹ 단일 건물 내 수백~수천 개의 독립 점포가 집적되어 있어 토지 지분율이
떨어진다.

● 상가주택

근린상가 지역에 위치하고 있는 주택형 상가를 말하며 일반적으로 1, 2층은
상가로 3층은 주택으로 활용한다. 상가주택을 구입해 안정적인 노후 대책안으로
삼으려는 사람들이 주시하면 좋을 듯하다.

상가주택 투자시 유의해야 할 점을 살펴보자.

❶ 임대수입이 안정적인 곳이 좋다.

❷ 1가구 2주택자는 상가면적이 주택면적보다 커야 주택 수에 포함되지 않는다.

상가를 분양받는 방법

상가 분양방법에는 공개 경쟁입찰, 내정가 공개추첨, 수의계약 등이 있다. 공
개 경쟁입찰은 상권이 좋을수록 많이 쓰는 방식인데 높은 가격을 써내는 입찰

자가 최종 낙찰*된다. 내정가 공개추첨은 업체가 미리 분양가를 정해놓고 입찰*에 참가한 사람을 대상으로 추첨해 최종 당첨자를 결정하는 방식이다. 고액입찰에 대한 위험 부담은 없지만 상권이 나쁠 수 있으므로 꼼꼼히 확인해야 한다. 선착순 수의계약은 분양 공급업체와 투자자가 가격을 협의할 수 있는 거래방식이어서 가격 절충도 가능하다. 공개추첨과 마찬가지로 상권이 나쁜 입지가 많으므로 상권의 특성과 입지를 꼼꼼히 살펴야 한다.

 **여기서 잠깐**

낙찰
경매 물건을 인수하려고 희망하는 사람들에게 희망 인수가격을 서면으로 제출하게 하여 최고가를 적은 사람을 계약의 당사자로 결정하는 것이다.

입찰
경매에서 물건을 사려는 사람이 청약가결을 문서로 기재하여 제출한 후 최고 가격을 써넣은 사람에게 낙찰시키는 행위이다.

02

상가투자의 성공 열쇠,
상권분석과 입지분석에 있다

상권분석이란?

상권분석은 입지분석에 앞서 상가가 입지할 곳의 지역적인 정보를 파악하는 것이다. 상권분석은 상권의 중심 또는 특정 상가를 중심으로 그 범위 내에 있는 유사 경쟁 점포를 파악한 뒤 매출에 영향을 주는 제반요인을 분석하는 작업이다. 매출에 영향을 미치는 요인들은 배후지의 규모, 고객의 질과 양, 고객의 접근성 및 교통수단의 상태, 영업의 종별 및 경쟁의 상태, 번화성의 정도 및 성쇄의 상황, 행정적 규제 정도 등이 있다.

상권이란 고객이 흡인되는 지리적 범위, 즉 해당 점포나 사무실을 이용하는 고객들의 거주지역을 일컫는다. 특정 지역 전체를 말할 때는 '지역상권', 지역상권 내에서 상업지역 공간인 지구 전체를 말할 때는 '지구상권', 지구상권 내에서 특정 입지의 점포가 있는 지점 전체를 말할 때는 '지점상권'이라고 한다. 이 중에서 지점상권은 '점포상권'이라고도 하며 1차 상권, 2차 상권, 3차 상권으로 구분한다.

❶ 1차 상권 : 사업장 이용고객의 60~70%를 포함하는 범위를 말하며, 점포인 경우는 약 500m 반경 이내의 지점을 말한다(도보 5분 거리).

❷ 2차 상권 : 사업장 이용고객의 14~25%를 포함하는 범위를 말하며, 점포인 경우는 약 1km 반경 이내의 지점을 말한다(도보 15분 이내).

❸ 3차 상권 : 1차 상권, 2차 상권 이외의 고객을 포함하는 범위를 말하며, 점포인 경우는 약 2km 반경 이외의 지구를 말한다(도보 불가).

상권 조사의 주요 항목

❶ 통계자료 조사 : 인구 수, 세대 수, 가족구성원 수, 주거형태(단독주택, 아파트, 복합형) 등을 조사한다.

❷ 상권형태 및 규모 파악 : 주간상권, 야간상권, 고정상권, 유동상권 등의 여부를 파악한다.

❸ 통행인구 조사 : 성별, 연령별, 시간대별, 요일별 통행 인원수를 관찰하고 그들의 통행 성격과 수준을 파악한다.

❹ 통행차량 조사 : 통행차량의 수와 어느 시간대에 많이 지나가는지 등을 파악한다.

❺ 경쟁 점포 조사 : 예상되는 경쟁 점포의 이용객 수, 계층, 제품의 가격대, 매장 구성의 장·단점을 파악한다.

❻ 상권의 향후 전망 : 주변 상권의 확대 또는 축소 가능성을 파악하고 대형 집객시설의 개발 정보를 수집한다. 또한 주변 건물의 신축 또는 철거 계획 등을 알아본다.

상권분석의 원칙을 알자

❶ 출퇴근 방향을 구분한다. 출근과 퇴근 방향에 따라 적합한 업종이 다르다. 출근 방향에 적합한 업종으로는 편의점, 문방구, 스넥 등이 있고, 퇴근 방향에 적합한 업종으로는 주점, 식당, 제과점, 선물용품점 등이 있다.

❷ 상권의 주입구를 결정한다. 같은 역세권이라도 출입구 중에서 가장 인구 이동이 빈번한 출입구가 따로 있다. 주거지 또는 정류장, 횡단보도의 위치에 따라 주 출입구가 결정되므로 반드시 확인해야 점포의 위치를 정하는 데 도움이 된다.

❸ 도보의 왼편 상가를 공략한다. 상권의 주 입구가 결정되었다면 양쪽의 상가 중에서 왼편을 선택하는 것이 좋다. 오른손잡이는 오른쪽 통행에 길들어 시선 처리가 왼편에 집중되기 때문에 가급적 상가는 상가 거리의 왼편에 구하는 것이 유리하다.

❹ 노점을 주시한다. 노점상은 하루 벌이 생계형 창업자다. 때문에 이들은 본

능적으로 자리 잡는 능력이 있다. 노점이 많으면 자연스레 흥미 위주의 거리가 형성되기 때문에 고객이 흘러가지 않고 머무는 혜택을 입을 수 있다.

❺ 약국과 금은방 그리고 제과점을 주시한다. 동네 상권에서 가장 좋은 자리는 대부분 이들 세 업종이 장악하고 있다는 통계가 있다. 때문에 이들 점포를 기준으로 상권을 분석할 필요가 있다.

❻ 전면이 넓은 점포가 좋다. 깊이가 깊은 점포보다는 전면이 넓어 가시성과 집객력을 높일 수 있는 점포가 유리하다.

입지분석이란?

입지분석은 상권분석을 근거로 점포의 입지가 '적정 이윤을 누릴 수 있는가?'를 분석하는 것이다. 입지분석에 있어 영향 요인들을 살펴보면 상권분석의 몇 가지 영향 요인들과 중복되는데, 가로와의 접면 폭, 형상, 지적 및 지반, 획지의 곳, 접면가로와의 관계, 접면가로의 계통·종류·폭·구조 등의 상태 및 그의 위치 관계, 고객의 통행 성향 및 적합성, 상업지역의 중심에의 접근성, 주위의 상점 및 부동산의 상태 등이 있다. 이런 요인은 접근성과 가시성 그리고 개별 점포의 규모, 구조에 대한 분석으로 이에 적정한 임대료, 권리금, 예상 매출액 등과 입지할 동 건물의 업종 구성 및 주위의 경쟁 점포 유무 등이 포함되어야 한다.

입지 선정시 고려해야 할 사항

❶ 주간 및 야간에 균등한 매출이 발생하는 지역인지 살펴보아야 한다. 유동인구는 주간 및 야간에 큰 차이를 보이는 경우가 많다. 그러므로 시간대별로 유동인구를 반드시 따로 조사해보아야 한다.

❷ 평일 및 공휴일에 균등한 매출이 발생하는 지역인지 확인해보아야 한다. 유동인구는 평일 및 공휴일에 큰 차이를 보이는 경우가 많다. 그러므로 평일 및 공휴일별로 유동인구를 반드시 따로 조사해보아야 한다.

❸ 고객의 수준과 연령층에 맞는 상품과 입지인지 살펴보아야 한다. 지역에 따라 소득수준도 천차만별이고 연령층에 따라 소비성이 각기 다르기 때문에 그에 따른 업종과 입지를 신중히 결정하여야 한다. 같은 업종이라 하더라도 소득수준에 따라 가격이 달라질 수 있다.

❹ 고정고객과 유동고객의 흡수가 가능한지도 중요하다. 무엇보다 비즈니스의 성패 여부는 고정·유동고객의 동선에 달렸다고 해도 과언이 아니다. 그만큼 고정고객이 풍부하고 유동고객의 흡수가 용이한 입지를 선택하여야 한다.

❺ 타 업종으로 전업이 가능한 입지인지 확인해보아야 한다. 비즈니스를 하다 보면 업종 선택이 잘못되어 고전하는 경우도 많다. 그러므로 타 업종으로 빠르게 전업이 가능한 입지를 선택하는 것이 좋다.

피해야 할 입지

❶ 건물주가 직접 식당을 운영한다면 그 분야의 전문가일 가능성이 크다. 이럴 경우 유사 업종으로는 경쟁에서 밀릴 수밖에 없다.

❷ 임대료가 너무 싼 경우도 주의해야 한다. 이는 죽은 상권이거나 죽어가는 상권일 가능성이 크기 때문에 활성화시키기 쉽지 않다.

❸ 주위에 병원이나 주유소가 있는 경우도 피하는 것이 좋다. 병원이나 주유소는 상권을 단절시키는 역할을 해 상권 형성에 도움이 되지 않는다.

❹ 경사진 곳(언덕이나 내리막길)인 경우 상권이 자연스럽게 연결되기가 어렵고 접근성이 떨어지고 동선이 머물지 못하고 흐른다.

❺ 지하 2층 이상인 경우 유동인구의 동선이 잘 닿지 않아 매출에 영향이 크다.

❻ 주인이 자주 바뀌는 곳은 죽은 상권일 가능성이 크다. 상권은 살아 있다고 하더라도 업종 선택이 잘못되었을 가능성이 있다.

❼ 주변에 식당이 없는 곳은 유동인구가 적은 곳일 경우가 많아 죽은 상권과 다를 바가 없다.

❽ 주변에 대형 식당이 있으면 주차시설 등 편의시설의 특성화에 밀려 고객을 빼앗기게 된다.

기존 점포 인수시 확인해야 할 사항

❶ 인수하고자 하는 점포의 장래 시장성이 좋은지 살펴보아야 한다. 장래 시장성은 점포를 인수하는 데 있어서 상당히 중요하다. 장래 시장성에 따라 권리금이 자연스럽게 오르고 수익성에도 지대한 영향을 미치기 때문이다.

❷ 권리금은 비즈니스의 성패 여부를 판가름하는 가장 중요한 요소다. 따라서 권리금에 거품이 많지는 않은지 정확히 파악해야 한다.

❸ 임대료는 건물주가 책정하기 나름이기 때문에 주변 상가와 비교해 비슷한 입지조건하에서 임대료가 너무 높지는 않은지 정확히 파악해야 한다. 부동산 중개업소는 보통 건물주 편에 치우치기 때문에 부동산에서 하는 말만 믿었다가는 임대료를 높게 낼 가능성이 크다. 그렇게 되면 수익성은 자연히 떨어질 수밖에 없다.

❹ 주변에 같은 업종이나 비슷한 업종의 식당이 얼마나 분포해 있는지를 파악하는 것은 기본이다. 그 분포에 따라서 차별적인 영업전략을 세워야 하기 때문이다.

❺ 대형 점포가 들어설 가능성은 없는지 확인해야 한다. 주변에 택지가 개발되면서 인구가 늘어나면 반드시 대형 점포가 들어서게 되어 있다. 이렇게 되면 기존 상권이 대형 점포에 의해 영향을 받게 되므로 가급적이면 개발 여지가 없는 지역의 항아리 상권이 좋다.

❻ 기존 점포의 매출액과 이익은 어느 정도였는지 알아본다. 기존 점포의 매출액과 이익을 보면 향후 운영하게 될 점포의 기본적인 수익을 예상할 수 있다.

❼ 점포나 건물에 법률적 하자나 외형상 문제는 없는지 확인하는 것이 좋다. 점포의 경우 법률적 하자나 외형상 문제가 뒤늦게 발견되면 인수자가 손해를 볼 수 있으므로 공부서류(건축물대장 등)와 현황 등을 확인해야 한다.

❽ 주방기기 및 시설에는 하자가 없는지 살펴보아야 한다. 인수하는 과정에서 미리 발견되는 시설 하자는 조치를 취할 수 있지만 계약이 끝난 상황에서는 분쟁이 발생할 수 있으므로 계약 전에 미리 확인한 후 계약서 등에 빠짐없이 명기하는 것이 좋다.

❾ 투자 규모와 수익성 관계는 적당한지 알아본다. 투자 규모와 수익성 관계는 사업을 할지 말지를 결정하는 가장 중요한 사항이다. 수익성을 극대화하기 위해서는 투자 규모를 줄여야 하고 더 이상 줄일 수 없다면 사업 자체를 포기해야 하기 때문이다.

계약 전 점포시설 살펴보기

❶ 전용부분 외의 면적까지 임대료 산정에 집어넣는 건물주가 의외로 많아서 자칫 임차인에게 불이익을 줄 수 있으므로 반드시 공부서류와 제반조건이 일치하는지 확인하여야 한다. 일치하지 않는다면 그 부분에 대해 건물주와 계약서에 명기하는 것이 좋다.

❷ 상가의 출입구는 상당히 중요하다. 가급적 고객들의 시선을 끌 수 있도록 전면이 트여 있고 통유리로 되어 있어 개방적이면 좋다. 때로는 출입구가 조

경시설 때문에 막혀 있어 돌아서 들어가야 하는 점포가 있는데, 이런 곳은 가급적 피하는 것이 좋다.

❸ 점포의 전면길이는 도로와 많이 접할수록 유리하다. 모퉁이에 있는 점포는 2면이 도로에 접해서 더욱 유리하다.

❹ 공간의 효율적인 활용을 위해서 점포의 형태는 반듯한 것이 좋다. 업종에 따라서 세로로 길쭉한 평면의 형태가 전용 20평의 규모라면 효율적으로 활용하기에 적합하다.

❺ 분양가나 임대는 모두 분양면적을 기준으로 산정한다. 그렇기 때문에 가급적 전용면적이 큰 점포가 유리하다.

❻ 환기시설이 충분하지 않다면 환기설비 비용이 추가적으로 들 수 있으므로 미리 확인하는 것이 좋다.

❼ 가급적이면 식재료 반입 동선이 고객의 동선과 중복되지 않는 것이 좋다. 중복될 경우 고객들이 불쾌감을 느껴 다시 오기를 꺼리기 때문이다.

❽ 주차시설이 편리하면 고객들은 다시 찾게 된다. 또한 파라솔을 활용할 외부공간이 있으면 전용공간 외의 추가공간을 덤으로 받는 셈이어서 수익성이 높아진다.

❾ 전기시설은 잘 되어 있는지 확인해야 한다. 그렇지 않으면 전기시설에 대한 추가비용이 만만치 않게 들어갈 수 있다.

❿ 주방과 매장의 동선을 미리 파악해서 기존 시설 그대로 활용할 수 있는지 파악하는 것이 좋다. 그렇지 않고 주방을 옮기면 추가비용이 만만치 않게 들어갈 수 있다.

⓫ 건물의 노후 상태에 따라 적정한 인테리어 및 외장 비용이 결정된다. 건물의 노후도가 높을수록 필요 이상의 비용이 들어갈 수 있어 수익성이 떨어질 수 있다.

⓬ 건축사 사무소에서 설계도면를 그리면 시공사에서는 설계도면대로 건물을 짓게 된다. 그 도면은 허가권자인 각 관청에서 보관하는데 그 도면과 현황이 일치하지 않으면 불법 건축물이 되는 것이다. 그러므로 반드시 공부서류와 현황을 비교해보아야 낭패를 보지 않는다.

⓭ 화장실 크기와 위치는 고객의 만족감을 높이는 중요한 요소 중 하나다. 화장실의 크기가 크고 편리한 위치에 있으면 그만큼 고객의 만족감이 높아져 다음에 또 오고 싶어진다.

03

최고의 상가입지
고르는 방법

입지조건은 수익성과 직결된다

상가의 입지를 선정하기 전에 고려해야 할 사항들이 있는데, 그중에서도 가장 중요한 것 중 하나가 노출성과 가시성이다. 같은 환경과 지역이라 할지라도 먼 거리에서 눈에 잘 띄는 점포와 그렇지 않은 점포와는 매상에 상당히 차이가 난다. 그 외에도 요즘처럼 자가용을 대부분 소유하고 있다는 것을 감안할 때 주차 수용 능력도 상당히 중요하다. 같은 주차수용 능력이라도, 기계식 주차를 하는 상가 건물은 지상에 주차하는 상가에 비해 경쟁력이 떨어진다. 기계식 주차는 주차하기가 불편할 뿐만 아니라 여성이나 초보 운전자의 경우는 차량이 파손될 우려가 있어 손님들이 다시 가기를 꺼린다.

이처럼 상가에 투자하기 위해서는 상가가치에 영향을 줄 수 있는 요소들을 면밀하게 검토할 줄 알아야 한다. 그중에서도 가장 중요한 것이 입지 고르기인데, 좋은 입지와 피해야 할 입지를 동시에 분석하여 이해한다면 상가투자에 한 걸음 더 다가갈 수 있을 것이다.

● 좋은 입지

❶ 근처에 버스정류장이나 지하철역이 가까워 접근성이 좋고, 횡단보도가 잘 갖추어져 있어 노출성과 가시성이 좋으며, 주차시설 등 부대시설이 잘 갖추어져 있어야 한다. 그리고 교통이 혼잡하지 않은 상가가 좋다.

❷ 점포의 노출성과 가시성이 극대화될 수 있는 교차로에 접하고 있는 상가가 좋다. 그리고 어디서나 잘 보이고 도로면에 많이 접할수록 좋다. 같은 면적이라도, 도로에 접한 면이 좁고 앞, 뒤로 긴 점포보다는 도로에 접한 면이 좌우로 긴 점포가 점포 활용성 측면에서 훨씬 유리하다.

❸ 퇴근길에 있는 상가가 좋다. 소비자의 구매심리를 알아두면 좋은 상가를 고를 때 도움이 되는데, 일반적으로 출근시간보다 퇴근시간에 구매가 많이 이루어진다. 출근길 상권은 다들 바쁘게 이동하기 때문에 스쳐 지나가는 동선이 대부분인 반면, 퇴근길 상권은 본격적인 구매가 이루어지는 동선이기 때문이다.

❹ 같은 건물 안에 유동인구를 발생시키는 업종이 공존하는 상가가 좋다. 멀티플렉스 극장, 대형서점, 문화센터 같은 대중 이용시설이 있다면 그 유동인구를 유입시켜 시너지 효과가 발생한다.

❺ 상가에 따라 공급 면적이 다르기 때문에 분양면적이 같아도 직접 사용할

수 있는 전용면적이 큰 상가가 좋다. 외부공간을 일부 활용할 수 있는 면적이
있으면 더욱 좋다.

● 피해야 할 입지

❶ 상가가 매물로 많이 나온 지역은 피해야 한다. 좋은 상권은 불황에도 매물
이 귀한 반면 좋지 않은 상권은 특히 불황기에 매물이 쌓이고 권리가가 하락
한다. 이처럼 매물이 쌓이게 되면 전체 상권까지 위축되므로 주의해야 한다.

❷ 권리금이 없는 지역은 죽은 상권이거나 위축되어 간다는 것을 의미하므로
피하는 것이 좋다. 다만, 특정 단골 아이템의 업종은 때에 따라서 이런 곳만
공격적으로 겨냥하기도 한다.

❸ 상권이 분할된 입지의 상가는 피해야 한다. 고가도로나 4차선 이상의 대로
등으로 분할되어 있어서 도보 통행이 불가능하고, 또한 횡단보도와 멀리 떨어
져 있어 통행이 불가능하거나 불편하다면, 반대편 상권에 있는 유동인구는 쓸
모없는 존재가 된다. 그러므로 상권이 분할되어 있는지 철저히 확인해야 한다.

❹ 업종 전환이 자주 일어나는 지역의 상가는 피해야 한다. 업종 전환이 자주
일어나는 지역은 죽은 상권이거나 죽어가는 상권 또는 지역의 특성과 잘 맞지 않
는 업종일 가능성이 크다. 그러므로 업종이 안정적으로 진입하는 것이 가능한지
여부를 사전에 분석해야 한다.

❺ 통행 동선이 차단된 막다른 골목의 상가는 피해야 한다. 발달된 상권의 주
변 분위기 때문에 판단이 흐려지는 경우가 종종 있는데, 특히 막다른 골목의
상권은 그렇지 않은 골목과 비교해 유동인구가 절반도 되지 않는다. 결국 상

권이 살지 못하여 향후 발전성도 기대하기 힘들다.

❻ 비탈길로 이어진 고갯마루 상권은 피하는 것이 좋다. 이런 곳은 상권이 이어지지 않고 단락되어 유동인구 흡인력이 저하된다.

❼ 세탁, 표구, 차량정비, 세차장과 같은 기술서비스 업종의 편중이 심한 입지는 피해야 한다. 주변의 업종 분포가 판매업종이나 서비스 업종의 고른 분포로 시너지 효과를 발휘해야 하는데 이런 경우는 한정된 업종만 생존이 가능하다.

❽ 보행자 통로가 지나치게 협소한 곳이나 넓은 곳은 피해야 한다. 보행자의 통로가 지나치게 협소할 경우 시각 제한 때문에 노출성과 가시성을 살리기가 곤란하다. 또한 지나치게 넓은 곳은 시각 분산과 유동인구 분산을 일으켜 좋은 상권 형성에 도움이 되지 않는다.

04

상가투자, 이렇게 하면
반드시 성공한다

상가투자, 이것만 확인하자

● 분양 상가의 경우 사업 구조의 내용을 확인하라

토지 매입이 완료되지 않은 상태에서 사전 청약을 통한 자금을 시행자가 타 용도로 사용하면 수분양자들이 피해를 입을 수 있다. 그러므로 사업 부지의 소유권이 완벽하게 이전되어 있지 않거나 수탁사 외에 공동명의가 되어 있는지 반드시 확인해야 한다. 또한 상가의 소유권을 이전하는 형태가 아닌 건물을 관리하는 회사의 주주로 참여하는 변형된 방식으로 진행하면 사전에 업체의 재무구조 및 건전성을 확인해야 한다. 임대형의 경우에는 분양을 받은 계약자와 상관없이 사업주가 상가를 담보로 사용하여 경매로 넘어가는 상황도 발생할 수 있으니 유념해야 한다.

● 개발관리 사업체의 주체를 파악하라

상가투자에 있어 제일 중요한 것은 개발관리 사업의 주체이다. 사업관리는 개발사업의 체계적이고 안정된 추진이 이루어지도록 전문기관에서 맡아야 한다. 하지만 사업시행자 대부분 전문성이 부족하므로 전문적인 관리업체가 포함된 상가여야 사업 수행시 원활한 진행을 할 수 있다.

● 계약 내용을 꼼꼼히 확인하라

분양계약서, 영업용 전단도 잘 보관해야 한다. 입주시 분양계약서와 광고 내용이 실제와 다른 경우가 종종 발생한다. 토지 및 등기상의 권리면적, 지분과 분양면적, 전용면적의 차이는 없는지, 그리고 계약 대상 상가의 용도 및 위치, 준공 후 상가의 관리 시스템 및 관리 지출 내용 권리 등을 꼼꼼히 확인해야 한다.

● 상가투자는 안전성을 최우선시 하라

상가투자는 수익성을 따지기에 앞서 안전성 진단에 심혈을 기울여야 한다. 특히 공급 주체의 신뢰성과 함께 자금관리의 안전성 그리고 배후, 유동인구, 교통여건을 포함한 상권 수준과 개별 점포의 경쟁력 분석이 선행돼야 하며 공실의 위험성은 없는지 살펴봐야 한다.

● 거품이 많은 상가는 피하라

입지 상황과 무관하게 주변 시세보다 월등히 높다면 피하는 것이 좋다. 일반 공급가 이전의 가격(용지 입찰 결과, 단지 내 상가 내정가)도 합리적인지 전후 상황을 판단해보면서 거품 여부를 파악해야 한다.

● 기본적 유동고객과 인위적 고객의 창출 가능성을 조사하라

기본적으로 유동인구의 밀도는 가장 기초로 확인해야 할 사항이다. 특히 주변 상권의 형성 현황 및 유동고객들의 쇼핑 성향을 파악하는 것도 매우 중요하다.

● 항아리 상권을 노려라

사람들이 흘러가는 곳에서는 아무리 노력을 하여도 실패할 확률이 높다. 하지만 항아리에 물이 고이듯, 사람들이 많이 모이고 쉽게 빠져나가지 못하는 항아리 상권은 매상을 올리는 데 지대한 영향을 준다.

● 대형 마트 주변은 피하라

주변에 대형 마트가 있거나 새로 들어서면 기존에 좋은 상권이 형성되어 있더라도 고객을 대형 마트에 모두 뺏기게 된다. 그러므로 주변에 대형 마트가 있는지, 향후 들어설 계획이 없는지 미리 확인하여야 한다.

● 임차인의 자질을 미리 파악하라

아무리 상권이 좋아도, 임차인을 잘못 만나 마음고생을 하는 경우가 종종 있다. 임차인이 월세를 안 내거나 자주 미루지는 않는지 미리 파악하는 것이 좋다.

● 직접 경영한다는 생각으로 업종을 분석하라

하루 정도 머물면서 현장조사를 하는 것이 좋다. 낮과 밤 그리고 출퇴근 시간에 따라 유동인구에 크게 차이가 있기 때문이다. 현장답사를 통해 소비 인구의 성향을 파악하고, 적합한 업종이 들어와 있는지, 매출은 어느 정도일지 미리 파악해두어야 한다.

● 잘못 선택한 업종이 있을 경우, 최대한 빨리 다른 업종으로 전환하라

만약 업종 선택이 잘못된 것을 파악하고도 투자비용이 아까워 망설이면 더 큰 손실이 발생할 수 있다. 그러므로 업종 선택이 잘못된 것을 파악하였다면 다른 업종으로 최대한 빨리 전환해야 상권을 부활시키면서 자산가치를 높일 수 있다.

● 은행은 피하고 편의점을 입점시켜라

은행에는 사람들이 많이 모이기 때문에 상권에 큰 도움이 될 것으로 생각할 수 있다. 하지만 은행은 5시가 넘으면 문을 닫기 때문에 집객성이 기대만큼 좋지 않아 상권에 큰 도움이 안 된다. 반면에 편의점은 24시간 영업을 하기 때문에 집객생이 좋다.

● 한 점포 정도는 직접 운영할 계획을 세워라

좋은 상권이라면 직영을 할 수 있는 업종을 선택하여 수익을 극대화하고 자산가치도 상승시킬 수 있도록 하는 것이 좋다.

05

허름한 상가,
리모델링으로 승부하라

적은 비용으로 수익성을 극대화하는 리모델링의 마술

불황이 지속되면 그동안 나오지 않던 사무실이나 상가가 급매로 나오는 경우가 늘어난다. 이때 개발지(지하철 개통지)에 투자해서 경기가 회복되면 시세차익과 함께 수익률을 극대화할 수 있다. 상가를 통해 자산가치를 상승시킬 수 있는 방법으로는 리모델링을 들 수가 있는데, 리모델링을 하는 이유는 크게 두 가지로 생각해볼 수 있다. ❶ 건물이 손상돼 쾌적하고 안전한 생활을 하기 어렵거나, ❷ 기존 건물을 생산적으로 활용하여 수익성을 높이기 위함이다.

불황기에는 사무실 또는 상가 매물이 증가할 뿐만 아니라 권리가가 상당히 하락하게 된다. 이처럼 불황기를 맞아 공실이거나 임대료가 저렴한 사무실 내지는 상가를 구입, 임대하여 리모델링하면 저수익률을 고수익률로 끌어올릴 수 있다.

이때 주의해야 할 사항은 향후 시세차익까지 감안하여 개발지의 업무중심지구 같은 입지를 선택해야 한다는 것이다. 실제로 노후하여 임대가 어려운 모텔을 싸게 구입하여 원룸텔로 기능을 바꾸거나 역세권 사무실을 원룸텔 또는 소호 오피스로 리모델링하는 사례가 많다. 리모델링으로 성공한 사례를 살펴보자.

● 미장원을 리빙텔로 리모델링하다

개보수 씨는 부평동 부평역에서 도보로 5분 거리에 있는 지하 1층, 지상 4층짜리 상가건물을 갖고 있었는데, 2층에 세 들어 있던 미장원(전용면적 37평) 임차인이 계약이 만료되어 건물을 비우면서 걱정은 커져만 갔다. 보증금을 계속 내려 보았지만 사정은 마찬가지였고 결국 필자에게 컨설팅 의뢰를 하기에 이르렀다. 컨설팅 결과 노후한 상가건물을 리모델링하여 임대수익형으로 개보수하면 임대 수익률을 극대화할 수 있다는 결론을 내렸다. 무엇보다도 수요자를 예측하는 것이 가장 중요했는데, 부평역은 더블 역세권인데다 상권이 잘 발달되어 있었기 때문에 임대를 놓기에는 문제가 없었다.

| 개보수 씨의 건물

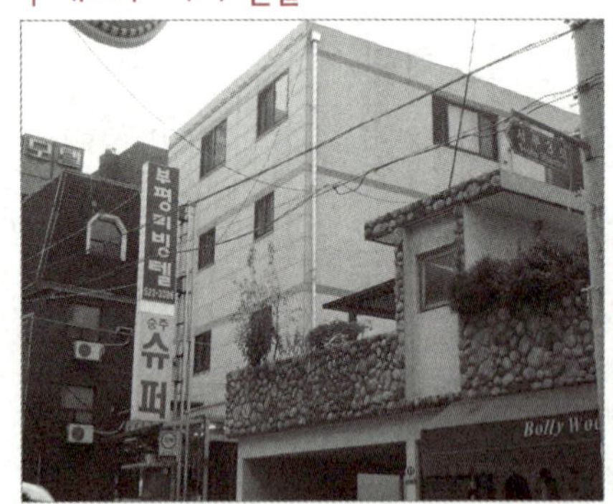

그래서 리모델링하여 10㎡짜리 4개와 12㎡짜리 2개의 방이 있는 리빙텔로 개조하기로 했다. 리빙텔을 개조하면서 싱크대, 신발장, 전기온돌 및 샤워기, 세면기 좌변기 등을 갖추고 방음에도 각별히 신경을 썼다. 보증금 없이 10㎡짜리는 월세 40만원, 12㎡짜리는 45만원에

임대한 결과 임대되지 않던 건물에 세를 놓을 수 있을 뿐만 아니라 매달 250만원의 임대수익을 올리게 되었다. 임대수익률로 환산하면 30%에 가까운 수치다. 뿐만 아니라 8억원 정도 하던 건물가가 리모델링 후 13억원까지 올랐으니 개보수 씨는 평생 든든한 임대사업자가 된 셈이다.

● 외관만 리모델링하여 7억원 이상의 수익을 올리다

외관만 씨는 퇴직금과 가지고 있던 일부 부동산을 매도한 후 상가를 사서 임대사업을 하고자 했다. 하지만 주택시장이 침체될 것이라고 미리 예측한 자산가들이 대거 상가시장으로 이동하면서 2006년부터 상가건물들의 매매가가 많이 오른 상태였고, 공급량 또한 한정된 탓에 투자할 만한 좋은 상가건물을 찾기가 쉽지 않았다. 그래서 필자는 그에게 틈새시장이기도 한 리모델링할 상가를 추천하였다.

성동구 행당동 왕십리역에서 5분 거리에 있는 4층의 상가건물이었는데, 건축한 지 20년 이상이 지난 탓에 외관 상태가 많이 노화되어 2~3층은 공실로 남아 있었다. 하지만 상가의 특성상 리모델링을 하면 외관의 건축비 외엔 들어가는 비용이 거의 없기 때문에 리모델링을 한다면 임대하는 데 문제가 없을 것이란 현장답사 결과가 나왔다.

더구나 2010년이면 왕십리역에는 분당선까지 연장되어 2호선, 5호선, 중앙선, 분당선 이렇게 4개역 환승이 가능해 수요층이 더욱 늘어날 것이 분명했다. 또한 왕십리역 민자역사가 활성화되면서 시너지 효과도 기대해볼 수 있다. 뿐만 아니라 서울시에서 추진하고 있는 '한강 르네상스 프로젝트' 핵심 지역 중 하나인 행당동 도시개발 부지에 복합문화공간이 들어서면 서울숲과 함께 성동

| 외관만 씨의 건물

구의 중심지로 탈바꿈하기에 부족함이 없었다.

필자의 컨설팅 결과에 따라 외관만 씨는 20억원에 이 건물을 매수한 후 건축비 3억원을 들여 외관만 리모델링했다. 리모델링을 한후 1층은 음식점, 2층은 병원, 3~4층은 피트니스 센터로 운영하였는데, 현 시가가 30억원 이상을 호가허기에 이르렀다. 처음에는 임대도 잘 되지 않아 쓸모없어 보이던 건물이 외관만 리모델링하고 귀한 몸이 되었던 흔치 않은 상가투자의 성공 사례이다.

이처럼 리모델링은 지금과 같은 불황기를 헤쳐나갈 수 있는 상가투자의 틈새 시장이기 때문에 관심을 가질 필요가 있다. 이에 대한 전문적인 세부사항은 전문가와 상의하는 것이 좋다.

커피집

불황기일수록 창업을 필요로 하는 수요자가 많아 창업 프랜차이즈 회사도 늘고 있는데, 창업은 부동산과 밀접한 연관이 있다. 보통은 프랜차이즈 업체들이 불황기에 늘어나는 수요자를 겨냥에 과장 홍보성 광고로 가맹점을 늘리기에만 급급한 나머지 창업 후에는 나 몰라라 하는 경우가 많다. 그리하여 업체를 통해 창업에 성공하는 비율은 30%도 되지 않는다.

이러한 현상이 발생하는 근본적인 이유는 바로 프랜차이즈 업체가 부동산에 대한 전문지식 없이 일을 진행하기 때문이다. 따라서 비즈니스에 성공하기 위해서는 창업자 스스로 상권분석을 잘 다룰 줄 알아야 한다. 그렇지 않고 단순히 프랜차이즈 업체들의 홍보성 광보만 믿었다가는 낭패를 볼 가능성이 크다.

경기가 나쁠 때는 가격파괴와 톡톡 튀는 아이디어 업종, 저비용, 고효율 및 재활용 사업 등이 적합한 아이템이고, 대형 점포보다 33㎡(10평) 내외의 소형 점포가 인기 있다. 대형 점포의 경우 막대한 고정비 때문에 어려움을 겪는 반면 소점포들은 편리성과 전문성을 강화하고 고객 밀착형 마케팅을 실천하면서 실속을 챙길 수 있기 때문이다. 또한 위험 요소를 줄이기 위해 창업비용 절감차원에서 고정비를 줄여 투자 대비 수익률을 극대화할 수 있다는 장점도 있다.

한 예로 주택가 고객 밀착형 소액 창업 아이템인 '커피집'을 꼽을 수 있다. 이 '커피집'의 투자 포인트는 다음과 같다.

❶ 번화가보다는 투자비가 적게 들고 소비가 안정된 주택가를 노린다.

❷ 부실 점포를 인수한 뒤 리모델링 등을 통해 투자비를 절감함으로써 투자 수익성을 극대화한다.

커피집 창업을 위해서 가장 중요한 점이 바로 입지인데, 지하철 및 버스정류장 근접 거리, 초·중·고등학교 주변, 대학가나 사무실 밀집지역, 문화센터 및 스포츠센터와 같이 사람들이 많이 모이는 공공시설 주변 등이 유리하다. 하지만 같은 지역이라 할 지라도 그 상가가 가지고 있는 고유의 특성(건물의 형태, 동선의 흐름)에 따라서 투자금 대비 수익률은 큰 차이를 보이므로 입지 선정만큼은 반드시 전문가의 도움을 받는 것이 좋다. 다음으로 중요한 것이 임대료인데, 임대료가 전체 투자금의 거의 50%를 차지하기 때문에 임대료를 얼마만큼 낮출 수 있느냐가 창업의 성공 여부를 미리 판단해볼 수 있는 척도이다.

처음 창업하는 경우 대부분 이미 상권이 활성화된 지역을 선호하게 되는데, 그렇게 상권이 활성화되어 있는 지역들은 어느 곳이나 할 것 없이 권리가격이 높게 형성되어 있다. 전용면적 66㎡(20평) 기준으로 지역과 위치에 따라 편차는 크지만 기본적으로 권리가격만 수천만원에서 좋은 상권은 억대까지 형성되어 있다. 여기에다 임대보증금 5,000만원에 월세 200만원 정도는 우습게 지출되기 때문에 고정비 또한 만만찮다. 또한 시설비에 들어가는 인테리어비와 기타 비용을 더하면 실제로 프랜차이즈 업체에서 제시하는 총 투자비용은 1억 5,000만~2억원이 든다. 그런데 이런 업체들이 창업자를 현혹시키기 위해서 창업 투자비용의 50%에 해당하는 부동산 관련 비용은 제외한 채 소액 투자인양 둔갑시켜 낭패를 보는 경우가 많다. 창업 성공에 있어서 부동산의 입지와 임대료 선정이 전부라고 해도 과언이 아닐 만큼 중요한 이유가 여기에 있다. 반면 프랜차이즈 업체를 통하지 않아도 불황기에는 임대료 및 권리가가 계속해서 떨어지기 때문에 확실한 아이템만 있다면 지금처럼 불황기가 오히려 기회가 될 수 있다.

커피집을 창업하려면 1층 상가 중 권리금이 없고, 향후 성공 가능성이 있는 상권을 찾아내는 것이 가장 중요하다. 다음으로는 커피집을 운영하는 투자금만 있으면 되는데, 부동산 관련 비용과 시설 투자금을 합쳐서 총 5,000만원 정도 드는 고객 밀착형 소

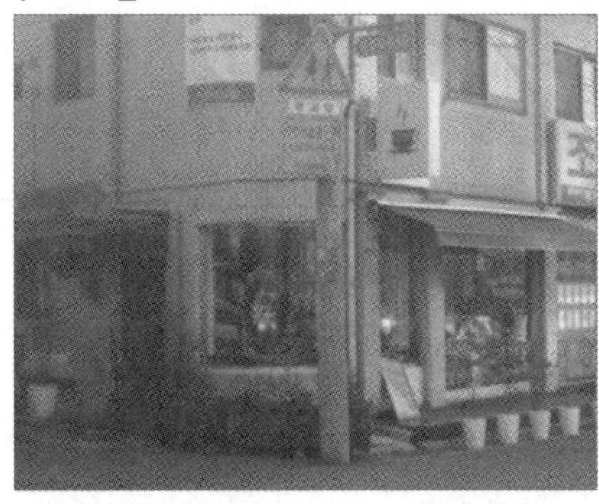

| 커피집 외부

액 창업이 가능하다. 시중에 많이 나와 있는 프랜차이즈와 비교해보면 거의 1/3~1/4 수준의 가격이다. 2010년 이후부터 경기가 살아나는 시점에는 오히려 권리금을 3,000만~5,000만원 정도 붙여서 팔 수도 있기 때문에 초기 투자금까지 거의 회수할 수 있다. 뿐만 아니라 운영하는 동안 수익이 발생하기 때문에 불황기에 틈새시장으로 안성맞춤이다. 다만, 직접 관리하고 운영하기 위해서는 기본적으로 커피에 대한 교육을 받는 것이 좋고, 직장인이 부업의 형태로 동료 2~3명과 공동으로 투자하는 방법도 괜찮다. 실제로 필자는 분당 정자동에 카페를 직접 운영하고 있으며 이곳에서 무료로 부동산 컨설팅 및 카페 창업 컨설팅을 하고 있다. 고객들은 커피 한 잔에 전문가의 컨설팅을 서비스로 받을 수 있어 만족감이 크다고 한다.

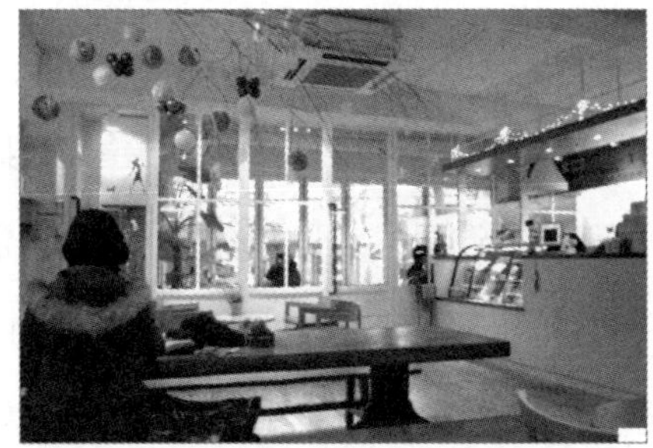

| 커피집 내부

이처럼 창업에 성공하기 위해서는 부동산을 잘 알아야 한다. 입지를 선정할 수 있는 안목과 창업비용의 50%를 차지하는

임대료를 최대한 낮출 수 있는 사람만이 창업에 성공할 가능성이 높다. 2009년 상반기에는 권리가 및 임대료가 더욱 낮아지고 매물 역시 급증할 전망이기 때문에 지금이 창업에 도전해볼 좋은 시기이다.

| 리빙텔

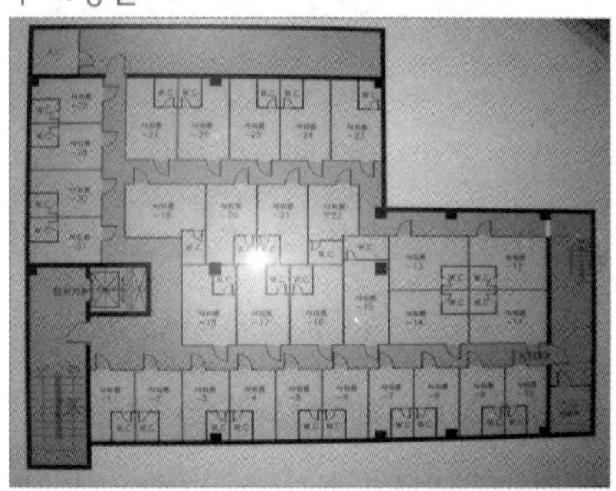

불황기에는 최소한의 공간과 집기로 싸게 입주해 살 수 있는 곳이 인기다. 저가형 B&B 여인숙은 여관과 모텔의 틈새를 파고든 상품이다. 침대와 텔레비전, 냉장고 등은 기본적으로 갖춰 있고 숙박과 아침식사만 제공한다. 혼자 사는 직장인이나 동남아 관광객이 주요 고객층이다. 또한 리빙텔은 대표적 부동산 틈새시장 상품으로 특히 대학가와 업무지역 인근은 아직까지 수요에 비해 공급이 크게 부족해 임대가 잘 된다. 리빙텔은 나만의 공간을 선호하는 싱글족을 위해 보증금이 없는 월세 선불형의 신개념 주거공간으로 미혼 직장인이나 대학생 등이 주 고객층이다.

요즘 병원 인근에서는 환자 가족들을 대상으로 한 원룸 임대사업이 활발하다. 강남구 모 병원의 하루 평균 입원환자는 무려 1,700여 명인데, 이들 중 지방에서 올라오는 장기 입원환자 가족들은 대부분 근처에 머물며 간호를 하기 때문에 병원 근처에 1~2개월짜리 단기 월세를 알아보는 수요자가 많다. 환자 가족들은 보증금 없이 단기로 계약하기를 원하기 때문에 평균 100만원 수준의 월세를 받을 수 있다. 또 다른 지역의 병원 근처에도 환자와 환자 가족들을 겨냥한 원룸 임대사업이 성업 중이다.

이처럼 단기 월세로 원룸을 찾는 환자와 가족들은 넘치지만 공급이 턱없이 부족한

실정이다. 이 일대 원룸은 보통 보증금 1,000만원에 월세가 40만원 수준이지만 환

자 가족들은 보증금 없이 월세를 20만원 정도 더 주고 계약하고 있다.

묵힐수록 보배가 되는
땅 투자전략

포도주나 치즈가 숙성될수록 진한 맛과 향기를 내듯

땅은 시간이 지날수록 효용성이 극대화된다.

01

땅에 투자해야 하는 이유

5년 이후 아파트 다음으로 땅이 뜬다

향후 부동산 폭등의 진원지인 강남의 재건축 규제를 완화하여 공급량을 증가시켜야 대한민국 집값의 기준이 되는 강남의 부동산시장을 안정시킬 수 있다. 새 정부에서는 8·21 부동산 대책에서 재건축 완화의 신호탄이 될 만한 정책을 내놓았고, 이에 따라 점차적으로 강남의 재건축이 활성화되어 공급량이 늘어날 것으로 내다보고 있다. 이처럼 공급량이 원활하게 늘어난다고 가정할 때, 빠르면 5년 이내에 주택시장은 수급 균형점을 찾게 되어 재테크 시장에서 사라질 가능성이 크다. 반면 땅값은 오를 대로 올라 있을 것이다. 그러므로 이미 여러 채의 주택을 소유하고 있다면 이제는 땅에 관심을 가져야 한다. 지금이 좋은 땅에 투자할 수 있는 얼마 남지 않은 기회임을 명심하자.

대외여건이 더욱 악화되면서 새 정부의 부동산 활성화 정책들이 약발을 받을지 의문이다. 그래서 정부에서는 8 · 21 부동산 대책과 9 · 1 세제개편안 이외에도 부동산시장의 활성화를 위한 여러 가지 방안들을 내놓고 있다. 그 내용은 다음과 같다.

❶ 그린벨트 추가 해제지의 층고 제한을 해제할 예정이다. 그린벨트 해제 예정인 조정 가능지에 대해 시행자가 사업 대상 토지 소유권을 확보하고 해당 지자체와 협의하여 문화 · 여가시설 등을 설치한 후 무상 양도하는 등의 요건을 갖추면 층고 제한을 받지 않도록 한다는 내용이다. 이 경우 해당 지자체가 지구단위계획 수립과정에서 지역의 특성이나 상황, 경관 등에 따라 층고를 결정할 수 있게 된다.

❷ 수도권 산지와 구릉지 60~70㎢에 택지개발이 이루어질 것이다. 수도권 동남부에 주로 산재한 산지와 구릉지 60~70㎢에 30만 가구의 주택을 공급하겠다는 내용이다. 즉, 보존 가치를 상실한 수도권의 산지와 구릉지 30~40여 곳의 60~70㎢를 개발하여 분당 신도시 면적의 세 배에 해당하는 택지를 조성하겠다는 계획이다.

❸ 서울시 도심 재개발과 재건축을 활성화할 것이다. 서울시는 디자인이 우수하고 친환경 설계를 하는 재건축 아파트 단지의 경우 용적률을 대폭 높여주기로 했다.

❹ 지하철 역세권을 용적률 500%가량의 중밀도로 개발해 도심에 주택을 많

이 공급할 예정이다.

❺ 개량된 '단지형 다세대주택'을 도입할 계획이다. 단지형 다세대주택은 관리사무소, 놀이터 등에 대한 시설 설치기준이 아파트보다 완화되지만 주차장시설, 건축자재 등은 지금의 다세대주택보다 강화되는 새로운 형태의 공동주택이다.

❻ 한강변 재건축 아파트의 초고층화를 계획하고 있다. 서울시가 주택사업 부지의 기부채납(공공시설 용지로 무상 제공)을 강화하는 대신 층수 제한을 풀기로 한 것이다. 이에 따라 한강변에서 아파트를 짓는 사업자는 부지의 25% 이상을 공원 등 공공시설 용지로 무상으로 내놓고 층수는 제한 없이 짓도록 할 계획이다.

위 방안들은 궁극적으로 정부가 주택공급을 활성화시켜 집값을 안정화하기 위해 내놓은 것이지만 이는 결국 땅값 상승의 원인이 되기도 한다. 지금 땅에 투자해야 하는 이유가 바로 여기에 있다. 일단 그린벨트와 산지 구릉지를 택지개발하겠다는 이야기는 땅값이 급등한다는 얘기이고 재개발, 재건축 규제의 완화 또한 도심지 땅의 효율성이 극대화되면서 땅값을 상승하게 한다. 이미 수도권에서는 그린벨트 해제지에 대한 기대감과 산지, 구릉지 택지개발 기대감으로 관심이 증폭되면서 호가가 올라가고, 일부 도심지의 땅값 역시 상승하고 있다.

정권 교체기가 대박의 기회

필자는 토지시장의 큰 흐름을 5년 주기로 본다. 그 이유는 정권이 바뀌는 해의 대선 후보자들이 내놓는 공약이 부동산시장에 미치는 영향이 상당하기 때문이다. 2002년 12월 노무현 전 대통령은 충청권 유권자들의 표심을 잡기 위해 '행정복합도시'와 '지역균형발전'을 공약으로 내세워 당선되었다. 그 후 5년 동안 대선 공약을 수행하기 위해 행정복합도시로 지정된 충청권과 지역균형발전이라는 명목하에 무분별하게 추진된 지역만 해도 기업도시(6곳)와 혁신도시(11곳)를 비롯해 엄청난 규모였다. 또한 무리한 사업 추진으로 인해 전국의 땅값이 50% 이상 급등하기도 했다. 뿐만 아니라 뒤늦게 공급정책으로 급선회하면서 신도시를 발표해 땅주인에게 지급한 보상비만 5년 동안 117조원에 이른다. 2007년 12월 대선에서는 어땠을까? 이명박 현 대통령은 대선의 핵심 공약으로 내세웠던 '한반도 대운하'와 '새만금특별법'을 통해 경제대통령으로서의 이미지가 부각되면서 당선될 수 있었다. 또한 이들 지역들의 땅값이 급등하는 현상이 재연되었다.

이처럼 새 정부가 들어설 때마다 새로운 개발 공약들이 난무하고, 집권하는 동안 공약 내용들이 수행되면서 전국의 땅들이 몸살을 앓는다. 투자자에게는 이러한 5년 주기가 부자가 될 수 있는 기회로 작용한다.

참여정부에서 추진했던 정책들이 지금도 계속 추진되면서 부작용들이 속속 드러나고 있다. 대표적으로 참여정부에서 발표했던 2기 신도시 건설에 따른 토지 보상비가 눈덩이처럼 불어나고 있다. 국토해양부에 따르면 동탄2 신도시를 제외한 2기 신도시 11곳의 토지 보상비가 45조원에 달할 것으로 추정한다고 한다. 이는 2007년 10월 추정한 규모보다 6조 2,000억원이 늘어난 규모인데, 동탄2 신도시를 포함할 경우 보상비 총액은 52조 9,000억원으로 증가하게 된다.

가장 많은 보상비가 풀릴 지역은 단연 동탄2 신도시로 7조 9,000억원에 이를 것으로 추정한다. 국토부는 파주에서도 7조 2,000억원이 보상될 것으로 내다봤다. 또 위례 5조 5,000억원, 검단1이 5조원, 김포한강·광교·양주가 각 4조 3,000억원, 아산 4조 2,000억원, 고덕 국제화 3조 7,000억원, 판교 3조 6,000억원, 동탄1이 1조 1,000억원의 보상비가 풀릴 것이다.

이처럼 토지 보상비가 당초 예상보다 늘어나면서 신도시 건설에 들어가는 총 사업비도 크게 불어나게 된다. 이 보상비가 풀리면 일부는 강남 부동산으로 흡수되고 나머지 대부분은 다시 주변의 토지시장으로 흘러들어가 주변지의 땅값을 끌어올리게 된다. 바로 이 효과를 겨냥해 보상비가 풀릴 만한 주변지에 있는 땅을 사두는 것이 좋다.

02

땅 매매 전 내공쌓기

지가가 상승하는 좋은 땅

● 전철이나 지하철이 새로 들어서는 역세권 주변 지역

수원과 가까운 병점역 도로 건너편 지역은 3.3㎡(1평)당 300만원 하던 토지가 3~4년 사이에 3,000만원으로 급등한 사례가 있었다. 도심지의 토지도 마찬가지로 지하철이 새로 개통되면 지가가 상승하는 경우를 쉽게 찾아볼 수 있다. 2010년이면 성동구 행당동 왕십리역이 분당선과 연결될 예정인데 2004년에만 해도 재개발지역의 지분이 3.3㎡(1평)당 1,000만원 하던 것이 현재는 3.3㎡(1평)당 3,000만원으로 올랐지만 매물이 없을 정도로 인기가 많다.

● 국도변이나 나들목(인터체인지) 부근 등 도로 확장 및 신개설되는 지역

서울의 외곽순환도로 개통 이후 주변의 땅값이 상승한 사례는 제2 외곽순환도로 완전 개통으로 인한 땅값 상승을 통해 알 수 있다. 또한 건설교통부에서 대도시권 광역교통기본계획이 발표된 도로 중 가장 핵심인 제2 경부고속도로가 하남~용인~안성으로 확정됨에 따라 향후 추가로 지가가 상승할 것이라고 예상된다.

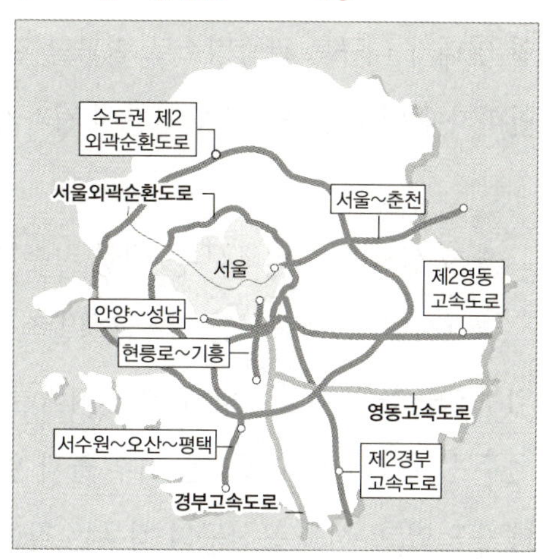

| 수도권·충청권 도로 확충

● 대기업과 유망업체가 들어서는 지역

LG필립스가 파주에 들어선다는 발표가 있은 후 3.3㎡(1평)당 20만~40만원하던 토지가 4년 만에 3.3㎡(1평)당 250만~700만원까지 급등한 사례가 있다. 도심지의 경우도 마찬가지인데, 서울 강남역 사거리에 삼성타운이 들어선다는 소문이 퍼지면서부터 인근 지역의 부동산 가격이 상승하기 시작했고 2007년부터 입주가 시작되면서 땅값뿐만 아니라 상권에 미치는 파급효과도 대단한 수준이었다.

● 국제행사나 휴양지, 관광지 등으로 부상하는 지역 인근

평창, 충주, 정동진 등의 관광지나 팬션, 스키장, 드라마 촬영지 등 기타 휴양

시설이 관광상품화되어 관광객의 수요층이 증가하면 땅값 또한 순식간에 상승한다. 2012년 여수 국제엑스포 개최가 확정되고 해양리조트가 들어서면서 남해안 일대가 대규모 관광명소로 변모할 전망이어서 길가의 전답뿐만 아니라 여수 앞바다에 있는 섬들조차 단기간에 지가가 1.5~2배 이상 급등하기도 했다.

● 혁신도시, 기업도시 등 대형 이슈가 있는 지역

국책사업 중 대표적인 지역균형발전 사업인 혁신도시나 기업도시 또는 국제업무지구 등의 대형 이슈가 있는 지역들에 대한 지가 상승률이 단연 높다. 전주, 완주 등 혁신도시가 발표된 이후 불과 일주일 사이에 7배가량 지가가 상승한 사례가 있었고, 서울 용산구의 경우는 철도기지창 부지에 들어서게 될 국제업무지구로 인해 핵심 지역의 소형 지분가가 3.3㎡(1평)당 1억 5,000만원을 호가할 정도이다. 용산국제업무지구와 통합개발이 확정된 서부이촌동 또한 2007년 7월 통합개발 확정발표를 기점으로 소형 지분가가 일주일 사이에 2배가 오르는 등 대형 이슈가 있는 지역은 땅투자의 최적지임에 틀림이 없다.

● 신도시 아파트 등 대규모 택지개발이 이루어지는 지역

아직까지도 수도권에는 주택공급량이 부족하여 충분한 택지가 필요한 실정이다. 그러므로 택지개발이 가능한 조건을 잘 갖춘 토지에 장기간 투자하거나 이미 발표된 택지개발 지역의 주변지에 투자하면 기대 이상의 높은 수익을 얻을 수도 있다. 2007년 6월에 분당급 신도시 발표를 앞두고 신도시 후보지들의 지가가 급등한 사례를 보더라도 그 파급효과가 어느 정도인지 예상할 수 있을 것이다. 물론 동탄이 제2의 신도시로 결정되면서 결과적으로 지역에 따라서 희비는 엇갈렸지만 신도시나 택지개발에 의한 지가 상승력을 볼 수 있었던 대표적인 사례이다.

이처럼 지가상승에 영향을 주는 요소들을 분석해보면 공통점을 발견할 수 있다. 바로 이러한 이슈를 바탕으로 대규모 인구유입이 일어난다는 점이다. 즉, 지하철이나 도로 등의 기반시설이 확충되면 그만큼 교통이 편리해져 인구가 유입되고, 이는 곧 수요층이 되어 지가가 상승한다. 대기업이 유치되는 지역도 마찬가지로 대기업에 종사하는 직원 및 협력업체들의 인구 유입까지 감안하면 지역경제를 먹여 살릴 정도의 파급효과가 있을 정도이다. 이처럼 쓸모없던 땅이 개발 이슈들을 통해 효용성이 극대화되는 예쁜 땅으로 거듭나게 되고 이를 필요로 하는 수요자가 증가하면서 자연스럽게 지가가 상승한다. 다시 말해 사람이 많이 모이면 땅값이 뛴다는 얘기다.

지가가 상승하지 않는 나쁜 땅

● 도로 옆은 다 좋은 땅?

도로는 땅의 가치를 상승시킬 수 있는 아주 중요한 기능을 한다. 그래서 도로와 근접할수록 땅의 가치가 그만큼 상승하는 것이다. 하지만 도로변에 있는 땅이라도 가드레일과 전신주가 마구잡이로 들어서 있으면 투자가치가 떨어진다. 또한 고속도로에 접하고 있어 진입이 불가능한 땅 역시 주의하여야 하며 토질 상태도 함께 살펴봐야 한다. 단단한 암석이 많다면 토목공사를 할 때 막대한 추가비용이 들기 때문이다.

● 숲이 울창한 땅

땅에 투자할 때에는 수목(樹木) 밀도가 높은 곳을 피하는 것이 좋다. 이런 지역의 경우 자연보호법 규제를 받아서 오래된 나무를 함부로 베거나 옮길 수 없기 때문이다.

● 너무 싼 땅

너무 싼 땅은 무조건 의심해볼 필요가 있다. 물론 땅주인이 시세를 잘 몰라 싸게 파는 경우도 있지만 그런 경우는 극히 드물기 때문에 싼 땅엔 분명 그만한 이유가 다 있다. 필자는 예전에 3.3㎡(1평)당 7만원 하는 정배리의 가장 싼 땅을 소개받은 적이 있었다. 알고 보니 이 지역은 물이 고이는 유지(溜地)였다. 주변의 시세가 3.3㎡(1평)당 20만~30만원인 데 비하면 아주 싼 가격이지만, 유지를 매립하려면 토목 비용이 그만큼 많이 소요되기 때문에 오히려 더 많은 추가비용이 발생할 수 있다. 유지인지 아닌지 여부는 토지대장을 보면 금방 알 수 있기 때문에 기본적인 서류를 확인하는 일은 거듭 강조해도 지나치지 않다.

● 묘지 있는 땅

농촌 지역의 토지에는 묘지가 있는 땅이 많다. 이런 묘지가 있는 땅을 사기 위해 매매계약을 하기 전에는 반드시 원주인이 묘를 이장한다는 조건을 붙여야 한다. 이때 원주인이 이장 작업을 형식적으로만 할 수도 있으므로, 반드시 이장 당일에 현장에 나가 눈으로 확인해야 한다.

● 자연재해가 발생한 지역의 땅

지난 2007년 12월 7일 태안의 10㎞ 해상에 기름유출 사고가 발생하면서 주변의 해수욕장뿐만 아니라 해변이 온통 검은 기름으로 뒤덮였다. 곧 주변의 생태계가 파괴되고 풍부한 관광자원들이 훼손되어 관광객들의 발길이 상당수 끊겨버렸다. 이는 곧 부동산에도 영향을 미쳤다. K시행사의 경우 바다가 한눈에 보이는 입지 좋은 곳에 여러 동의 전원주택 분양을 앞두고 있었는데 기름유출 사고로 인해 사업을 포기해야 할 지경에 이르기도 했다.

03

이런 땅이 두고두고
묵혀 먹을 땅

도로의 효과를 누려라

땅의 가격은 용도지역에 따라 또는 다른 여러 조건에 따라 가치가 다르게 평가되는데, 가장 중요한 조건 중의 하나는 도로이다. 도로 바로 옆에 있는 곳은 눈에 띄기 때문에 사람들이 많이 찾게 되고 가격이 올라갈 가능성이 커 투자가치가 높다. 특히 토지의 두 면이나 세 면이 도로와 접하는 모퉁이 땅의 경우는 공급량이 극히 한정되어 있으니 절대로 기회를 놓쳐선 안 된다. 즉, 땅에 효용성을 극대화시키기 위해서는 위치와 접근성이 좋아야 하는데, 이를 가능하게 하는 기능이 바로 도로인 것이다. 도로(국도, 지방도로, 고속도로, 자동차 고속도로 등)에 접하고 있는지, 몇 개의 도로에 접하고 있는지에 따라 가격이 달라지며, 진입로의 유무, 도로의 폭, 도로와 접하고 있는 땅의 폭, 경사도 등에 따라서도 가격이 조금

씩 다르다.

예를 들면 전라남도 강진군 강진읍 교촌리에 있는 농지의 경우 2차선 도로에 접할 경우 3.3㎡(평)당 60만원까지 가격이 책정되는 반면 도로와 멀리 떨어진 농지는 3.3㎡(평)당 3만원일 정도로 도로의 현황에 따라 땅값에는 큰 차이가 있다. 도시지역에서는 흔한 일은 아니지만 비도시지역 농지의 경우 3.3㎡(1평)당 3만원 하던 맹지(진입로가 없는 땅)가 도로가 생기면서 도로에 접하게 되자 60만원 이상의 땅이 되는 사례는 어렵지 않게 찾아볼 수 있다.

경기도에서 향후 개통되는 도로 중 관심을 끄는 곳이 자유로(문발 IC)와 통일로(조리읍 등원리)를 연결하는 교하~조리(국지도 56호선, 10.3㎞) 구간이다. 이 지역은 공사 직전에 도로 주변의 토지가격이 100만~120만원 정도였지만 공사 후에는 200만~250만원대에 이르렀다. 그리고 대구와 부산 간에 고속도로가 개통되면서 남밀양 IC가 연결되는 삼랑진 지역의 전, 답은 4만~5만원 하던 것이 현재 30만~40만원에 거래되고 있다.

이처럼 진입로가 없는 맹지에 진입로를 만들거나 도로가 신설됨으로써 도로에 접하게 되는 경우 또는 도로가 확장되면서 도로에 접하게 되는 경우처럼 도로로 인해 땅의 위치나 접근성이 좋아지면 땅값은 순식간에 치솟게 된다. 다만 고속도로는 IC를 통해서만 접근하게 되므로 IC와 연결되는 간선도로 주변의 전답을 제외하고는 땅의 효용성이 극히 떨어진다. 기획 부동산은 이점을 악용해 고속도로가 신설되면 땅값이 급등한다는 달콤한 말로 전문성이 없는 일반인을 유혹할 수 있으니 이 점은 주의해야 한다.

이용가치가 낮은 고속도로 주변보다는 IC와 연결되는 간선도로 주변 또는 확장 개통되거나 완공 예정인 국도나 지방도로변을 눈여겨볼 만하다. 이들 지역의 도로변은 음식점, 주유소 등 근린시설이나 전원주택, 사옥, 창고 등 다양한 용도로 쓸 수 있을 만큼 효용성이 좋기 때문이다.

| 2009년에 개통하는 고속도로

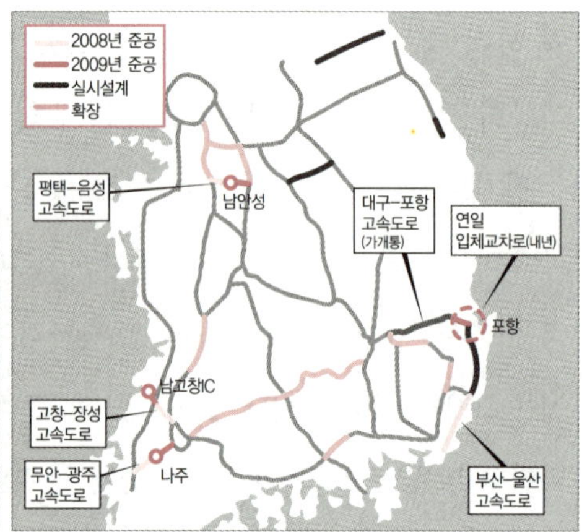

눈여겨보면 돈 되는 '대도시권 광역교통기본계획'

날로 심각해지는 대도시권 광역 교통문제를 해소하기 위해 정부는 향후 20년 동안 대도시 광역권 내 전철과 간선도로를 각각 약 3배 이상(전철 463km → 1,520km, 간선도로 1,084km → 3,156km) 확충하는 '대도시권 광역교통기본계획'을 수립하였다.

수도권은 2026년까지 경의선(용산~문산), 오리~오산선 등 전철 23개 노선(628km)을 건설하고, 용인~서울 고속화도로 등 간선도로 47개 노선(1,141km)을 건설할 계획이다. 성남 축에는 신분당선(정자~강남), 신분당선 연장(정자~광교), 오리~오산선 등 전철 7개 노선(101㎞)을 확충하고, 제2 경부고속도로(하남~용인~안성), 제2 외곽순환도로(오산~용인) 등 간선도로 7개 노선(210㎞)을 확충할 계획이다.

의정부 축에는 신탄리~철원선, 의정부 경전철 등 전철 2개 노선(20㎞)을 확충하고, 국대도 3호선(장암~회천~상패), 서울~포천 고속국도 등 간선도로 6개 노선 106㎞를 확충할 계획이다. 고양·파주 축에는 경의선(용산~문산) 전철(49㎞)을 차질없이 건설하고, 서울~문산 간 고속국도, 제2 자유로(고양~파주 운정) 등 간선도로 7개 노선(91㎞)을 확충할 계획이다.

구리 축의 경우 별내선(암사~구리~별내), 경춘선(망우~금곡~춘천), 중앙선(덕소~원주) 등 전철 3개 노선(157㎞)을 확충하고, 서울~춘천 간 고속국도, 퇴계원~진접 등 간선도로 2개 노선(72㎞)을 확충할 계획이다.

광명 축의 경우 신안산선, 소사~원시선, 대곡~소사선 등 전철 3개 노선(83㎞)을 확충하고, 광명~서울 고속국도(20㎞)를 건설할 계획이다.

기타 과천·안양 축, 하남 축, 인천·부천 축, 안산 축, 광역순환 축 보강을 위해 전철 7개 노선(218㎞)을 확충하고, 간선도로 24개 노선(642㎞)을 건설할 계획이다.

부산·울산권은 2026년까지 부산~김해 경전철 등 전철 9개 노선(232㎞)을 확충하고, 부산~울산 고속국도 등 간선도로 17개 노선(265㎞)을 확충할 계획이다.

대구권은 2026년까지 대구 도시철도 2호선 연장 등 전철 3개 노선(62㎞)을 확충하고, 금호강변 고속화도로 등 간선도로 5개 노선(220㎞)을 확충할 계획이다.

　광주권은 2026년까지 광주도시철도 1, 2호선 등 전철 2개 노선(35㎞)을 확충하고, 고창~장성 고속국도 등 간선도로 8개 노선 (209㎞)을 확충할 계획이다.

　대전권은 대전 도시철도 2호선 등 전철 5개 노선(100㎞)을 확충하고, 대전~당진 고속국도 등 간선도로 16개 노선(237㎞)을 확충할 계획이다.

도로 주변 땅에 투자하기

❶ 대도시권 광역교통기본계획지 주변을 노려라!
❷ IC와 연결되는 간선도로 주변을 노려라!
❸ 확장 개통되거나 완공 예정인 국도나 지방도로변을 눈여겨봐라!
❹ 이용가치가 낮고 진입이 불가능한 고속도로변은 피하라! 대도시권 광역교통기본계획에서 알 수 있듯이 고속도로나 간선도로 또는 전철이 확충되는 주변부의 토지들은 향후 20년 동안 이용가치가 큰 새로운 투자처이다. 다만, 투기적 성격보다는 장기적인 안목에서 투자해야 한다.

소득기반의 인구가 몰리는 곳을 노려라

　우리나라에서 평균적으로 땅값이 가장 비싼 지역은 수도권이고 그중에서도 서울은 단연 최고의 땅값을 자랑하고 있다. 그 이유를 살펴보면 인구와 밀접한 연관성이 있다는 것을 알 수 있다. 인구가 집중되면 우리나라처럼 국토가 좁은 나라에서는 땅을 집약적으로 이용할 수밖에 없기 때문에 수급 균형을 유지하기 위해 땅의 효율을 극대화할 수밖에 없다.

즉, 대한민국 전체 인구 중 50%에 육박하는 숫자가 수도권에 집중되어 있다 보니 넓고 평평한 농지에 계속해서 신도시를 조성해 왔음에도 불구하고 아직까지 주택공급이 모자랄 정도이다. 그만큼 다른 지역에 비해 수도권 땅에 대한 수요가 높아 땅값이 상승하게 되었다. 이처럼 땅값도 주택과 마찬가지로 수요와 공급의 시장원리로 설명이 가능하다. 행정구역상 리보다는 읍, 읍보단 군, 군보다는 시, 시보다는 광역시, 광역시보다는 특별시가 인구분포가 높을 뿐만 아니라 부동산 가격이 비싼 이유 또한 여기에 있다.

경기도 양평군과 같이 강을 끼고 있는 지역에서 팬션 부지는 강이나 계곡을 조망할 수 있는지에 따라 가격이 결정되기도 한다. 강에 접해 있는 팬션 부지의 경우 3.3㎡(평)당 120만원까지 호가하나 계곡조차 끼고 있지 않은 팬션 부지의 경우는 20만원 정도에 거래되는 등 입지조건에 따라 땅값에 차이가 많이 난다. 여기에서 알 수 있듯이 땅의 입지나 성격에 따른 수요층이 가격 형성에 상당한 영향을 미친다. 다시 말해 소득기반의 인구가 몰리는 땅에 투자를 해야 성공할 수 있다.

서해안 시대를 준비하라

서해안 도시 중에 투자가치가 높은 도시를 순서대로 나열하면 송도, 새만금, 군산, 당진, 평택, 무안 등이다. 부동산의 투자가치를 평가함에 있어 개발 호재

만으로 순위를 정하는 것은 어렵지 않지만 부
동산 정책에 따른 규제와 그에 따른 투자 수
요자를 예측하였을 때의 순위는 달라질 수 있
다. 먼저 개발 호재와 입지로 투자가치를 평
가한다면 당연히 송도, 새만금, 군산, 당진,
평택, 군산, 새만금, 무안 순이다. 하지만 투자
가치가 높은 만큼 투기 수요를 차단하기 위한
규제로 인해 외지인의 실제 투자가 여의치 않
은 실정이다. 반면, 실수요자로서 이곳에 투자
한다면 새로운 부자를 만들어줄 수 있는 충분
한 재료로 손색이 없다.

먼저 부동산의 전반적인 재료를 살펴보면,
지방의 주택은 수요에 비해 공급량이 넘쳐나
고 있다. 특히 분양가상한제와 전매제한 등의
규제로 인해 미분양 물량이 외환위기 이후 최

고를 기록할 정도로 얼어붙어 있다. 반면, 토지시장은 중국과의 교역량이 증가
하면서 서해안 인접 도시에 대한 기업의 투자가 계속 늘고 있으며, 그로 인해 인
구가 늘어나면서 토지시장도 주목을 받고 있다. 또한, 굵직한 국책사업들이 발
표되면서 이 분위기는 앞으로 한동안 지속될 것으로 보인다. 서해안의 토지시장
현황을 살펴보면, 송도는 바다를 매립해 택지를 조성한 국제자유도시로 개인의
투자 대상은 아니지만 그 주변지역의 수혜를 볼 수 있는 땅은 개인이 투자해볼

만하다. 평택 및 당진은 토지거래허가구역으로 지정되어 외지인의 투자가 어려운 실정이며, 그동안의 개발 호재들로 인해 가격이 많이 상승해 있는 점도 주의할 필요가 있다. 반면 군산에서는 옥도면 국제해양관광단지 조성 부지 일대의 6개 섬이 토지거래허가구역으로 지정된 것을 제외하면 현재 부동산 거래가 자유로운 편이다. 하지만 '새만금특별법' 발표 등을 계기로 군산의 전 지역이 토지거래허가구역으로 묶일 가능성이 높아 자칫 투자금이 장기간 묶일 수 있으니 외지인일 경우 특히 주의해야 한다.

당진은 현대제철~동부제강~동국제강으로 이어지는 당진 철강벨트를 형성하게 되고, 2013년경 현대제철 일관제철소가 본격 가동될 경우 이곳에 종사할 인원만 15만 명이 될 것으로 전망하는 만큼 많은 변화가 예상된다. 또한 송산, 합덕지방

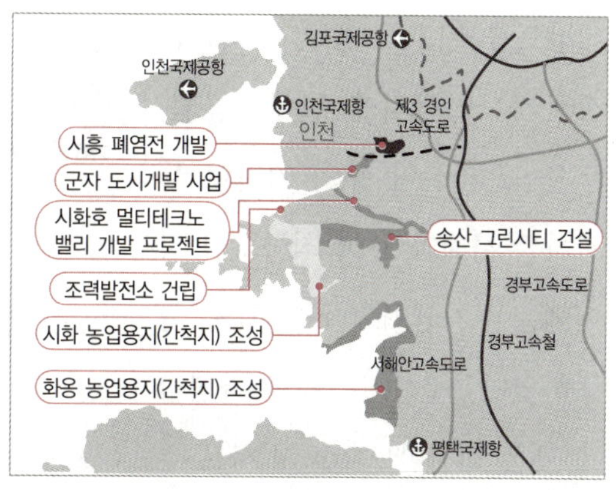

산업단지 등에 대규모 산업단지가 개발 중에 있으며, 테크노폴리스 조성, 우두, 송악지구 등 택지개발지구 사업도 진행 중이다.

게다가 2009년 개통 예정인 대전~당진 간 고속도로는 서해안, 경부, 중부고속도로를 잇는 중요한 역할을 할 것이라는 기대를 한몸에 받고 있다. 당진은 중국을 겨냥한 동북아의 물류 중심도시로 발돋움하기 위해 세계적 철강클러스터 개발에 맞는 사업과 2025년 인구 35만 명을 목표로 교육, 상업, 의료, 레저 · 문

화시설 확보에 전력을 기울이고 있다.

평택은 2012~2013년경 용산 미군기지 이전과 국제평화 신도시 개발로 국제 비즈니스센터, 종합행정타운 등이 조성될 예정이며, 서해안 아산만에 있는 평택항 또한 확장할 계획이다. 또한 경부고속도로를 통한 육로와 평택항을 통한 해상교통이 좋아 서울과 수도권으로의 접근성이 우수하다. 평택은 서해안 산업벨트란 장점 외에도 천안, 수원, 인천, 파주 등의 기업 수출항구로 향후 발전가능성이 높은 도시이다.

군산은 당진과 함께 서해안 산업벨트를 이끄는 중심지로서 군장국가산업단지에 현대중공업, 두산인프라코어 등의 기업이 투자하는 사례가 늘어 최근 2년 사이에는 투자금액이 4조원대로 급증하였다. 군산지역에 투자협약을 맺은 회사만도 108개 사로 투자 예상액만 1조 8,000억원대에

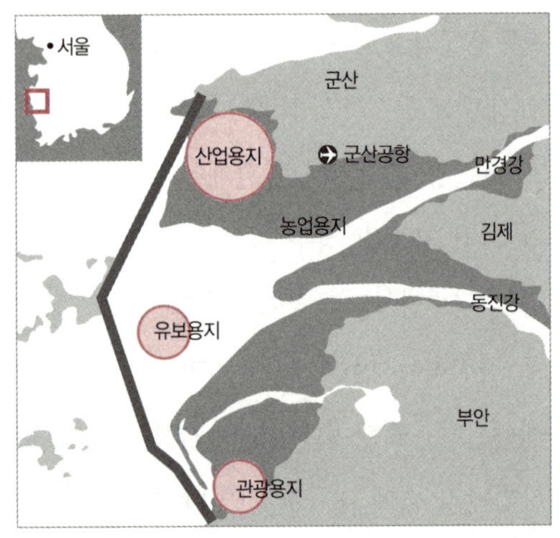

이른다. 또 새만금, 군산경제자유구역 신청지를 실사단이 방문하여 그 타당성과 실효성 점검을 하는 등 경제자유구역 지정에 대한 기대감으로 주변 지역의 땅에 투자자들의 관심이 집중되고 있다.

2007년 말에는 장항~군산 간 철도가 완공되어 서울까지의 거리가 더욱 가까워질 전망이다. 그러므로 관리지역 중 개발이 가능한 땅에 관심을 가져볼 만하다.

무안은 전남권의 신흥개발도시로서의 다크호스로 꼽힌다. 무안국제공항을 통한 항공 물류단지의 거점으로 평가받는데다 관광가치도 충분하기 때문이다. 이곳에는 아직 때묻지 않은 수많은 휴양관광지 개발, 즉 서남해안 관광레저도시(J프로젝트) 사업이 한창 진행 중이다. 또한, 무안기업도시 예정지는 전체 면적이 1,214만

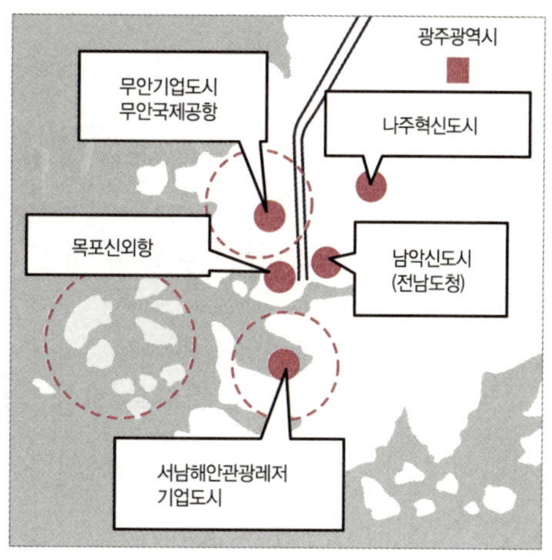

| 무안기업도시 예정지

평으로 무안군과 국내 기업으로 구성된 무안기업도시 개발이 617만 평(1단계), 한중국제산업단지 개발이 597만 평(2단계)에 이른다. 오는 2011년까지 전체 2조 7,000억원이 투입돼 1, 2단계 사업이 완료되면 무안은 16만 명이 거주하는 도시로 탈바꿈할 것이다.

이렇게 서해안 환황해권은 한, 중, 일 3국이 활발한 교역을 벌이고 있는 동북아 경제의 중심지이다. 이 지역의 경제적 위상과 상호 의존도가 높아지면서 도시 간 협력과 경쟁도 점차 본격화되고 있다. 또한 우리나라 중공업 산업이 최근 수년간 장기적으로 호황을 누려 자본 여력이 생긴데다 거제, 창원, 울산 등 기존 중심지역의 공장 용지가 소진돼 새로운 생산기지가 서해안으로 옮겨가고 있다. 여기에 까다로운 수도권 규제를 피하면서 사통팔달의 교통망과 중국과 지척인 항만을 끼고 있는 지리적인 여건을 이용할 수 있어 많은 기업들이 서해안에 새로운 생산기지를 설립하기 위해 투자를 검토하고 있는 것이다. 이로 인해 향후

인천, 평택, 당진, 군산, 무안 등을 중심으로 한 서해안 도시는 동북아 경제의 중심지로 거듭날 전망이다.

도심지 땅, 오래 묵을수록 보배

포도주나 치즈가 숙성될수록 진한 맛과 향기를 내듯 부동산에 있어서 땅 또한 시간이 지날수록 효용성이 극대화된다. 일반인들은 흔히 땅투자라고 하면 농지, 임야 등을 떠올리지만 우리가 흔히 접하고 있는 대지 또한 땅이며 투자가치가 충분하다. 농지와 임야는 대지에 비해서 아주 싸기 때문에 개발이 되었을 때 고수익이 보장되지만 그만큼 규제가 엄격해 투자를 제한하고 있다. 반면 대지의 경우는 누구나 투자할 수 있는 상품이긴 하나 농지, 임야보다 가격이 다소 비싸고, 같은 매매가 대비 면적이 작을 수밖에 없다.

다만 시기적으로 서울 도심부가 이제는 쇠퇴기를 거쳐 도시 기능이 어려워진 지역들이 늘어나고 있어 투자를 고려해볼 만하다. 이런 지역들이 점차적으로 늘어나면서 도심재생사업이 활발해질 조짐을 보이고 있고, 그동안 주목받지 못했던 도심지의 땅들이 주목받기 시작했다. 대표적인 지역으로는 조선시대부터 중심지였던 강북과 70년대 우리나라 산업화에 기여했던 영등포구, 구로구, 금천구, 성동구 일대의 준공업지 등이 있다. 이 지역들은 많은 시간이 흐르면서 건물들이 감가상각된 반면 땅의 효용성이 극대화되어 그 가치가 급상승하고 있다.

이명박 대통령이 서울시장 시절에 발표했던 '뉴타운'과 'U턴 프로젝트', 오세훈 현 서울시장의 '한강 르네상스 프로젝트' 등의 도심재생사업으로 인해 핵심 지역들을 시발점으로 서울 전역의 땅값이 하늘 높은 줄 모르고 상승하고 있다. 그중에서도 가장 눈에 띄는 지역이 용산구인데, 2007년 7월 철도기지창과 서부이촌동을 통합개발하여 국제업무지구를 조성한다는 확정 발표가 있은 후 주변부의 땅값 상승률은 큰 폭으로 올랐다. 통합개발 발표가 있은 다음으로부터 불과 6개월도 채 안 된 시점에서 땅값이 거의 2배를 호가할 정도로 오르기도 했다. 단독주택 70평을 기준으로 할 때, 3.3㎡(1평)당 1,300만원 하던 땅이 지금은 2배 이상을 줘야 살 수 있을 정도이다.

최근 서울시는 주택을 공급할 택지가 거의 없어 준공업지역의 '공업기능 우세지구'에서 공장면적(전체의 30%)의 80%에 공장, 연구소 등 비주거용 건물을 지으면 나머지 땅에는 아파트를 지을 수 있도록 하는 도시계획조례 개정안을 마련하면서 준공업지역 또는 그 주변지가 주목받게 되었다.

또한 서울시는 터미널 개발 기준을 마련할 계획이어서 앞으로 터미널 용지 개발계획에 한결 탄력이 붙을 것으로 예상된다. 당초에는 서초구 고속버스터미널은 전면 이전할 계획하였으나 서울시의 반대로 '부분 이전 및 재정비사업' 쪽으로 대폭 수정되어 타당성이 검토 중이다. 그리고 남부터미널도 대한전선에서 향후 서울시의 터미널 개발 기준에 따라 복합개발될 전망이다. 이처럼 도시지역의 땅이란 건물이 감가상각될수록 그 효용성이 극대화되어 몸값이 천정부지로 오르게 된다. 특히 이명박 정부와 서울시의 도심재생사업을 통한 국가경쟁력 제고의 정책기조하에서는 그 흐름에 편승하는 방법만이 투자에 성공하는 길이다.

04

땅투자 고수가 말하는
토지 투자전략

시기를 잡아라

땅투자에 있어 가장 중요한 것은 시장 원리와 매수, 매도의 순간을 아는 것이다. 땅도 시장 원리에 따라 가격이 결정되고 그에 따라 투자자들은 매수와 매도의 시기를 결정하게 된다. 고수라고 하는 사람들도 대부분 땅투자를 할 때 시장의 원리에 의한 투자기법을 활용하여 실패할 확률을 줄인다. 따라서 땅투자에 있어 초보자라면 고수들의 투자 습성을 분석해서 그대로 따라만 해도 반은 성공하게 된다. 고수들의 '투자 습성'이란 철저하게 '시장의 원리'를 따른다는 것인데 가격을 결정하는 데 있어서 가장 중요한 요소가 바로 시장 원리이기 때문이다.

현재 DTI(총부채상환비율) 규제와 고금리, 고환율 등의 대외여건이 악화되면서 고가 주택들의 인기가 식자 매물이 쌓이게 되는 반면 살 사람이 없어 가격은 추풍낙엽처럼 떨어지고 있다. 반대로 이제껏 고가아파트를 선호했던 소비자들이 상대적으로 소액 투자가 가능한 '오피스텔 또는 땅' 투자로 이동하면서 오피스텔과 땅값이 꾸준히 상승하고 있다. 이처럼 시장의 원리를 정확히 이해한 후 시기만 잘 잡으면 투자는 의외로 쉽다.

과한 욕심이 최고수의 발목을 잡다

하지만 투자의 고수라고 해서 항상 옳은 것은 아니다. 고수들이 투자에 실패하는 이유는 한 가지인데 바로 '과욕' 때문이다. 투자를 하다 보면 때론 욕심이 과해 낭패를 보는 경우가 생길 수도 있다.

투자자 최고수 씨는 2005년도에 경기도 광주에 토지를 소유하고 있었다. 2007년에 참여정부의 공급정책에 의한 경기도 광주 오포~모현이 '분당급 신도시' 유력 후보지로 거론되면서 땅값이 상승하기 시작했고 신도시 발표가 지연될수록 땅값은 더욱 상승했다. 그 무렵에 최 씨가 소유하고 있는 토지를 사겠다는 매수자가 나타났고 매도를 할까 고민하는 순간 '욕심'이 생겼다. 결국 매도하지 않고 신도시로 확정되기만을 기다렸는데, 분당급 신도시가 동탄으로 결정되면서 걷잡을 수 없이 오르던 땅값이 순식간에 거품으로 바뀌고 말았다. 그리하여 그렇게 많던 매수자들이 완전히 사라지면서 투자금이 장기간 묶여버리고 말았다.

이처럼 땅투자에 있어서 가장 주의해야 할 점 중의 하나가 바로 '과욕'을 조절하는 것인데, 이로 인해 '매수와 매도의 순간'을 놓치게 되면 투자에 절대 성공할 수 없다. 그러므로 아예 장기간 묻어둘 계획이 아니라면 목표 수익률을 정해두고 그 목표치를 달성했을 때를 적정한 매수와 매도의 순간을 잡는 지혜가 필요하다.

발품을 판만큼 수익을 얻는다

발품을 판다는 것이 어떤 의미일까? 대개 일반 사람들이 부동산투자에 있어서 쉽게 결정을 내리지 못하는 가장 큰 이유 중의 하나는 주변 시세를 정확히 모른다는 것이다. 부동산투자에 성공하는 방법은 싸게 사서 시세가 오른 뒤 비싸게 팔아 큰 시세차익을 남기는 것이라고 할 수 있다. 이때 투자자가 주변의 시세를 정확히 알고 있어야 좋은 땅을 싸게 살 수 있다.

● 티고를 타고 용인의 골목을 누비다

용인에 사는 37세의 티코 씨는 차가 2대이다. 한 대는 중형 세단이고 나머지 한 대는 중고로 싸게 산 티코라고 한다. 각각 용도가 서로 다른데 중형 자가용은 비즈니스용이고 티코는 발품을 팔기 위한 이동수단이다. 즉, 틈나는 대로 티코를 타고 용인의 골목 구석구석을 샅샅이 누비며 값싼 부동산 상품을 찾아다니는 것이다. 티코는 주차하기에 용이할 뿐만 아니라 기름 값을 절약할 수 있어 유지비가 거의 들지 않는다는 장점이 있다. 2003년부터 500만원을 가지고 투자를 시작한 티코 씨는 용인에서만 땅, 상가, 주택을 가리지 않고 열심히 발품을 팔아 4년 만에 20억원의 자산가가 되었다. 오늘도 그는 쉬지 않고 티코를 타고 골목 구석구석을 누비고 있다.

그렇다면 티코 씨에게 있어 발품을 판다는 것은 어떤 의미일까? 바로 싼 상품을 찾아내기 위한 기본적인 노력이다. 시간이 날 때면 여러 부동산에 들러 최근에 거래된 사례와 매도하기 위해서 나와 있는 매물을 조회한 후 서로 비교해보면서 정확한 시세를 파악한다. 어느 정도 시간이 지나면 시세보다 싼 부동산 상품을 찾아내는 안목이 생기고 그때부터는 실천에 옮기기만 하면 자산 규모를 늘리기가 어렵지 않다.

처음에 티코 씨는 5,000만원 하는 빌라를 샀는데, 전세로 3,000만원에 살고 있는 세입자를 그대로 승계받고, 나머지 2,000만원 중에 1,500만원은 대출을 받았으며, 현금 500만원을 투자하여 첫 집을 장만하였다. 이런 방법으로 최저의 투자금으로 최고의 수익을 내면서 자산 규모를 상승시킬 수 있었고 곧이어 두 번째 기회가 찾아왔다. 오래된 3층 상가건물이 5억원에 나왔는데, 우선 3억원은 대출받고 2억원을 투자하여 건물을 매수했다. 이후에 상가가 있는 지역이 개발지에 포함되면서 보상비만 10억원이 넘게 되었다. 여기에서 그치지 않고 이 자금을 땅에 투자하게 되는데, 그 무렵 문경에는 군부대 이전과 개발호재로 땅이 보상된다는 소문이 있었다. 이에 그는 지체함이 없이 티코를 몰고 문경으로 달려가 그 지역에 대한 정보를 시작했다.

● 바이크는 돈을 향해 달린다

용산에 사는 36세 바이크 씨의 일화도 있다. 그의 경우 또한 티코 씨와 비슷하다. 그는 소형 자동차 트렁크에 접이식 자전거를 항상 휴대하고 다닌다. 벌써 감이 오지 않는가! 바이크 씨는 소형 자동차를 이용해 목적지까지 이동한 후 주차를 해놓고 자전거를 타고 용산의 좁은 골목을 누볐다. 주차 걱정 없고 불법주차로 딱지를 뗄 일도 없으며, 기름도 절약되니 일석이조란 말은 이럴 때 쓰는 것 같다. 이 정도 되니 용산에 있는 부동산에서는 바이크 씨를 모르는 사람이 없을 정도로 유명인사가 되었다.

이런 사람들의 공통점 중 하나를 꼽으라면 돈 냄새를 동물적으로 잘 맡는다는 것이다. 2007년 태안 기름 유출 사고가 났을 때 바이크 씨는 생계에 위협을 느낀 주민들이 싸게 내놓은 땅을 사모았다. 물론 땅을 싸게 판 지역 주민도 땅을 팔아 생계를 유지할 수 있었으니 참 다행스러운 상황이었다. 1년이 지난 지금 기름 유출 사고가 났던 태안은 거의 복구가 되어 예전의 모습을 되찾았고 바이크 씨는 그때 싸게 사두었던 땅이 원래의 시세를 다시 회복하면서 짧은 시간에 높은 수익을 올릴 수 있었다.

땅 고수들은 뭔가 다르다

● 절약 정신이 몸에 배어 있다

일반인들의 소비 습관과 매우 차이가 있다. 용인을 누빈 티코 씨의 경우 식사비를 아끼기 위해 공장의 사내식당에서 직원을 가장하여 끼니를 해결하기도 했다고 할 정도여서 왕소금으로 불리기도 한다.

● 시간을 금쪽처럼 소중하게 쓰고 부지런하다

주말이나 평일에도 틈틈이 부동산에 들러 새로운 정보와 싼 매물을 조회하고, 거리를 걷다가도 부동산에 걸려 있는 매물의 시세를 항상 확인한다.

● 시세를 파악하기까지 끊임없이 메모를 한다

어느 지역이든 전체적인 시세를 파악하기란 쉽지 않다. 하지만 이렇게 한 지역을 집중적으로 공략하면서 시세표를 작성하다 보면 자연스럽게 돈이 보인다. 부자가 되기 위한 지름길이라고 할 수 있다.

● 부동산을 내 집 드나들 듯 한다

대부분의 사람들은 부동산에 들어가기를 부담스러워 한다. 그들 중 대부분은 '혹시라도 부동산의 사탕발림에 혹해 사기나 당하지 않을까' 하는 소심형과 '당장 돈도 없는데 들어가 봐야 무슨 소용이 있겠어' 라는 자포자기형의 사람인데, 투자에 있어서 이런 성격은 고쳐야 한다. 앞에서 말한 티코 씨와 바이크 씨는 최소한 계약금 정도의 자금을 항상 통장에 넣고 다니면서 부동산에 들어가 부동산 사장에게 좋은 매물이 있으면 당장 계약을 하겠다는 확신을 심어준다. 그리고 실제로 잔금을 치르고 난 후 부동산 수수료(복비)를 지불할 때도 법정 수수료보다 넉넉하게 주면서 그들과 끈끈한 관계를 유지한다.

일반인들이 법정 수수료까지 조금이라도 깎으려는 것과는 상당히 대조적인 모습이다. 땅투자에 있어서도 마찬가지로 좋은 매물이냐 아니냐도 중요하지만 부동산 사장의 능력이 더 중요할 때가 많으므로 친하게 지낼수록 좋다.

● 확신이 서면 망설임이 없다

지역의 시세가 파악이 되면 투자에 대해 확신하고 친해진 부동산 사장을 통해 싼 매물을 소개받으면 망설임이 없다. 이 역시 일반적인 사람들과 다른 점이다. 일반인들은 이유가 많다. 직장이 바빠서, 주말엔 아이와 놀이공원에 가야 해서, 시간이 없어서 등. 이런 핑계로 정보력이 부족해지고, 시세를 정확하게 알지 못하니까 확신을 가질 수 없게 되고, 이렇게 되면 정말 좋은 매물을 놓치는 경우가 많다. 내 가족과 함께 휴일에 바닷가나 계곡에 가더라도 근처 부동산에 들러 정보를 수집하면서 여가를 즐길 수 있다. 더 이상 핑계를 대지 말고 가까운 곳에서부터 시작해보자. 그럴수록 부자가 되기 위한 시간은 더욱 단축된다.

05

땅투자시
이것만 명심하자

토지투자에 있어 일반인들이 실패하기 쉬운 이유는 크게 두 가지가 있다. 뉴스나 언론사 광고의 화려한 개발계획에 혹하는 경우와 소액으로도 투자가 가능하여 내 소유의 땅이 생긴다는 환상을 가지게 되는 경우이다. 이런 피해 사례들이 줄지 않는 이유는 악덕 기획 부동산들이 규제를 피해 치밀하게 교육받은 영업사원과 텔레마케터를 고용한 후 토지에 대한 전문적인 지식이 부족한 서민들의 지갑을 노리기 때문이다. 이들은 특히 퇴직자의 퇴직금이나 시간적, 경제적 여유가 없는 직장인들 그리고 시간은 있으나 귀가 얇은 일부 주부들의 심리를 잘 이용하므로 각자가 각별한 주의를 기울여야 한다.

뉴스나 신문 광고의 화려한 부동산 개발계획에 혹하지 마라

신문 광고란에는 하루도 빼놓지 않고 부동산 광고가 난무한다. 그중에서도 특히 상가와 토지에 관한 광고가 많이 등장하는데 여기에는 항상 함정이 있다. 일반적으로 사람들은 뉴스나 언론 그리고 매체라면 왠지 신뢰감을 느끼고 쉽게 마음을 여는 경향이 있기 때문이다. 이런 심리를 이용해 기획 부동산이나 분양회사들은 광고나 홍보비를 아끼지 않고 투자한다. 우리가 특히 신뢰를 하는 조중동(조선일보, 중앙일보, 동아일보)과 경제신문의 경우도 예외일 수는 없다.

지면을 차지하는 할당 범위에 따라 광고비만 지불하면 누구나 광고를 할 수 있기 때문에 구독자들은 과대, 과장 광고에 혹해 낭패를 보는 경우가 많다. 분양사, 시행사, 기획 부동산들이 아낌없이 광고비에 투자하는 이유가 모두 여기에 있음을 명심해야 한다. 그러므로 아무리 신뢰도가 높은 언론 또는 신문사라 할지라도 부동산 중 상가(특히 테마상가)와 토지에 관한 광고는 아예 쳐다보지 않는 것이 미연에 피해를 방지하는 방법이다.

필자의 경험에 의하면 투자가치가 별로 없는 상가나 토지의 광고는 주로 신문지면을 이용해서 광고를 많이 하고, 사기적 성격이 강한 기획 부동산의 토지는 텔레마케터나 인터넷을 통해 홍보 및 광고를 하는 경우가 많으므로 이를 유념할 필요가 있다. 요즈음 인터넷이나 전단지를 보면 좋은 부동산 정보에 대한 기사로 미끼를 던진 후 전화번호를 남기는 방법으로 사람들을 유인하여 건축이 불가능한 쪼개진 맹지를 불법적으로 판매하는 기획 부동산들이 많으므로 각별히 주의하여야 한다.

50대 주부인 순진녀 씨는 2005년 신문을 보다가 우연히 강원도 홍천의 허브 농장의 토지 분양 광고를 보고 날아갈 듯이 기분이 좋았다고 한다. 일단 신문에 나올 정도면 믿을 만하다고 판단하였고 땅값이 싸서 총 6,000만원이면 본인 명의의 땅이 생기는 것이니 얼마나 좋은 기회인가!

여기에서 두 가지 문제점을 지적할 수 있다. ❶ 일반인들 누구나 볼 수 있는 신문 광고라는 점, ❷ 도시지역과 비교했을 때 상대적으로 싼값이라는 점이다. 위에서 언급했듯이 신문 광고는 광고지면에 대한 수수료만 내면 누구나 자유롭게 광고를 할 수 있다. 그리고 일반인들은 토지 시세에 어둡기 때문에 지방에 있는 땅의 경우 총 매매가가 2,000만~4,000만원이면 크게 부담을 느끼지 않는다.

순진녀 역시 이 두 가지 이유로 신문 광고에 있는 전화번호로 직접 전화를 걸었고, 텔레마케터가 방문을 유도하자 제 발로 기획 부동산 사무실로 찾아갔다. 고급스러운 그곳의 인테리어 때문에 전혀 의심을 할 수 없었다고 한다. 물론 영업직원과 함께 현장을 방문하여 땅을 직접 보긴 하였으나 전문가가 아닌 이상 건축 가능 여부를 판단하기란 쉽지 않았을 것이다. 이 정도 되면 누구나 영업사원의 입담과 고급스러운 사무실 분위기에 눌려 갈등할 수밖에 없고, 영업사원은 마지막으로 쐐기를 박는 말을 한다. 일종의 '믿음'을 심어주는 방법인데 "문제 있는 땅이면 제가 다 책임지겠습니다. 걱정 마시고 따라오기만 하면 대박입니다"라고 말이다. 순진녀 역시 이 과정을 거쳐 계약서에 도장을 찍고야 말았다. 기획 부동산에서 1만 5,000평 임야를 잘게 쪼갠 토지 중 총면적이 2,000평인 4개의 필지를 6,000만원에 계약한 것이다.

언뜻 보기엔 6,000만원으로 2,000평의 땅을 샀으니 누가 보더라도 싸게 잘

산 것처럼 보일 수 있으나 땅값은 토지의 효용성에 따라 결정되는 것이기 때문에 면적만 가지고 시세를 판단해서는 절대 안 된다. 어느 용도지역, 용도지구, 용도구역의 땅인지, 입지는 어떠한지, 도로 또는 진입로에 접해 있는지, 주변에 개발호재가 있는지에 따라 토지의 효용성은 크게 차이가 나고 땅값에도 큰 차이를 보이므로 맹목적인 투자는 금물이다. 순진녀 씨의 토지 역시 현장답사하여 분석해본 결과 예상했던 대로 진입로도 없는 임야(산)였고 지금은 팔고 싶어도 팔 수 없는 쓸모없는 땅이었다.

소액으로 투자해도 대박이 난다?

토지 중에서 상대적으로 싼 땅에 투자하는 것은 극히 제한적이다. 개발제한구역(그린벨트)의 토지나 농림지역의 농지(전, 답)는 도시지역이나 관리지역의 토지보다 상대적으로 싸기는 하지만 투기를 차단하기 위한 규제로 인해 일반인들이 투자하기는 어렵다. 특히 토지거래허가구역으로 지정된 지역에서는 1년 이상 거주자에 한해서 매매가 가능하다. 한편 주택시장과 마찬가지로 토지를 원하는 수요자와 유동성 자금이 항상 맴돌면서 투자할 곳을 찾고 있기 때문에 기획 부동산의 불법 토지분양 피해가 좀처럼 줄지 않고 있다. 이런 불법 기획 부동산으로 인해 피해를 보는 사례는 개인뿐만이 아니다. 정상적으로 허가를 받고 전원주택지를 조성하여 분양하려는 시행사들마저 기획 부동산으로 오인받아 사기꾼으로 취급당해 분양 사업까지 망쳐버리는 일들이 많다.

물론 토지를 분할하여 분양하는 경우를 모두 비난할 수만은 없다. 2007년 서민들의 주택공급정책으로 다가구, 다세대주택 건축법이 완화되면서 도시지역의 다세대주택 신축이 증가한 현상을 보면 쉽게 이해할 수 있다. 실제로 수도권에서는 다세대주택의 채광창 일조권 사선 제한이 완화되고, 1층 주차장 층수산입 규정에 완화되는 등 사업성이 좋아지자 건축업자들이 노화된 주택을 사서 7~8세대의 다세대주택으로 신축하여 실수요자 또는 투자자에게 되파는 일이 많다. 여기서 건축업자는 땅값과 건축비를 들여 여러 세대의 주택을 지은 후 분양하는 방법으로 일정 수익을 남기고, 이 주택에 투자하는 사람들은 주변의 개발호재로 시세가 상승하였을 때의 수익을 얻게 된다.

경기도 구리시에 살고 있는 43세의 이작가 씨는 미술을 전공하여 작품 활동을 하고 있는 그림작가이다. 그는 개인 소유의 갤러리를 갖는 것이 오랜 소망이었는데, 2005년에 드디어 양평에서 분양하는 400평 크기의 전원 주택지를 분양받았다. 그 당시 총 매매가가 1억 2,000만원으로 평당 30만원에 업자가 토지 분할하여 분양한 땅이었다. 토지를 분양한 업자의 경우 정상적으로 인허가를 거쳐 토지를 조성하였고 수려한 자연경관을 조망할 수 있는 남향의 경사지를 분할한 덕분에 전원주택지로서 손색이 없었다. 분양도 이작가와 같이 대부분 별장이나 전원주택을 필요로 하는 실소유자에게 분양되어 지금은 건축이 한창인 땅들로 가득하고, 시세 또한 2년 전보다 두 배 가량 상승했다고 한다. 현재 이작가 씨는 이 땅에 창고 용도의 건물을 짓는 것을 허가받아 갤러리를 짓고 행복하게 작품 활동을 하고 있다.

하지만 부동산에 투자함에 있어 가장 중요한 것 중 하나가 환금성인데 토지의 경우 분할된 토지의 시세가 상승한다 하더라도 필요에 따라 빨리 팔고 현금화시키기는 쉽지 않으므로 분양광고만 믿고 투자했다간 낭패를 보기 쉽다. 정부는 기획 부동산의 쪼개 팔기 수법에 넘어가 피해를 보는 사람들이 늘어나자 2006년 3월 23일부터 비도시지역(관리지역, 농림지역, 자연환경보전지역)에 대해서도 도시지역 내 녹지 지역처럼 토지분할 허가를 받도록 했다. 이에 따라 기획 부동산의 토지 분할이 어려워졌다.

그러나 최근 들어 강원도 평창·홍천·철원, 경기도 파주·가평·양평·연천·포천, 서해안 도서지방 등을 중심으로 '지분 등기'라는 신종 수법으로 기획 부동산이 또다시 서민들을 유혹하고 있으니 주의가 필요하다. 지분 등기란 멋대로 그린 이른바 '가분할' 도면에 지분 등기한 땅이 표시돼 있지만 실제 분할까지 받을 수 있는지는 의문이다. 또한 기획 부동산들은 "2~3개월이면 공유토지분할 소송을 내는 방식으로 분할해줄 수 있다"고 투자자들을 설득하지만 정작 문제가 발생하면 "돈을 받고 지분 등기까지 해줬으니 책임이 없다"고 오리발을 내밀 수 있다.

이처럼 1억원 이하의 소액으로 투자가 가능한 토지는 대부분 분할된 토지이므로 단기적인 시세상승을 목적으로 투자하는 초보자라면 절대로 달콤한 유혹에 빠져서는 안 된다. 다만 소득 수준이 높아지고 주5일 근무제가 실시됨에 따라 세컨드 하우스 개념의 전원주택이 필요한 실수요자라면 옥석을 가려서 투자하기를 권장한다.

기획 부동산이 불법으로 분양하는 토지 중 진입로가 없는 맹지일 경우 건축행위가 불가능할 수 있으므로 땅을 사기에 앞서 해당 토지의 관할관청(시, 군청 등)

민원과에 방문하여 토지이용계획확인원, 지적도, 토지대장 등의 서류를 발급받아 기본적인 내용을 확인해야 한다. 그리고 서류를 확인한 후에는 주변 개발계획 및 건축행위 가능 여부를 확인해야 한다. 개발계획과 관련한 사항은 도시계획과에, 도로와 관련한 사항은 도로과에, 건축행위 가능 여부 확인을 위해서는 건축과에 방문하여 담당자와 분양 내용에 거짓이 없는지를 세밀하게 확인하는 것이 좋다. 다음으로 현장을 직접 방문하여 토지의 성격(교통, 접근성, 배산임수, 진입로, 경사도 등)을 파악해야 한다. 그래도 확신이 생기지 않는다면 이 과정을 여러 번 반복하거나 전문가의 컨설팅을 받아보고 옥석을 가리도록 하자.

2014년 동계올림픽이 가져다준 학습효과

어느 날 저녁 11쯤 부동산투자를 하기에 앞서 항상 필자에게 상담을 받은 후 투자 결정을 내리는 30대 후반의 다급해 씨에게서 전화가 왔다. 그날은 바로 2014년 동계올림픽 개최지가 발표되기 하루 전이었는데, 그녀는 필자가 전화를 받자마자 모르는 부동산에서 계속 전화가 걸려온다고 했다. 일주일 전부터 2014년 동계올림픽이 평창으로 거의 결정이 났으니 지금 땅을 사면 대박이 난다며 어서 땅을 사라고 했다는 것이다. 그러면서 계약이 부담스러우면 신청금 200만원만 계좌로 이체를 시켜주고 나머지는 동계올림픽 개최지가 발표된 후 입금하면 계약으로 인정하겠노라 약속했다고 한다. 그것도 개최지 발표 하루 전날에 말이다.

필자는 다급해 씨를 통해 기획 부동산의 이런 마케팅 전략이라면 비전문가는 누구나 쉽게 당할 수밖에 없겠다고 생각했다. 잠시 냉정함을 유지하면서 먼저 다급해 씨의 생각을 물어보기로 했다. 아니나 다를까 그 기획 부동산의 화려한 언변에 그녀의 마음은 이미 평창에 가 있었다. 평창이 개최지로 선정되지 않아 신청금 200만원을 못 돌려받더라도 큰 손해는 아니라는 안일한 생각까지 하고 있었다.

참으로 무모한 발상이기에 필자는 고객을 보호하는 차원에서 '평창에 투자하지 말아야 하는 네 가지 이유'를 들어 다급해 씨에게 충고를 했다. 그 내용은 다음과 같다.

❶ 잘 모르는 사람과의 부동산 거래는 절대 하지 마라(특히 기획 부동산!).

❷ 발표 하루 전날 평창이 유력하다는 분위기로 한껏 고조되어 있을 때가 기획 부동산이 활동하기 가장 좋은 시기이다.

❸ 평창이 유력하다는 기사로 이미 토지의 가격에는 거품이 많다.

❹ 땅이나 상가에 소액 투자가 가능하다는 말은 달콤한 유혹에 불과하다.

'소문에 사서 뉴스에 팔라'는 말처럼 과열되기 한참 전이었다면 입지나 여러 상황을 고려해 투자할 옥석을 가려줄 수도 있었겠지만 개최지가 발표되기 전날은 너무나 위험 요소가 많은 시점이었기 때문에 다급해 씨를 말릴 수밖에 없었다.

드디어 다음날 모든 언론들의 예상을 깨고 2014년 동계올림픽 개최지는 '캐나다 소치'로 결정되었고, 그 결과 치솟던 평창 및 주변지 땅값의 거품이 일제히

빠지기 시작했다. 결국 묻지마식의 투자를 했던 투자자들은 토지를 반값에도 팔지 못하고 장기간 투자금이 묶이는 낭패를 보았다.

거북이처럼 투자하라

진득한 씨는 송파구 장지동에서 조그마한 비닐하우스 1동을 지어 배추 재배를 하던 농사꾼이었다. 그때가 한창 웰빙에 대한 관심이 증폭되던 때라 진득한 씨 역시 무기농 채소를 재배하여 가락시장과 인터넷을 통해 판매를 했다. 웰빙에 대한 사람들의 관심을 말해주듯 그의 사업은 주문이 밀릴 정도로 호황을 누렸다. 그때 장지지구 택지개발에 대한 기대감이 무르익었고, 한 투자자로부터 좋은 가격에 토지와 비닐하우스를 살 테니 매도하라는 제안을 받았다.

제시한 조건이 적지 않은 금액이라 그는 고민 끝에 필자를 찾게 되었다. 농사를 계속 지어서 채소를 판 돈으로 아이들 교육도 시켜야 하고 생계도 유지해야 하는데, 장지지구가 개발되면 어차피 농사를 지을 수 없으니 지금 팔아야 되는지 아니면 더 갖고 있는 것이 좋을지 고민이라고 했다. 그리고 만약 팔게 되면 과연 어디에서 농사를 지어야 할지도 고민이었다. 진득한 씨는 경작기술에 있어 차별화된 노하우를 가지고 있기 때문에 오히려 본업에 충실하면서 토지에 투자를 하면 두 마리의 토끼를 다 잡을 수 있었다. 다만 농사만 짓다 보니 투자를 남의 일처럼 여겨, 자칫하면 한순간에 쪽박을 찰 수 있다는 부담 때문에 지금껏 담을 쌓고 살아 왔을 뿐이었다.

진득한 씨에 대한 컨설팅은 의외로 간단했다. 택지개발에 대한 기대감으로 땅값이 기대 이상으로 상승한데다 적당한 투자자까지 나타났으니 매도를 한 후 신도시 가능성이 높은 판교에 땅을 사서 집을 짓고 비닐하우스 규모도 늘려 하던 일을 열심히 하다 보면 좋은 날이 올 게 분명했다. 진득한 씨는 필자의 조언에 귀 기울여 장지동 땅을 팔고 판교에 더 큰 땅을 사서 집도 짓고 비닐하우스의 규모도 대형으로 키워서 경작 규모를 늘려나갔다. 그의 차별화된 영농기술과 성실함으로 경작된 무기농 채소들은 농산물 시장과 인터넷 주문을 통해 순식간에 팔려나갔고, 장기간 시간이 흐르면서 판교가 신도시로 유력해지자 땅값이 급등하기 시작했다.

진득한 씨는 판교가 신도시에 포함되면서 보상비와 함께 이주자 택지까지 덤으로 받게 되었지만 꾸준히 하던 무기농 채소 농사 또한 잘 되어 수입이 괜찮았기 때문에 포기하고 싶지 않았다. 땅 테크를 제대로 경험한 진득한 씨로서는 다음 농사를 지을 지역으로 과연 어디가 좋을지가 관심의 대상이었다.

2003년 참여정부가 들어서면서 행정도시 및 기업, 혁신도시 건설을 통한 지역균형발전 개발에 대한 기대감으로 수도권을 제외한 지방의 토지가 후끈 달아오를 무렵 진득한 씨의 여러 조건에 비추어 경기도 이천에 있는 구도심 주변의 농지가 적당하다고 판단해 그에게 추천하였다. 경기도 이천은 당시 다른 지역에 비해 상당히 저평가되어 있었고, 도로 및 복선전철 등 기반시설 확충이 거의 확실했기 때문에 그로 인해 인구 유입가능성이 컸다.

진득한 씨는 판교에서 받은 보상비로 이천에 있는 토지를 넉넉히 살 수 있었고 비닐하우스를 4개 동까지 늘려 꾸준히 하던 차별화된 웰빙 채소 사업 역시 소득이 계속 늘었다. 예상대로 얼마 지나지 않아 바로 옆에 이마트가 들어오고 도로가 신설됨과 동시에 성남~장호원 간 자동차 전용도로가 확정되면서 인구유입이 늘어 땅값이 급등하기 시작했다.

진 씨의 경우 젊은 나이와 경쟁력 있는 기술 등 일반적이지 않은 좋은 토지 투자조건을 갖춘 선택받은 사람 중 한사람이다. 여기서 우리가 배워야 하는 사실은 장기투자의 진득한 기다림이 있어야 성공한다는 것이다.

06

땅투자에 필요한
세금상식

세금의 종류

토지를 팔 때 내는 세금에는 양도소득세, 주민세, 농어촌특별세가 있다. 이 중 양도세는 토지 양도로 인해 발생하는 양도차익에 대한 세금이다. 주민세는 양도세의 10%이고 양도세를 자진 신고할 경우에는 면제된다. 농특세는 양도세를 감면받을 경우에만 과세된다. 다만 토지 등의 양도가 반복적으로 발생하면 해당 소득을 사업소득(부동산 매매업, 건설업 등)으로 간주하여 종합소득세가 과세된다.

양도세 부담이 늘다

2006년까지만 하더라도 소유기간과 금액에 따라 9~36%로 차등 부과되던 세율도 2007년부터는 양도세율 60%로 단일 과세되고 있다. 비사업용 나대지와 잡종지에 대해서도 같은 세율인 60%를 적용한다. 외지인이 갖고 있는 토지는 대부분 투기 목적으로 구입한 것으로 간주하여 양도차익을 환수하겠다는 취지이다. 이 중에서 양도세 중과 대상에서 제외되는 토지는 다음과 같다.

❶ 본인이 현지(또는 인접 시 · 군 · 구)에 머물며 자경하는 농지, 임야, 목장용지

❷ 농업 주업법인이 소유한 농지, 임야, 목장용지

❸ 2005년 말 이전에 취득한 종중소유 농지, 임야, 목장용지 등에도 양도세가 종전대로 9~36%로 차등 부과

❹ 개인이나 법인이 20년 이상 보유한 농지, 임야, 목장용지에 대해서도 2009년 말까지 양도하면 중과 면제

❺ 사업용으로 판정받은 땅도 양도세 중과 대상에서 제외(사업용 토지의 판정기준은 개인, 법인 등이 양도일 직전 3년 중 2년 이상을 직접 사업에 사용한 경우, 양도일 직전 5년 중 3년 이상을 직접 사업에 사용한 경우, 보유기간 중 80% 이상 직접 사업에 사용한 경우 등의 세 가지 요건 중 하나만 갖출 경우)

이렇게 양도세율이 높아짐에 따라 도시에 거주하면서 시골에 농지, 임야, 목장용지를 보유한 경우나 아무런 이유없이 나대지나 잡종지 등을 놀릴 경우에 양도세 부담이 종전에 비해 적게는 3배에서 많게는 10배 이상 증가하기도 했다.

또 다른 변화로는 2005년까지만 해도 시가의 최대 80% 선인 공시지가를 기준으로 양도소득세를 내면 되었으나 2006년부터는 비업무용 나대지, 잡종지와 외지인이 갖고 있는 농지, 임야, 목장용지를 다른 사람에게 매도할 때에는 실거래가를 기준으로 양도소득세를 내도록 하고 있다. 그 이후 더욱 강화되어 2007년부터는 모든 땅에 대해 양도소득세를 계산할 때 실거래가가 적용되고 있다.

이처럼 부재지주 소유 농지 등의 양도 세율을 급격히 높임에 따른 부작용을 방지하고자 2006년 한 해 동안 유예기간을 둬 외지인이 농지 등을 팔 수 있도록 하기도 하였다.

보유세 과세 기준이 확대되다

토지를 보유한 사람에게 부과되는 보유세에는 종합부동산세, 재산세, 농어촌특별세, 지방교육세가 있다. 여기서 농어촌특별세는 종부세의 20%, 지방교육세는 재산세의 20%를 부과한다. 종부세와 재산세는 땅의 성격과 가격에 따라 선별적으로 부과된다. 특히 비업무용 토지에 대한 종합부동산세 과세기준이 확대되면서 땅 소유자의 종합부동산세 부담도 크게 늘어나게 되었다. 2006년까지는 종부세 과세기준이 6억원 초과였기 때문에 6억원 하는 잡종지나 나대지 등을 가진 A씨는 토지분에 해당하는 재산세만 내면 됐다. 그러나 2007년부터 종부세 과세기준이 3억원 초과로 낮아지면서 A씨는 3억원까지는 재산세를, 3억원 초과~6억원까지는 종부세를 내야 한다.

또 세금을 매기는 기준이 되는 과표적용률도 2006년부터 매년 오르고 있다. 2005년에는 공시지가의 50%에 대해서만 세금을 매겼지만 2006년에는 종부세 과표적용률을 20%포인트 올리고 그 후 매년 10%포인트씩 올려 2009년에 적용률을 100%로 적용하기로 한 것이다. 10억원짜리 땅이라면 2009년에는 10억원 전체에 대해 세금을 물린다는 얘기다. 땅값의 시가표준액이 3억원을 넘는다고 해서 모두 종합부동산세의 과세 대상이 되는 것은 아니다.

종합부동산세가 부과되는 땅은 다음과 같다.

❶ 시가표준액이 3억원이 넘고 건축물이 들어서 있지 않은 비사업용 나대지

❷ 건물이 있다가 멸실된 3억원 이상의 땅

❸ 주택 등을 짓기 위해 농지 등을 대지로 변경*해놓고 과세기준일 현재 착공하지 않으면 나대지로 분류돼 종부세 대상

❹ 공장이나 주택 등에 딸린 부속토지(업무용)도 건물 바닥면적의 10배를 넘고, 땅값이 40억원(개별 공시지가 기준)이 넘으면 종부세 대상

종합부동산세를 내지 않는 토지는 재산세를 내게 되는데 보유세인 종합부동산세와 재산세의 부과기준은 시가표준액(개별 공시지가)으로 한다. 땅 종부세의 과세표준은 '[해당 토지 개별 공시지가 − 종부세 기준금액(3억원)]×80%' 라는 산식으로 계산한다. 예컨대 개별 공시지가가 4억원인 땅의 경우 올해 종합부동산세 과세 표준액은 '(4억원 − 3억원)× 80% = 8,000만원' 이 된다. 이때 80%를 곱하는 이

여기서 잠깐

변경
경매진행 절차상의 중요한 새로운 사항의 추가 또는 매각조건 등으로 권리가 변동하여 지정된 경매기일에 경매를 진행할 수 없을 때 담당 재판부가 직권으로 경매기일을 변경하는 것을 말한다.

유는 급격한 세 부담을 막기 위해서다.

과표적용률이라고 부르는 이 장치는 해마다 10%씩 늘어나 2009년에는 100%로 강화된다. 종합부동산세는 이 과세표준액(8,000만원)에 세율(1~4%)을 곱해 최종적으로 산정한다. 이때 적용되는 세율은 해당 토지의 공시지가에 따라 차이가 있다. 비업무용 토지의 경우 종합부동세의 세율은 개별 공시시가를 기준으로 17억원 이하 1%, 17억원 초과 97억원 이하 2%, 97억원 초과 4% 등이다. 업무용 토지인 경우에는 160억원 이하 0.6%, 160억원 초과 9,600억원 이하 1%, 960억원 초과 1.6% 등의 세율을 차등 적용한다. 종부세는 납세자가 종부세 납세기간인 12월 1일~15일 사이에 자진 납세하면 전체 과세표준액의 3%를 공제해준다.

이렇게 되면 종합부동산세가 매겨지는 비업무용 토지의 실효세율(토지가격에 대비한 실제 부담한 세금의 비율)은 2009년에 1% 수준이 된다. 따라서 10억원짜리 비업무용 토지는 2009년에 연간 1,000만원의 세금을 물어야 한다. 전년에 비해 세금 부담이 확 늘어나는 것을 막기 위해 도입한 상한선(전년의 1.5배)도 종합부동산세에 대해서만 3배로 올리기 때문에 종합부동산세에 대한 부담은 커질 수밖에 없다.

이에 따라 2005년도에 100만원의 보유세가 붙는 공시지가가 5억원인 임야는 2006년도에 3억원 초과분에 대해 종합부동산세가 적용돼 세금이 197만 5,000원이 된다. 거의 2배 가까이 세금이 늘어나는 셈이다. 20억원짜리 나대지에 대해서는 2005년도에는 825만원의 세금이 붙었지만 2006년에는 종합부동산세가 더 늘어나면서 1,247만 5,000원의 세금이 붙는다. 종합부동산세 대상이 아닌 2억원짜리 농지에는 2005년도에는 250만원의 재산세가 부과되지만 2006년에는 세금이 300만원이다. 세금은 늘어나지만 증가 폭은 종합부동산세가 적용되는 땅보다 작다.

취득할 때, 과세기준은 실거래가로

주택과 마찬가지로 땅을 살 때 내야 하는 세금으로는 취득세, 등록세, 교육세, 농어촌특별세 등이 있다. 땅을 거래할 때 거둬들이는 세금인 만큼 이런 세금을 '거래세' 라고 부른다. 거래세는 국세가 아닌 지방세다. 때문에 세금을 걷는 주체가 국가가 아닌 시·군·구 등의 지방자치단체이다. 세금을 내는 사람은 땅을 사는 매수자다. 이때 거래세 부과의 기준이 되는 과세표준액은 실거래가로 한다. 이전까지는 개별 공시지가로 취득·등록세를 납부했으나 2007년 실거래가 신고제가 도입되면서 과세기준이 이처럼 실거래가로 바뀌었다.

땅을 살 때 매수자는 전체 매매대금의 4.6%를 거래세로 내야 한다. 종류별로는 취득세 2%, 등록세 2%, 지방교육세 0.4%(등록세액의 20%), 농어촌특별세 0.2%(취득세액의 10%) 등이다. 땅을 살 땐 주택을 매입할 때처럼 종류별로 주어지는 감면 혜택이 없다. 정부는 지난해 신규 아파트를 분양받을 경우 분양가의 4%를 내야 하는 취득·등록세를 2%로 인하했다. 또 개인 간 거래 및 개인·법인 간 거래 때도 취득·등록세는 각각 1%만 내면 된다. 하지만 땅을 매입할 땐 이 같은 취득·등록세 감면 혜택이 주어지지 않는다.

구분		2006	2007	2008	2009
양도	양도소득세 (외지인소유 농지임야, 비업무용 토지)	• 1년 미만 보유 시 : 50% • 2년 미만 보유 시 : 40% • 2년 이상 보유 시 : 9~36%	• 부재지주 : 60%(보유기간 관계없음) • 재촌지주 : 양도차액의 9~36%(보유기간 관계없음)		
	주민세	양도세의 10%(양도세 자진 신고할 경우 면제)			
	농어촌특별세	양도세 감면 혜택을 받는 경우 감면된 양도세의 20%			
	장기보유특별공제 (비업무용 토지)	• 3년 이상 보유 시 : 10% • 5년 이상 보유 시 : 15% • 10년 이상 보유 시 : 30%	적용 배제		
보유	종합부동산세	개별 공시지가의 70%	개별 공시지가의 80%	개별 공시지가의 90% (80%로 유지할 예정)	개별 공시지가의 100%
	농어촌특별세	종합부동산세의 20%			
	재산세	재산세 과표적용률 60%(매년 5%포인 트 상승)	재산세 과표적용률 65%	재산세 과표적용률 70%	재산세 과표적용률 75%
	지방교육세	재산세의 20%			
취득	취득세	공시지가의 2%		실거래가의 2%	
	등록세	공시지가의 2%		실거래가의 2%	
	지방교육세	공시지가의 0.4% (등록세액의 20%)		실거래가의 0.4% (등록세액의 20%)	
	농어촌특별세	공시지가의 0.2% (취득세액의 10%)		실거래가의 0.2% (취득세액의 10%)	
기타	상속세	상속세 과세 표준의 10~50%(개별공시지가 기준)			
	증여세	증여세증여세 과세 표준의 10~50%(개별공시지가 기준)			

땅투자에 필요한 세금상식

❶ 양도할 때 : 양도소득세, 주민세, 농어촌특별세

❷ 보유할 때 : 종합부동산세, 재산세, 농어촌특별세, 지방교육세

❸ 취득할 때 : 취득세, 등록세, 교육세, 농어촌특별세

70억원이 물거품이 된 왕소금

| 왕소금 씨의 토지

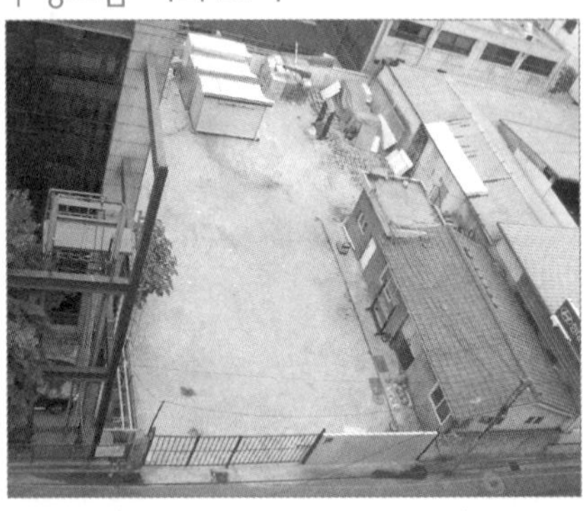

서울시 용산구 ○○○-○○번지를 소유하고 있는 왕소금 씨는 용산국제업무지구 지정을 놓고 서울시와 코레일 측이 대립하고 있을 무렵 토지 활용방안에 대한 컨설팅을 의뢰해왔다. 대지 면적은 485㎡(약 147평)으로 2006년 6월 3.3㎡(1평)당 1,000만원에 구입하여 2007년 4월 당시 시세가 3.3㎡(1평)당 3,500만원으로 이미 막대한 시세차익을 얻은 상황이었다. 또한 용산국제업무지구 지정 결과에 따라서 말 그대로 대박을 맞을 수도 있는 상황이었기에 정확한 컨설팅이 필요했다.

먼저, 기본 서류(토지이용계획확인원, 등기부등본, 지적도, 위치안내도 등)들을 검토한 후 현장답사를 하여 현황과 주변여건을 확인하고 사진도 남겨두었다. 가장 중요한 과정 중의 하나인 인·허가를 검토하기 위해 용산구청 도시계획과와 건축과를 방문하여 건축가능 유무를 확인하였다. 그리고 돌아오는 길에 현지의 여러 부동산에 방문하여 그 당시 용산의 부동산 동향을 면밀히 살펴보았다. 다행히 아직까지 용산국제업무지구 개발에 따른 건축제한 사항은 없었지만, 때에 따라서 갑작스럽게 건축제한으로 묶일 가능성도 감지되었다.

용산구청 도시계획과 및 건축과 방문 확인 결과 당해 대지는 용산2지역 지구단위계획구역으로서 권장용도는 단독·다가구주택, 공동주택이었으며 왕소금 씨의 경우 그중 다세대주택으로 건축허가가 가능하였다. 하지만 서울시가 코레일 측에 서부이촌동과 코레일이 소유한 땅을 한데 묶어 통합개발하기를 유도하고 있는 상황이라 건축제한으로 묶여버리면 순식간에 수익률이 크게 차이가 날 수 있어 시간을 지체할 여유가 없었다. 서부이촌동과 코레일의 철도기지창 부지를 통합개발하여 서울의 랜드마크로 만들겠다는 야심찬 계획이므로 조만간 주변지까지 건축제한으로 묶일 가능성이 컸기 때문에 조속히 진행하지 않으면 자칫 시기를 놓칠 수 있는 긴박한 상황이었다. 그 시기를 놓치지 않으려면 다세대주택으로 건축허가를 받은 후 하루빨리 착공에 들어가야 했다.

다음날 왕소금 씨가 다급하게 필자를 찾아와서 다세대주택 신축 경험이 없으니 방법을 알려달라고 했다. 그래서 사업성을 검토한 후 건축설계 및 시공을 해주기로 하고 본격적으로 사업에 착수했다. 먼저 사업성 검토를 위해 건축법에 따라 가설계를 직접 그려보았다. 대지 486㎡에 다세대주택 2동 24세대를 지을 수 있었고 한 세대당 전용면적은 43㎡으로 방 2개, 거실, 주방, 화장실이 각각 1개로 대지지분은 20㎡의 주택을 지을 수 있는 결과가 나왔다.

그 당시 작은 지분의 시세가 3.3㎡(1평)당 6,000만원이었던 것을 감안하여 1채당 분양가를 책정하면 3억 6,000만원이었다. 24채를 분양했을 때 총 분양수익은 '3억 6,000만원×24 = 86억 4,000만원'이었다. 총 분양수익에서 지출비용을 빼면 순수 개발수익이 나온다. 지출비용으로 가장 큰 비중을 차지하는 건축비를 3.3㎡(1평)당 300만원으로 계산했을 때, 9억원 정도 발생했고 그 외 기타 경비를 합산하여도 15억원을 넘지 않았다. 총 분양수익금 86억 4,000만원에서 지출금 15억원을 빼면 순수 개발수익으로 71억 4,000만원이 발생함을 알 수 있었다.

반면 만약 건축제한으로 묶이게 되었을 때의 사업성은 어떨까? 일단 다세대주택으로 허가가 나질 않는다. 다세대주택으로 허가를 받지 못하면 분양을 할 수 없는 다가구주택이 되거나 건축행위를 하지 말고 개발이 될 때까지 비워둬야 하기 때문에 순식간에 희비가 엇갈릴 수밖에 없다. 건축제한으로 묶인다고 해서 모든 건축행위가 금지되는 것은 아니고 다가구주택과 같은 단독주택은 허용되므로 사업성을 검토한 후 비교하여 검토해보았다.

다가구주택이란 연면적 660㎡ 이하 3층 이하(1층이 주차장이면 4층 이하)로 2가구 이상 19가구까지 건축할 수 있는 주택이지만 소유권은 1인만 가능하다. 다세대주택으로 24세대를 건축하여 분양을 하면 소유주가 24인이 되지만 다가구주택은 소유주가 1인이다. 따라서 만약 재개발이 되어 분양권이 주어지면 다세대주택의 경우는 24인에게 각각 주어지지만 다가구주택은 1인에게만 주어지기 때문에 수익성에 엄청난 차이가 발생한다.

더 이상 지체할 시간이 없어 사업성 검토를 끝낸 후 바로 건축설계 작업에 돌입했고 건축허가에 꼭 필요한 도면(설계개요, 배치도, 평면도, 입면도, 단면도, 구조도, 조경도, 설비도 등)을 그리기 시작했다.

이때 왕소금 씨에게서 기다려달라는 전화가 왔다. 필자는 왕소금 씨가 또 다른 업체와 금액을 저울질하고 있음을 알 수 있었다. 결과는 어떻게 되었을까? 왕소금 씨가 저울질하는 사이에 우려했던 일이 벌어지고야 말았다. 건축제한이 묶여 다세대주택으로는 더 이상 건축허가가 나질 않게 되었던 것이다. 그리하여 왕소금 씨는 70억원이 물거품이 되어버렸다. 그러자 왕소금 씨는 필자를 다시 찾아와서 가슴을 치며 후회했다. 되돌릴 수가 없는 상황이었지만 필자는 차선책을 마련해주었다. 땅을 놀리느니 건축허가가 가능한 다가구주택을 지어 이주철거되기 전 3년 동안이라도 임대사업을 하다보면 입주권과 보상가를 더 받을 수 있다고 말해주었다. 왕소금 씨는 그 자리에 다가구주택을 지어 임대사업을 하고 있다. 왕 씨의 경우는 컨설팅비를 조금 아끼려다 70억원이 물거품이 된 안타까운 컨설팅 사례로 기억한다.

| 다세대주택과 다가구주택

구분	다세대주택(공동)	다가구주택(단독)	다중주택(단독)
정의	각 세대가 하나의 건축물 안에서 각각 독립된 생활을 할 수 있는 주택	출입문을 별도로 설치해 2가구 이상이 독립된 생활을 하도록 건축된 주택	학생, 직장인 등이 장기간 거주할 수 있는 구조로 된 주택
구분 기준	• 연면적 660㎡ 이하 • 4층 이하 • 2세대 이상 19세대 • 구분소유 가능 • 분양 가능 • 주거구획당 면적 20㎡ 이상	• 연면적 660㎡ 이하 • 3층 이하(1층 주차장이면 4층 이하) • 2가구 이상 19가구 • 구분소유 불가 • 분양 불가	• 연면적 330㎡ 이하 • 3층 이하 • 구분소유 불가 • 분양 불가 • 20구획 이하(12~33㎡ 이하)
부대 시설	• 세대별 방, 부엌, 화장실, 현관 확보 • 세대별 전용 상수도 설비 설치 • 난방시설은 세대별로	• 가구별 방, 부엌, 화장실 구비 • 출입문 등 일부 공유 가능 • 난방시설은 가구별로 설치	• 각 주거 구획별로 독립된 공간 확보/주방, 화장실 공동사용 • 층별 남녀구분 화장실 설치 • 공동 샤워실 설치

땅 경매로 몸값 3배 올린 진입로

| 진입로 씨의 땅

송파구 잠실에 살고 있는 진입로 씨는 경매로 낙찰받을 계획인 경기도 가평군 소재의 토지에 대한 컨설팅을 의뢰해왔다. 주소지는 경기도 가평군 북면 적목리 일대의 농지로 면적은 3개 필지의 합이 총 3,900㎡의 전(밭)이었다.

진입로 씨는 가평군 북면 적목리의 농지 3,900㎡이 경매로 나왔는데 이에 대한 적정 낙찰가와 투자가치를 판단해달라고 의뢰를 해왔다.

부동산 상품 중에서도 토지의 경우 정확한 가치평가를 위해서는 현장답사를 통한 주변여건뿐만 아니라 해당 지역 관청에서의 인·허가, 도로개설, 주변 개발 예정, 관련 서류 등을 꼼꼼히 검토하는 습관이 필요하다. 그중에서도 정확한 시세를 알아보기 위해서는 현지의 여러 부동산에 방문하여 최근 실제 거래사례와 매도 목적의 매물 시세를 비교, 분석해보면서 대략적인 시세를 예측한 후 접근성, 경사도, 형질변경, 지목변경 가능 여부 등을 분석해야 정확한 매도 가능 시세를 산출할 수 있다.

진입로 씨가 낙찰받기를 원하는 토지의 현황을 살펴보면 위치는 명지산군립공원의 가평천을 끼고 있어 자연경관이 수려하고, 가평군청까지는 17.54㎞ 거리밖에 되지 않을 정도로 마을과도 멀지 않은 입지였다. 또한 가평천 맞은편에 일반 국도가 있고, 인근 토지 일대로 가평천을 가로질러 교량이 추가로 설치될 예정이어서 접근성이 좋아질 가능성이 충분했다.

형상 및 이용 상태는 3개 필지가 'ㄷ'자 형태로 접한 진입로 없는 맹지로서 지목은 밭이지만 관리가 전혀 되지 않은 계곡과 접한 토지였다. 주변에는 이미 이국적인 디자인의 팬션과 전원주택들이 들어서 있었고, 바로 뒤쪽 토지는 토목공사가 끝난 상태로 지주가 매도하기 위해 부동산에 내놓았다고 했다.

당시 가평천과 접한 토지시세의 호가가 위치에 따라 30만~60만원으로 형성되어 있을 정도로 다양했다. 하지만 이 시세는 인근 20㎞ 떨어진 곳에 골프장이 들어온다는 호재로 상승한 호가이므로 실제 거래가와는 다소 차이가 있음을 감지할 수 있었다. 현재 나와 있는 비슷한 조건의 매물이 3,300㎡에 3억원(3.3㎡당 30만원)에 나와 있으나 실제 거래는 없는 상황이다.

부동산의 시세란 대부분 최근의 거래 사례를 통해서 결정이 되는 경우가 일반적이나 토지의 경우는 아파트 시세와 달라서 매도자는 그 땅을 필요로 하는 매수자를 잘 만나면 비싸게 팔 수 있고, 반대로 매수자가 시세를 잘 모르는 땅주인을 만날 경우 아주 싸게도 살 수 있어 같은 땅을 가지고도 가격이 엄청나게 차이가 날 수 있다.

이런 현상이 일어나는 이유는 무엇일까? 바로 최근의 거래 횟수 때문이다. 주택이나 아파트는 거래가 빈번한 반면 토지나 상가는 거래가 빈번하지 않기 때문에 일반인들이 정확한 시세를 가늠한다는 것은 거의 불가능에 가깝다. 따라서 토지는 최근의 거래 사례도 중요하지만 주변 현황, 접근성, 경사도, 형질변경, 지목변경 가능 여부에 따라 매도 가능 시세가 결정되는 만큼 일반인들이 경매나 매매로 땅을 구입을 할 때는 꼼꼼히 따져보고 결정해야 한다.

경매로 나온 가평군 북면 적목리 일대 농지의 경우 현재 진입로가 없는 맹지이긴 하지만 주변 경관이 우수하고 계곡이 접하고 있어 팬션 용지로 활용하기에 적합한 토지임을 알 수 있었다. 시세를 분석해보니 주변의 계곡을 끼고 있는 토지들이 3.3㎡(1평)당 30만원에 형성되어 있긴 하나 거래 사례가 거의 없었고 최근에 인근 골프장 개발호재로 인한 호가가 너무 반영된 것으로 판단하여 적정 낙찰가는 15만원으로 책정하였다. 만약 싸게 낙찰받은 후 진입로 개설 및 땅을 조금 성형하면 3.3㎡(1평)당 50만원까지 상승할 것이라고 예상했다. 또한 계곡에 접하고 있고 주변 경관이 우수하기 때문에 전원주택 또는 팬션을 지어 임대사업을 할 수도 있어 땅의 효율성을 극대화할 수 있다는 사실을 진입로 씨에게 상기시켜주었다.

이 땅을 낙찰받을 경우 활용방안은 두 가지로 분류할 수 있다. 싸게 낙찰받아서 되파는 방법과 낙찰받은 후 팬션을 지어 임대사업으로 운영하는 방법이다. 낙찰을 받아 되팔고 시세차익을 실현시키기 위해서는 얼마만큼 싸게 낙찰받느냐가 관건이다. 그리고 팬션을 지어 임대사업을 하기 위해서는 얼마만큼 건축비와 토목단가를 절감시켜 임대수익을 극대화시키느냐가 관건이다. 전자의 경우 10만원 정도에만 낙찰받아 계곡에 접한 땅의 시세인 30만원보다 저렴하게 매도한다면 세금을 감안하더라도 만족할 만한 시세차익을 실현할 수 있다. 후자의 경우 대략적인 견적을 뽑아보면 토지 형상이 옆의 땅보다 꺼져 있어 돌, 옹벽 등 토목공사를 할 경우 3.3㎡(1평)당 10만원이면 가능하고, 팬션 건축시 건축비는 3.3㎡(1평)당 250만~300만원이면 충분하다.

이 땅의 경우 토목공사를 통한 토지 조성비 5,000만원과 건축비 1억 5,000만원을 합하면 2억원으로 팬션을 건축하여 임대사업을 할 수 있다. 물론, 토목비는 대지가 평지일 경우 3.3㎡(1평)당 3만~5만원 정도이고, 건축비는 건축하고자 하는 형태나 재료에 따라 더 싸게 또는 더 비싸게도 할 수 있으니 건축주의 성향에 맞게 조율하면 된다.

여러 조건을 파악해보았을 때 10만원 정도면 승산이 있어 보였기 때문에 경매 당일에 조금 더 공격적으로 9만원에 낙찰가를 썼고 시기적으로 경매가 과열되기 전이었던 까닭에 어렵지 않게 낙찰받을 수 있었다. 주변 시세가 30만원임을 감안한다면 바로 매도를 하더라도 높은 수익을 올린 셈이라 할 수 있다.

특히 향후 진입로를 통한 접근성과 토목공사를 통한 토지의 효율성을 극대화시킨다면 3.3㎡(1평)당 50만원까지도 가능하다. 단기간에 시세차익을 실현하는 방법과 진입로와 토목공사를 통해 토지 효율성을 높여 매도하는 방법 그리고 마지막으로 직접 팬션이나 전원주택을 건축하여 지가 상승과 임대수익을 동시에 취할 수 있는 좋은 사례로 꼽을 수 있다.

● 땅 경매받기

❶ 토지거래허가구역 내의 땅은 낙찰받아도 까다로운 거래허가 대상이 아니다.

❷ 남들이 보지 않는 소액 투자가 가능한 강원도의 땅을 잡아라!

❸ 계곡에 접한 남향으로 경사진 땅을 낙찰받아라!

❹ 권리가 복잡하지 않고 경쟁률이 낮은 경매 물건을 잡아라!

땅 리모델링으로 몸값 2배 만든 나대지

| 나대지 씨의 땅

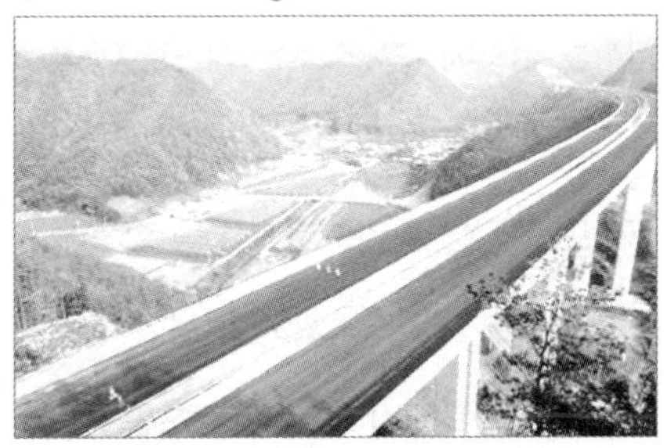

나대지 씨는 현금 3억원을 가지고 서울 근교에 있는 땅에 투자하기를 원했다. 사실 참여정부 5년 동안 여러 가지 부동산 정책 실패하면서 전반적으로 가격이 많이 상승해 있었다. 그러던 중 서울과 근접한 지역 중 향후 개발의 여지가 남아 있는 성남시 수정구 시흥동의 토지를 추천하게 되었다. 경기도 성남시 수정구 ○○○동 ○○-○○번지 취락지구 내의 텃밭으로 쓰여 지고 있는 임야였는데, 형질변경만 하면 대지로 사용하기에 손색이 없는 땅이었다.

긍정적인 마인드로 끈질기게 대안을 모색해온 결과 형질변경을 할 수가 있었고 땅값이 급등했다. 50평을 3.3㎡(1평)당 600만원에 사서 1년 사이에 형질변경 후 지목변경하였는데, 지금은 1,200만원을 호가하고 있다.

이처럼 버려진 못생긴 땅을 사서 건축이 가능한 토지로 예쁘게 포장하는 지혜 등이
바로 부자가 되는 최선의 방법이다.

● 땅 리모델링하기

❶ 깊게 꺼진 땅은 버리는 흙을 모아 메워라!

❷ 못생긴 땅은 라인 자체를 바꿔라!

❸ 길이 없는 맹지를 헐값에 사서 길을 만들어라!

❹ 경사진 땅을 성토, 절토하여 평탄하게 하라!

땅투자로 임대사업을 동시에

| 주유소

필자는 평소에 주유소 자리에 관심이 많았다. 그러던 중 경부고속도로와 가깝고 시내와도 근접한 이면도로의 땅을 접하게 되었다. 용도가 절대농지이다 보니 건축이 가능한 대지들에 비하면 상당히 싼 가격이어서 끌렸지만 주유소로 허가받기가 쉽지 않아 보였다.

하지만 입지적 조건이 너무 좋아 대지로 용도변경을 할 수만 있다면 막대한 수익이
발생할 수 있는 땅임을 감지할 수 있었다. 주변에 개발호재가 있었기 때문인데 인근
에 6,611,600㎡ 규모의 신도시 개발로 인구가 증가할 가능성이 컸다. 게다가 시내버
스 종점이 해당 부지 인근으로 옮겨오도록 도시계획이 되어 있었다. 무엇보다 이 땅

의 입지가 개발호재들의 길목에 있는 모퉁이 땅이라는 점 때문에 향후 미래가치를 높게 평가할 수 있었다. 또한 주변이 신도시 개발과 함께 도시가 확장되면서 절대농지로서의 기능을 점차 잃어가고 있던 터라 어느 정도 시간만 소요된다면 대지로 형질변경이 가능할 것으로 확신할 수 있었다.

그래서 이 땅 3,300㎡(1,000평)을 3.3㎡당 3만원에 매수하고 난 후 허가 담당자를 찾아갔더니 역시 절대농지는 대지로 형질변경을 할 수 없다고 했다. 수차례 건축허가 담당자와 협의를 해보았지만 그는 요지부동이었다. 기다리는 방법 말고는 다른 방법이 없어서 1년을 기다렸다.

마침 건축허가 담당자가 바뀌었고 혹시 바뀐 담당자가 합리적인 사람이라면 허가를 해줄 수도 있겠다는 생각이 들어 서류를 챙겨서 담당자를 다시 찾아갔다. 운 좋게도 바뀐 담당자는 원리원칙보다는 융통성이 있는 사람으로 합리적인 판단을 해주었는데, 주변부가 이미 훼손되었고 신도시뿐만 아니라 시내버스 종점이 해당 부지 인근으로 이전할 계획이어서 절대농지로서의 기능이 상당 부분 상실되었다면서 형질변경을 긍정적으로 검토해주었다. 특히 경부고속도로와 지방도로 사이에 끼어 있었기 때문에 주유소로 허가를 내주지 않을 이유가 없었다.

결국 절대농지를 대지로 형질변경할 수 있었고 주유소로 허가받아 개업을 하였다. 지금은 3.3㎡당 3만원 하던 땅이 3.3㎡당 100만원으로 급등하였다. 물론 주변부에 신도시가 개발되면서 인구 유입이 많아졌고 늘어난 영업이익까지 따지면 상당히 재미를 본 셈이다.

지금은 옆 부지에 LPG 충전소를 만들려고 계획 중이다. 하지만 LPG 충전소를 허가받기 위해서는 까다로운 제한요소가 있었다. 허가를 받은 순서에 따라 차이가 있는

데 LPG 충전소가 먼저 들어서 있을 때에는 근접지에 주유소 허가가 가능한 반면 주유소가 먼저 허가받은 경우라면 인접지에 LPG 충전소 허가가 나지 않는다는 것이었다.

필자는 묘안이 떠올랐다. 주유소 설치법에 따르면서 두 마리 토끼를 잡는 방법인데, 임대를 놓은 주유소의 임대 만기가 끝나면 기존 주유소를 폐업한 후 주유소 옆 땅에 LPG 충전소를 허가받으면 된다는 사실이었다. 그런 다음 폐업했던 기존 주유소를 다시 리모델링하면 주유소와 LPG를 동시에 운영할 수 있다. 그리하여 지금은 다시 제 임대를 놓은 상태로 운영하고 있다.

이처럼 땅은 그 용도에 맞게 가꾸고 정성을 기울이면 보답을 하게 되어 있다. 땅투자에 있어 막연히 대박을 꿈꾸기 보다는 이처럼 가치 없는 땅의 미래가치를 찾아내어 가꾸고 다듬어 효율성을 극대화시키면 자산가치가 상승할 뿐만 아니라 임대사업까지 겸할 수 있으니 이보다 더 좋은 땅투자가 어디에 있겠는가!

● 주유소 땅투자로 임대사업하기

❶ 개발지 주변을 노려라!

❷ 신도시, 택지개발 등으로 인구 증가가 예상되는 지역을 노려라!

❸ 대지로 형질변경이 가능해질 농지를 노려라!

❹ 땅을 가꾸어라! 공들인 만큼 땅은 보답한다.

❺ 건축허가 담당자와 친해져라!

좋은 물건을 싸게 구입하는
경매 투자전략

저렴하게 부동산을 매수할 수 있는

경매를 자산증식의 기회로 삼자.

01

경매투자, 이렇게 시작하라

경매투자의 황금기가 도래하다

2008년 전반기에만 하더라도 경매시장에 대한 수요는 많았지만 공급(매물)이 부족하여 침체를 면치 못했다. 하지만 2008년 9월부터는 양상이 180도 달라졌다. 미국발 서브프라임 모기지 사태로 인해 글로벌 경제가 어둡고 긴 터널로 진입하면서부터 부동산시장에 직격탄을 날렸다. 이로 인해 부동산의 자산가치는 하락하고 여기에 금리까지 계속 상승하면서 대출이자에 대한 부담은 눈덩이처럼 커져만 갔다.

결국 2006년 말 무리하게 대출을 받아 부동산에 투자했던 집주인들 상당수가 빚쟁이 신세가 되어 2008년 8월부터 경매 매물이 쏟아지기 시작했고 강남의 고가 아파트의 경우는 반값 아파트가 속출하기도 했다. 이때부터가 경매시장의 황금기라고 해도 과언이 아닐 정도로 값싸고 좋은 매물이 경매장에 심심찮게 나와 점차적으로 경매에 대한 관심이 높아지게 되었다. 게다가 경매에 대해서 전혀 몰랐던 일반인까지 경매에 참여하는 경우가 늘고 있으며, 경매시장을 떠나 있었던 고수들이나 전문가까지 다시 돌아오는 분위기다.

글로벌 경제가 단기간에 회복될 가능성이 희박할 뿐만 아니라 국내 경제지표들이 계속해서 악화되고 있다. 여기에 고용시장마저 악화되면서 소득은 갈수록 줄어들 수밖에 없다. 이것은 우량 경매물량이 계속 늘어난다는 뜻이기도 하다. 그렇기 때문에 경제가 어렵다고 하여 같이 위축될 것이 아니라 위기를 기회로 삼아야 한다. 이미 많은 이들이 경매시장에 관심을 갖기 시작했다. 어느 경매장을 가보아도 발 디딜 틈이 없을 정도로 열기가 뜨겁다. 경매 컨설팅의 문의 횟수라든가 경매교육 수강생이 폭증하는 것만 보아도 간접적으로 그 열기를 느낄 수 있다. 경매가 부동산 침체기에 새로운 활로를 개척해줄 수 있을 것이란 기대감을 갖고 있기 때문이다. 2009년까지 이어지는 부동산 침체기에 오히려 저렴하게 부동산을 매수할 수 있는 경매를 통해 양질의 부동산을 취득함으로써 자산 증식의 기회로 삼을 좋은 기회인 셈이다.

따라서 경매정보지 내지는 경매정보사이트 등을 통해 본인이 원하는 물건을 고르고, 그 물건에 대한 물건조사 및 시장분석, 권리분석, 수익률분석 등을 해보는 것이 좋다. 처음에 시작하기가 너무 힘들다면 전문가에게 도움을 받는 것도 좋다. 이때 기본적인 시세파악은 물론 주변에 중개업소 등을 방문하여 그 지역의 개별적인 특성, 개발호재, 임대상황, 그리고 악재 등의 정보를 수집하는 준비과정이 필요하다.

이처럼 경매투자를 성공적으로 하기 위해서는 지금부터 경매에 대해 올바르게 인식하고 철저하게 권리분석을 한 후 적절한 자금을 준비해서 적기에 부동산에 대한 낙찰을 받을 수 있는 준비를 해야 한다. 대부분의 사람들은 예전부터 전 집주인이 잘 되어서 나간 집이 좋다는 선입견과 경매는 까다롭고 골치 아프다는 고정관념 때문에 지레 겁을 먹는다. 하지만 지금은 이러한 인식이 많이 바뀌었을 뿐만 아니라 IMF 외환위기 이후로 경매로 싸게 부동산을 구입할 수 있는 좋은 시장 환경이 조성되었기 때문에 지금부터 시작하지 않으면 남들보다 또 한 발 뒤쳐질 수밖에 없다. 10년 만에 찾아온 지금이 바로 적기임을 명심하고 지금부터 경매투자를 제대로 준비해보자.

 **경매의 장·단점**

● 장점

❶ 시가보다 싸게 구입이 가능하다.

❷ 소멸기준권리에 우선하는 권리 외에는 모두 소멸한다.

❸ 부동산 경기에 영향을 받지 않는다.

❹ 투자 대상 부동산이 다양하다.

❺ 토지거래허가지역의 부동산도 토지거래허가 없이 취득이 가능하다.

❻ 임야매매 증명이 없어도 임야의 취득이 가능하다(단, 농지의 경우에는 농지취득자격증명을 발급받아 낙찰기일 전까지 제출해야 함).

❼ 고수익성이 확실한 재테크 수단이다.

● 단점

❶ 확인하기 힘든 권리로 인한 위험성이 존재한다.

부동산등기부등본만으로 확인이 어려운 권리관계(담보가등기, 소유권이전청구권보전가등기 여부)와 부동산등기부등본에 나타나지 않는 유치권, 법정지상권, 숨어 있는 대항력 있는 임차인(임차권양도에 의한 임차인) 등은 권리분석이 쉽지 않으며, 권리분석을 잘못 하였을 경우에는 큰 손실을 입을 수 있다.

❷ 소유권 취득과 부동산 인도 기간이 지연된다.

세입자 및 소유자 등 이해관계인이 항고를 하면 보통 2~3개월, 재항고시에는 5~6개월의 기간이 소요되어 소유권 취득이 지연된다. 또 명도 대상 점유자들이 부동산을 자진 명도해주지 않아 법적인 힘을 빌어(인도명령 및 명도소송) 부동산을 인도받아야 할 경우에는 더욱 많은 시간이 필요하게 되어 경제적, 시간적으로 손실을 얻게 된다.

02

돈 맥을 잡는 현장답사

경매 부동산의 분석에는 부동산 자체에 내재하는 물리적 하자나 경제적인 하자를 파악하는 '물건분석' 이 있고, 그 물건이 올바르고 합당하게 소유권을 취득하는 데 법률적인 하자가 있는지의 여부를 파악하는 '권리분석' 이 있다. 경매투자의 성공 여부는 이 권리분석이 잘되고 못되고에 달렸다고 해도 과언이 아니다. 이처럼 경매에 있어서 권리분석은 기본일 뿐만 아니라 매우 중요한 절차이다.

부동산투자에 있어서 현장답사는 필수사항이다. 경매 또한 현장답사에서 입찰에 참여 여부가 결정된다고 해도 과언이 아니다. 1차적으로 실시하는 서류 검토에서 확인되지 않는 문제점들을, 2차 현장답사를 통해 확인이 가능하기 때문이다. 특히 경매의 경우 일반 매매와 달리 권리관계가 복잡한 경우가 많을 뿐만 아니라 점유자에 따라서도 많은 변수가 생기기 때문에 현장답사를 소홀히 하면 낭패를 보거나 좋은 물건을 놓칠 수도 있다. 경매를 하다 보면 정확한 권리분석을 위해 현장에서 잠복근무를 하는 일도 허다하다. 이처럼 누가 현장답사를 정확하게 하느냐에 따라서 수익성에 큰 차이를 보이게 된다.

결국 부동산투자의 성공 여부는 물건 권리분석을 얼마나 잘하고, 얼마나 정확히 현장 조사를 했는가에 달렸다. 또한 입찰 전날 반드시 현장답사를 통해 또 다른 경쟁자가 얼마나 다녀갔는지, 또 다른 위험 요소는 없는지 등을 파악해야 함을 잊지 말자. 경매는 현장답사를 철저히 하는 사람이 입찰경쟁에서 성공한다. 낙찰받고 싶다면 발품을 팔아라.

부동산 현황을 조사하라

현황 조사란 입찰에 참여할 물건의 상품가치를 판단하는 기본적인 절차다. 주거용일 경우 일조권은 양호한지, 교통여건은 편리한지, 편의시설은 잘 갖추어졌는지, 교육여건은 양호한지, 유해시설은 없는지 등을 확인한다. 보다 더 정확한 판단을 위해 직접 버스나 지하철을 이용해서 물건지까지 걸리는 시간 등을 확인해보는 것도 필요하다. 오피스텔의 경우는 서류상에서 파악할 수 없었던 옆 건물과의 이격거리 등을 잘 살펴보아야 하는데, 오피스텔의 용도가 업무시설이기 때문에 대부분 옆 건물과의 이격거리가 너무 가까워서 실내가 어둡거나 사생활이 침해되는 경우가 많기 때문이다.

점유 현황을 확인하라

점유현황이란 집에 사람이 살고 있는지 아니면 비어 있는지, 또 산다면 채무자가 사는지, 임차인이 사는지를 살펴보는 것이다. 이에 따라서도 낙찰 후 점유하고 있는 사람들을 내보내는 명도의 난이도가 달라지기 때문에 낙찰가격에 지대한 영향을 미친다.

● 사람이 안 사는 경우

사람이 안 사는 경우는 빈집일 경우와 채무자가 궁지에 몰려 야반도주를 한 경우로 나눌 수 있다. 그렇다면 사람이 사는지, 안 사는지 점유현황을 파악하는 방법에는 어떤 것이 있을까?

❶ 우편함을 통해 방치된 우편물이 많을 경우 거주하고 있지 않을 가능성이 있다.

❷ 계량기 돌아가는 속도를 보고 알 수 있다. 사람이 살고 있는 집과 비교했을 때 속도 차이가 심하게 난다.

❸ 밤에 불이 켜지는가를 보고 확인할 수 있다.

● 채무자 겸 소유자가 살고 있는 경우

일단 경매의 당사자이기 때문에 낙찰 후 추가적인 비용을 절감할 수 있다. 보통은 명도과정에서 이사비용을 요구할 경우가 있으므로 대화를 통해 적정한 선에서 합의를 하는 것이 좋다. 때때로 주민등록상엔 주인이 거주하는 것으로 되어 있지만 실제로는 다른 사람이 살고 있는 경우가 있으므로 우편물의 이름이 전입세대의 이름과 동일한지 여부도 알아보는 것이 좋다.

● 임차인이 살고 있는 경우

임차인도 전세보증금이 온전히 보전되는지, 아니면 손해보는지에 따라서 상황이 달라진다. 전자는 명도과정에서 큰 마찰이 없지만 후자는 명도과정이 경매 초보자나 일반인들에게는 감당하기 힘들 수가 있다. 임차인이 직접 경매에 참여하는 경우도 있다. 이럴 경우 낙찰가가 다소 높아질 수 있으므로 알아두자.

관리비 체납을 확인하라

살고 있던 집이 경매에 넘어가면 그 순간부터 관리비를 내지 않는 경우가 많다. 관리비가 1년 이상 밀려 있을 경우 많게는 수백만원씩 되는 경우도 있기 때문에 그 관리비 금액에 따라 최종입찰가를 결정할 수 있을 만큼 중요하다. 납부되지 않은 관리비는 관리사무소에 가서 알아보면 대부분 잘 알려준다. 관리사무소 입장에서는 누구에게라도 받는 것이 좋기 때문이다.

동사무소에서 전입세대를 확인하라

개인정보 보호 차원에서 함부로 전입세대 열람을 허용하진 않지만 경매나 공매물건은 열람이 가능하다. 대신 경매 물건임을 증명할 수 있는 자료와 신분증을 지참하여야 한다. 경매 물건임을 증명할 수 있는 자료는 법원의 신문 공고나 대법원 사이트, 정보업체의 사건번호를 출력해서 전입세대 열람신청서에 기재해 제출하면 내역서를 발급해준다. 내역서에서는 전입세대 수, 세대주 이름과 전입일자, 최초 전입자와 동거인 수 등을 확인할 수 있다.

[별지 제13호의 2서식]

주민등록 전입세대 열람 신청서

※ 신청인께서는 굵은 선 안쪽의 사항만 기재합니다.

열 람 대 상 물건소재지						
용도 및 목적						
입 증 자 료						
개인신청인	성 명		서명 또는 인	주민등록번호		−
	주 소				전화번호	
법인신청인	법인명			사업자등록번호		
	대표자		서명 또는 인	주민등록번호		−
	소재지				전화번호	
	방문자	성명( ), 주민등록번호(−), 직위( )				

「주민등록법 시행규칙」 제12조의 2 규정에 의하여 주민등록 전입세대 열람을 신청합니다.

200 년   월   일

읍 · 면 동장 또는 출장소장 귀하

〈열람시 유의사항〉

1. 열람사항을 출력하여 줄 수는 있으나 증명 · 날인하여 줄 수는 없습니다.
2. 경매참가자는 경매일시 · 해당물건지가 나타나 있는 (신문) 공고문, 신용정보업자는 신용조사 의뢰서, 감정평가업자는 감정평가 의뢰서, 금융기관은 담보주택 근저당설정 관계서류(근저당설정계약서 또는 대출약정서 등) 등을 첨부하여야 하며, 물건 소유자 및 임차인 등은 그 사실을 입증하여야 합니다.
3. 전입세대 열람 권한은 타인에게 위임할 수 없습니다.
4. 법인의 경우에는 '서명 또는 인'란에 사용인감계 날인도 가능하며, 방문자는 사원증(또는 재직증명서)과 주민등록증 등 신분증명서를 제시하여야 합니다.

-------------------------- 절 -------- 취 -------- 선 --------------------------

주민등록 전입세대 열람신청 접수증

접 수 번 호 :   접수일자 : 200 .   .   .

신청인 성 명 :   동 장   인

※ 접수증은 온라인 장애 등으로 인하여 즉시 처리가 안 되는 경우에만 교부하여 드립니다.

210mm×297mm
[신문용지 54g/㎡(재활용품)]

시세조사를 정확히 하라

요즈음은 인터넷이 발달하다 보니 부동산 정보업체를 통해 손쉽게 시세를 확인할 수 있다. 하지만 그것을 시세라고 믿으면 낭패를 본다. 대부분 정보업체의 시세는 업데이트가 늦을 뿐만 아니라 의도적으로 낮은 가격에 매물을 올려놓고 소비자들을 현혹시키는 경우가 많기 때문이다. 그렇기 때문에 정보업체에 올라와 있는 부동산 중개업소 전화번호 3~5곳을 메모해서 1차적으로 시세를 가늠해 보는 수단으로 활용하면 좋다. 그 다음으로 현지 부동산 중개업소를 3곳 이상 방문하여 평균치를 구해 그것을 시세로 책정해야 그나마 정확하다.

자금 조달 계획을 철저히 하라

경매 낙찰 허가일로부터 1달 안에 잔금을 납부해야 하기 때문에 자금 조달 계획을 잘 세워야 한다. 잔금을 기간 안에 내지 못하면 계약금(입찰보증금)마저 떼일 수 있다. 자금 조달 계획은 감정평가액의 10%인 입찰보증금과 경매 대출가능 금액을 정확히 확인하여 철저히 세워야 낭패를 보지 않는다.

예상 못한 추가비용을 감안하라

경매는 일반 매매와 달리 예상하지 못한 추가비용이 발생할 수 있다. 명도비용이나 세입자 합의금 등과 같은 추가비용 때문에 기대만큼의 수익을 실현하기 어려운 경우도 종종 발생할 수 있으므로 아주 중요하다. 수천만원 하는 전세보증금을 날리고 쫓겨나는 세입자와의 명도 문제를 해결하기 위해서는 이사비를 적정한 수준까지 합의하는 등의 추가비용이 발생하기도 한다. 또한 체납관리비, 개·보수비, 취·등록세, 등기부 말소 비용, 법무사 비용, 대출시 저당권설정 등이 발생할 수 있으므로 낙찰가의 6% 정도를 책정해 준비하는 것이 좋다.

낙찰가를 책정해두어라

종목별 적정 낙찰가율은 아파트의 경우 시세 대비 85~90%, 단독주택은 80~85%, 연립·다세대주택은 77~85% 선이라는 통계가 있지만 참고만 할 뿐 최종 응찰 금액을 정할 때는 명도비, 수리비 등 부대비용을 감안해 시세의 90% 이하 금액으로 응찰하는 것이 바람직하다. 지방은 서울이나 수도권에 비해 최소 5~10% 정도 낮게 접근할 필요가 있고, 미래가치가 충분하다고 판단될 경우 시세보다 높게 낙찰받기도 한다.

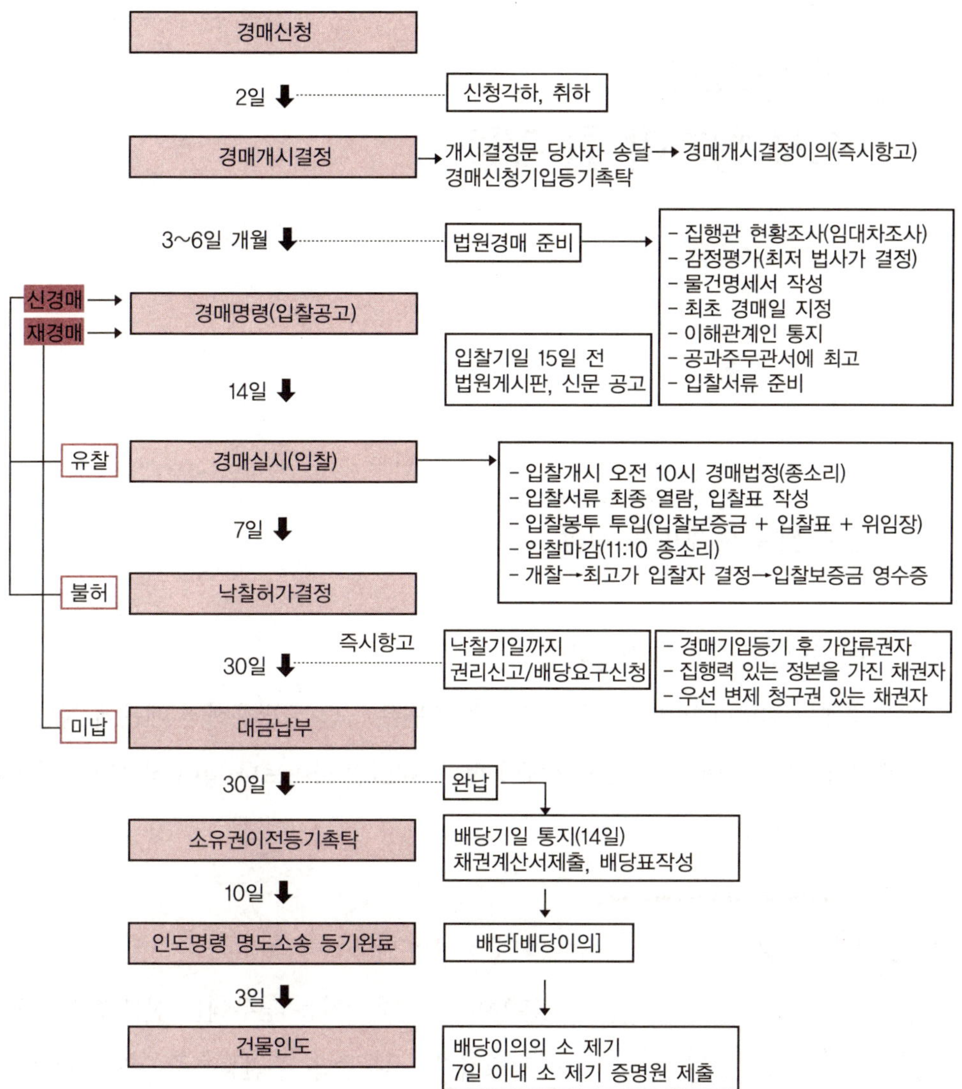
경매신청
2일
신청각하, 취하
경매개시결정
개시결정문 당사자 송달 → 경매개시결정이의(즉시항고)
경매신청기입등기촉탁
3~6일 개월
법원경매 준비
- 집행관 현황조사(임대차조사)
- 감정평가(최저 법사가 결정)
- 물건명세서 작성
- 최초 경매일 지정
- 이해관계인 통지
- 공과주무관서에 최고
- 입찰서류 준비
신경매
재경매
경매명령(입찰공고)
입찰기일 15일 전
법원게시판, 신문 공고
14일
유찰
경매실시(입찰)
- 입찰개시 오전 10시 경매법정(종소리)
- 입찰서류 최종 열람, 입찰표 작성
- 입찰봉투 투입(입찰보증금 + 입찰표 + 위임장)
- 입찰마감(11:10 종소리)
- 개찰→최고가 입찰자 결정→입찰보증금 영수증
7일
불허
낙찰허가결정
즉시항고
30일
낙찰기일까지
권리신고/배당요구신청
- 경매기입등기 후 가압류권자
- 집행력 있는 정본을 가진 채권자
- 우선 변제 청구권 있는 채권자
미납
대금납부
30일
완납
소유권이전등기촉탁
배당기일 통지(14일)
채권계산서제출, 배당표작성
10일
인도명령 명도소송 등기완료
배당[배당이의]
3일
건물인도
배당이의의 소 제기
7일 이내 소 제기 증명원 제출

03

경매 참가시
반드시 챙겨야 할 것들

경매 전날 챙겨야 할 사항

● 경매진행 여부를 확인하라

경매는 취하나 변경, 정지, 연기* 등의 변수가 많이 발생하기 때문에 정상적으로 진행되는지를 반드시 확인해야 한다. 대법원 사이트나 경매 정보업체 사이트에서 확인할 수 있다.

여기서 잠깐

연기
채무자, 소유자 또는 이해관계인에 의해 경매 신청 채권자의 동의하에 경매기일을 지정, 연기하는 것을 말한다. 경매 실무에서는 변경과 연기를 합쳐 '변연' 이라 한다.

● 입찰시 준비물을 챙겨라

본인이 직접 응찰하는 경우에는 신분증과 도장이 필요하다. 신분증은 주민등록증, 운전면허증, 여권도 가능하다. 도장은 인감도장일 필요는 없다.

대리인이 입찰에 참가할 경우에는 대리인의 신분증과 도장, 본인의 인감이 날인된 위임장, 인감증명서를 준비해야 한다. 인감증명서는 법원에서 발급받을 수 없으므로 미리 챙겨둔다. 공동입찰이라면 공동입찰자 전원의 신분증과 도장이 있어야 한다. 공동입찰자 목록 양식은 법정에서 배포하므로 기재하면 된다. 법인이 참가하는 경우에는 법인 등기부등본, 법인 인감증명서, 대표이사 신분증, 법인 인감도장이 필요하다.

● 입찰보증금을 정확히 챙겨라

입찰보증금*은 최저가의 10%를 준비하면 된다. 그 이상을 내는 것은 문제가 되지 않지만 금액이 10원이라도 모자라면 결격사유가 된다. 또한 재매각인 경우는 20%이므로 입찰할 물건이 어느 경우에 해당되는지 신경을 써야 한다. 입찰보증금은 현금과 수표 모두 가능하지만 가능한 간단한 수표로 준비하는 것이 좋다. 작은 봉투가 별도로 있어 수표를 준비하고 수표 뒷면에 사건번호와 이름을 적어 이서한다.

● 낙찰가격 범위를 설정하라

낙찰가가 최종 결정되는 데에는 현장의 분위기도 많은 영향을 미치므로 미리 낙찰가의 상한선과 하한선을 정해놓아야 당일 낙찰가를 결정하여 적기가 수월하다.

여기서 잠깐

입찰보증금
경매 물건 응찰시 입찰봉투에 함께 넣는 계약금의 일종으로 현금이나 법원이 인정한 유가증권으로 제한된다. 보증금액은 원칙적으로 입찰가액의 10%이나 특별 매각조건이 있는 경우 20~30%까지 내야 한다. 보증금을 법원이 요구하는 액수 이상으로 넣을 경우 초과 부분에 대해 반환받을 수 있지만 10원이라도 부족할 경우 입찰이 무효처리된다.

● 등기부 및 정보를 최종 확인하라

정보를 최종적으로 확인해서 달라진 것이 없는지 확인해야 한다.

● 조회 수를 참고하라

경매 정보에는 경매 물건을 조회한 숫자가 나와 있는데, 조회 수가 많은 물건은 경쟁률이 높을 가능성이 있다.

경매 당일 챙겨야 할 사항

● 법원 게시판을 확인하라

가장 먼저 법원 게시판에 붙은 경매 진행물건 목록을 확인해야 한다. 경매 당일에도 변동이 있을 수 있기 때문이다. 다음으로 집행관이 전달하는 주의사항을 들은 뒤 입찰표를 받아둔다. 입찰표는 잘못 작성했을 때를 대비해서 2부를 받아두는 것이 좋다.

● 경쟁자를 파악하라

일반적으로 본인이 응찰하려는 물건자료만 열람하는 사람들이 대부분이기 때문에 입찰하고자 하는 사건번호의 물건자료를 보는 사람들의 숫자를 파악하는 것도 경쟁률을 파악하는 데 큰 도움이 된다.

● 입찰가를 결정하여 입찰표를 제출하라

현장에서 파악된 경쟁률과 입찰장의 분위기 등을 감안하여 낙찰가격을 최종 결정하고 기입하여 입찰표를 제출한다. 낙찰가격은 백만원 단위로 잘라 쓰지 말고 만원 단위 혹은 천원 단위까지 숫자를 적어 간발의 차로 낙찰받을 수 있도록 숫자를 조합한다.

입찰에 참가하기

처음 경매 입찰에 참여하는 사람이라면 미리 입찰표를 작성해보고 가는 것이 좋다. 경매장 분위기가 익숙하지 않기 때문에 긴장을 하여 입찰표 작성 실수를 하는 경우가 종종 발생하기 때문이다.

● 사건번호*와 물건번호*

'2009-1234' 라고 써 있는 사선의 번호는 '2009 타경 1234' 라고 읽는다. 따라서 타경* 앞에는 '2009' 를 타경 뒤에는 '1234' 를 적는다. 오른쪽에 있는 물건번호는 사건번호에 딸린 물건번호가 있을 때만 기록한다.

여기서 잠깐

사건번호
경매에 응찰하고자 하는 물건을 특정하는 번호이다. 부동산 경매사건의 부호는 '타경' 이다 ('99-123' 은 '99 타경 123' 이라고 읽는다).

물건번호
한 사건에서 2개 이상의 물건을 개별적으로 입찰에 부친 경우 각 물건을 특정하는 번호이다. 입찰사건 목록이나 입찰공고에 물건번호가 기재되어 있는 경우 사건번호 외에 응찰하고자 하는 물건의 번호를 반드시 기재해야 한다.

타경
경매사건에 입찰한 사람이 없어 다음 기일로 넘어가는 것을 말한다.

● 입찰자 인적사항

본인과 대리인으로 나뉘어 있다. 본인 이름으로 직접 응찰할 때는 본인란만 기재하면 된다. 주소는 실제 거주하는 곳과 주민등록상의 주소가 다를 경우 주민등록상의 주소를 써야 한다. 대리자가 응찰할 경우 본인란에 부동산 소유자가 될 사람의 인적사항을 기록하고 대리인란에는 대리자의 인적사항을 모두 작성한다.

입찰표 뒷면에 있는 위임장도 기재하고 본인의 인감증명도장을 찍고 인감증명서를 첨부한다. 입찰자가 법인인 경우에는 주의사항에 기록된 대로 성명란에 법인 명칭, 대표자의 이름과 지위를 쓴다. 주소는 등기부상의 본점 소재지를 기록한다. 잘못 기재한 경우 줄을 긋고 정정인을 찍으면 유효하다.

● 입찰가격과 보증금

입찰표의 가장 중요한 부분이 가격란이다. 오른쪽은 보증금액을 적는 곳이고, 왼쪽이 입찰가격을 쓰는 부분이다. 보증금은 일반적인 경우 최저가를 기준으로 10%에 해당된다.

예를 들어 감정가는 1억원인데 한 번 유찰*되어 8,000만원에 경매되는 물건에 응찰한다면 8,000만원의 10%인 800만원이 보증금액이 된다. 다음으로 입찰가격란에 최종 입찰가격을 아라비아 숫자로 적는다. 이때 중요한 것이 자릿수이다.

예를 들어 1억원짜리 물건에 '0'을 하나 더 붙여 10억원으로 잘못 썼다고 가정하자. 이렇게 되

여기서 잠깐

유찰

응찰자가 없어 입찰한 결과 낙찰되지 못하고 무효가 된다. 통상 다음 입찰기일에 20% 저감된 후 입찰에 부쳐진다.

면 결국 10억원에 최고가 매수인으로 발표될 것이고 절차대로 잔금일자에 맞추어 잔금을 지불하여야 한다. 하지만 그럴 사람은 아무도 없을 것이고 결국 보증금 1,000만원을 포기해야만 한다.

따라서 입찰가를 기입할 때에는 신중을 기해야 한다. 또 입찰가격과 보증금을 바꿔 쓰는 경우도 있을 수 있으므로 입찰가격을 잘못 작성했다면 반드시 새로운 종이에 다시 써야 한다. 밑줄을 긋고 다시 쓴다거나 '3' 자를 '8' 자 식으로 덧칠해서 수정해도 안 된다.

● 도장날인

본인이 응찰하는 경우에는 인감도장이 필요없다. 막도장도 상관없지만 사인은 안 된다. 대리인이 있을 경우 대리인의 도장은 막도장도 관계없으나 본인 날인란에는 반드시 인감도장을 찍어야 한다.

● 입찰표 제출

입찰표 제출 마감시간은 엄수해야 한다. 낙찰가격을 놓고 고심한 끝에 시간을 초과하면 입찰표를 받아주지 않으므로 10분 정도의 여유를 두는 것이 좋다. 마감시간까지 입찰함에 투찰을 해야 하니 주의하자. 다만, 마감시간까지 줄이 길게 서 있는 경우는 예외다. 이렇게 응찰을 하고 나면 최고가 매수인을 선정할 때까지 결과를 기다리면 된다.

이처럼 경매에 참가하기 전에는 챙겨야 할 사항들이 많은데 초보자들인 경우 당일에 중요한 사항을 빠뜨리는 경우가 종종 있어 중요한 물건을 놓치는 경우가 많다. 이럴 경우 그동안 들인 공과 노력이 수포로 돌아갈 수 있으므로 처음부터 철저히 준비하는 것이 좋다.

| 경매신청시 필요서류

임의경매시 필요서류	강제경매시 필요서류

• 경매신청서
• 근저당권설정 권리증(전세권설정 권리증) 사본
• 금전소비대차약정서(및 차용증서) 사본
• 부동산등기부등본
• 주민등록등본 및 법인등기부등본
  (채권자, 채무자, 소유자 중 일부가 법인인 경우)
	• 경매신청서
	• 채무명의(집행력 있는 판결문, 확정된 지급명령, 민사 조정조서, 약속어음 공정증서)
	• 채무명의에 대한 송달증명
	• 부동산등기부등본
	• 주민등록등본 및 법인등기부등본
	  (채권자, 채무자, 소유자 중 일부가 법인인 경우)

<table>
<tr><td colspan="2">(앞면)</td><td colspan="6" align="center">기 일 입 찰 표</td></tr>
<tr><td colspan="3">지방법원　집행관　귀하</td><td colspan="5">입찰기일 :　　　년　　월　　일</td></tr>
<tr><td>사 건
번 호</td><td colspan="4" align="center">타경　　　　　　호</td><td>물건
번호</td><td colspan="2"></td></tr>
<tr><td rowspan="6">입

찰

자</td><td rowspan="3">본인</td><td>성 명</td><td colspan="3"></td><td>전화
번호</td><td></td></tr>
<tr><td>주민(사업자)
등 록 번 호</td><td colspan="3"></td><td>법인등록
번 　호</td><td></td></tr>
<tr><td>주 소</td><td colspan="5"></td></tr>
<tr><td rowspan="3">본인</td><td>성 명</td><td colspan="5"></td></tr>
<tr><td>주민(사업자)
등 록 번 호</td><td colspan="3"></td><td>본인과의
관 　계</td><td></td></tr>
<tr><td>주 소</td><td colspan="3"></td><td>전화번호</td><td></td></tr>
</table>

입찰 가격	천 억	백 억	십 억	억	천 만	백 만	십 만	만	천	백	십	일	원	보증 금액	백 억	십 억	억	천 만	백 만	십 만	만	천	백	십	일	원

<table>
<tr><td>보증의
제공방법</td><td>☐ 현금 · 자기앞수표
☐ 보증서</td><td>보증을 반환받았습니다.

　　　　　　입찰자</td></tr>
</table>

[유의사항]

1. 입찰표는 물건마다 별도의 용지를 사용하십시오. 다만, 일괄입찰시에는 1매의 용지를 사용하십시오.

2. 현 사건에서 입찰물건이 여러 개 있고 그 물건들이 개별적으로 입찰에 부쳐진 경우에는 사건번호 외에 물건번호를 기재하십시오.

3. 입찰자가 법인인 경우에는 사업자 등록번호를 기재하고 대표자의 지위 및 성명을, 주민등록란에는 입찰자가 개인인 경우에는 주민등록번호를, 법인인 경우에는 사업자등록번호를 기재하고, 대표자의 자격을 증명하는 서면(법인의 등기부 등 · 초본)을 제출하여야 합니다.

4. 주소는 주민등록상의 주소를, 법인은 등기부상의 본점 소재지를 기재하시고, 신분확인상 필요하오니 주민등록증을 지참하십시오.

5. 입찰가격은 수정할 수 없으므로 수정을 요하는 때에는 새 용지를 사용하십시오.

6. 대리인이 입찰하는 때에는 입찰자란에 본인과 대리인의 인적사항 및 본인과의 관계 등을 모두 개지하는 외에 본인의 위임장(입찰표 뒷면을 사용)과 인감증명을 제출하십시오.

7. 위임장, 인감증명 및 자격증명서는 이 입찰표에 첨부하십시오.

8. 일단 제출된 입찰표는 취소, 변경이나 교환이 불가능합니다.

9. 공동으로 입찰하는 경우에는 공동입찰신고서를 입찰표와 함께 제출하되, 입찰표의 본인란에 '별첨 공동입찰자 목록 기재와 같음' 이라고 기재한 다음, 입찰표와 공동입찰신고서 사이에 공동입찰자 전원이 간인하십시오.

10. 입찰자 본인 또는 대리인 누구나 보증을 반환받을 수 있습니다.

11. 보증의 제공 방법(현금 · 자기앞수표 또는 보증서) 중 하나를 선택하여 Ⅴ표를 기재하십시오.

위 임 장

대	성 명		직 업	
리	주민등록번호		전화번호	
인	주 소			

위 사람을 대리인으로 정하고 다음 사항을 위임함.

다 음

지방법원   타경   호 부동산

경매사건에 관한 입찰 행위 일체

본	성 명	(인감인) 직 업	
인	주민등록번호	전화번호	
1	주 소		
본	성 명	(인감인) 직 업	
인	주민등록번호	전화번호	
2	주 소		
본	성 명	(인감인) 직 업	
인	주민등록번호	전화번호	
3	주 소		

- 본인의 인감증명서 첨부
- 본인이 법인인 경우에는 주민등록번호란에 사업자등록번호를 기재

○○ 지방법원 귀중

(앞면)

법원

매수신청보증봉투

사건번호	9타경	호
물건번호		
제 출 자		㉙

크기는 통상의 규격봉투와 같다.

(뒷면)

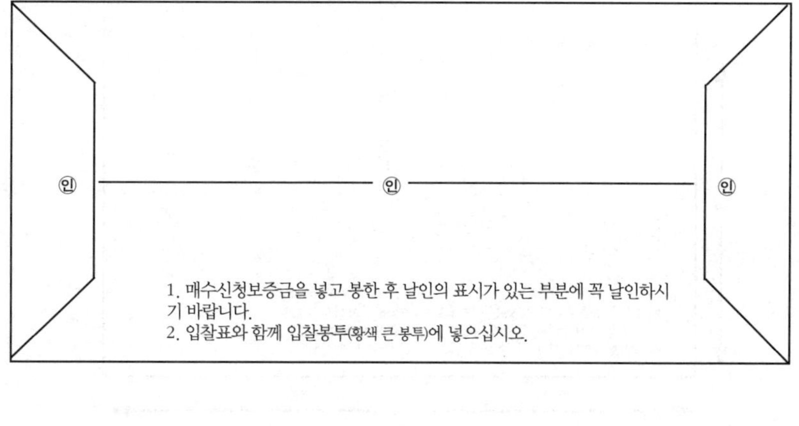

기일입찰봉투(황색 큰 봉투)

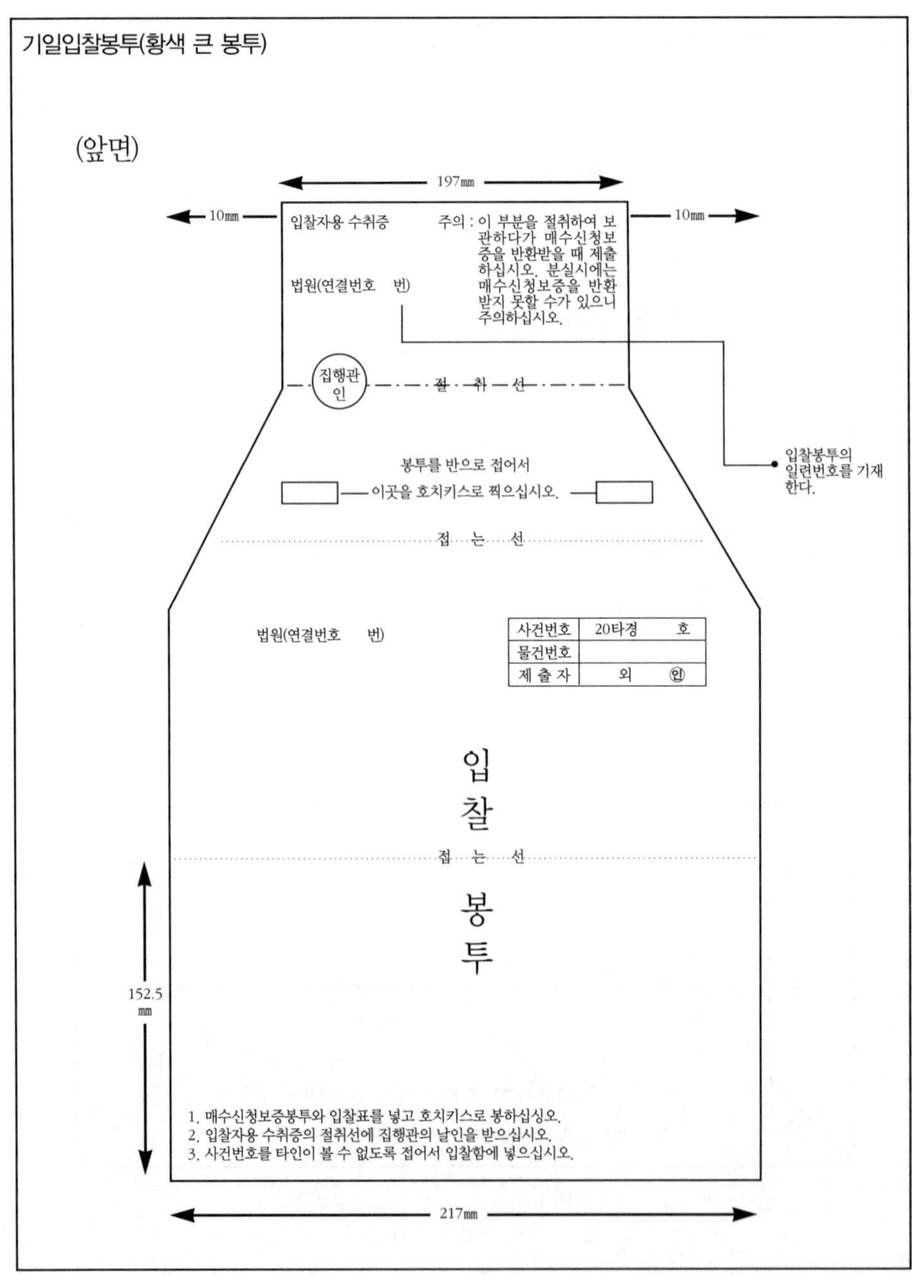

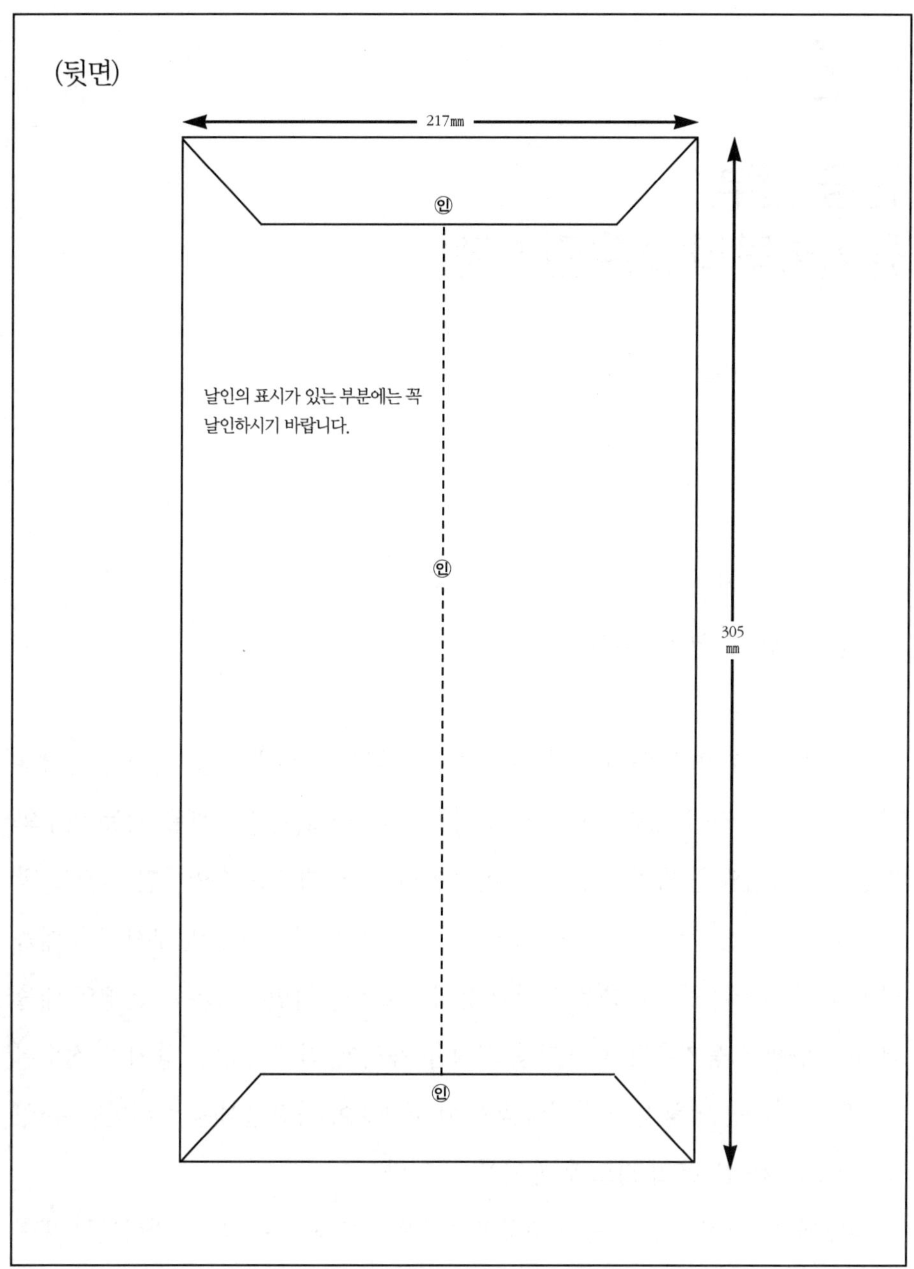

(뒷면)
217㎜
305
mm
인
인
인
날인의 표시가 있는 부분에는 꼭
날인하시기 바랍니다.

04

잔금 납부,
등기촉탁과 소유권 이전

대출, 잘만 하면 돈 된다

낙찰을 받았다면 정해진 납부 기간 안에 잔금을 납부해야 한다. 잔금을 납부하기 위해 은행잔금 대출을 받으려면 낙찰된 후 미리 은행에 대출 가능 여부와 가능한 대출금액을 확인해야 한다. 은행에서 잔금 대출을 승인하면 지점을 방문해서 대출약정서를 작성한다. 그러고 나서 은행에서 의뢰한 법무사에게 대출금 이외의 잔금과 등기비용을 지정된 통장으로 입금하면 법무사가 은행의 대출금을 수령해서 등기촉탁과 근저당 설정을 동시에 진행해준다. 등기가 접수된 후 3일이 지나면 법원 등기부 열람을 통해 소유권이 이전된 내용을 확인할 수 있고, 소유권필증은 15일 정도 후에 받을 수 있다.

경매에서는 경락잔금 대출을 활용하면 수익률을 높일 수 있다. 경락잔금 대출이란 법원 경매 또는 캠코 자산관리공사 공매 등에서 낙찰받은 물건의 낙찰대금을 금융기관이 빌려주는 것을 말한다. 부동산 종류에 따라서 적용사항이 다르므로 경락잔금 대출을 받으려면 입찰 준비과정에서 미리 알아보고 입찰에 임해야한다. 경매는 매입금액이 시세보다 저렴하고 소유권 이전과 동시에 근저당이 1순위로 설정되므로 일반적인 대출보다 유리하다. 하지만 권리분석상 하자가 있는 물건은 아예 경락잔금 대출 자체가 안 될 수 있다. 예고등기*가 있거나 유치권, 대지권이 없는 집, 법정지상권 등이 있는 물건들은 대출에 제한이 있다.

대출을 이용하면 지렛대의 원리처럼 초기에 투입한 금액보다 더 큰 수익을 거둘 수 있기 때문에 잘 이용하면 좋다. 그러나 자칫 예상보다 대출을 적게 받아 정해진 날짜까지 잔금을 지불하지 못하면 보증금을 날릴 수 있으니 신중해야 한다. 반대로 대출금액이 많으면 전세를 들이는 데 문제가 되므로 적정선을 유지하는 것이 바람직하다.

배당

매수인(낙찰자)으로부터 대금이 지급되면 법원은 4주 이내에 배당기일을 정하고 배당을 요구한 채권자를 포함한 이해관계인들에게 이를 통지한다. 그리고 배당기일 3일 전까지 누구에게 얼마를 줄 것인지 배당표 원안을 작성하여 이해관계인들

여기서 잠깐

예고등기
현재 실행된 등기의 원인에 대해 무효 또는 취소가 소송으로 신청된 경우에 불의의 피해를 막기 위해 법원에서 이러한 소송이 제기되었다는 사실을 제3자에게 직권으로 공시하는 예비등기의 일종이다. 따라서 제3자에게 경고하기 위한 등기이며 예고등기 그 자체만으로는 아무런 효력이 없다.

이 열람할 수 있도록 한 다음 배당기일에 배당을 실시한다. 이때 그 배당에 대한 이의가 있는 이해관계인은 배당이의를 할 수 있다. 배당은 매수인과는 직접적인 관계가 없다.

명도와 인도*

매수인과 직접적인 관계가 있는 것은 인도와 명도이다. '인도'란 물건이나 권리를 넘겨준다는 것을 의미하고 '명도'란 세입자 등 점유자가 집을 비우는 행위, 즉 점유자의 물품 등을 부동산 밖으로 배출시키고 그 부동산의 점유를 이전시키는 것을 의미한다. 명도는 경매에서 꽃이라고 불릴 만큼 중요하기 때문에 '07 경매의 꽃 명도의 기술' 편에서 자세히 다루기로 하겠다.

부동산 매매 및 임대 의뢰

여기서 잠깐

명도와 인도
민법상 점유하고 있는 권리를 현실적으로 넘겨주는 것을 인도라고 한다. 재판상에는 일반적으로 가옥에 대해서는 '명도'라는 말을 쓰고, 토지에 대해서는 '인도'라는 용어를 사용한다.

경매는 받은 목적에 따라 낙찰받은 후에 해야 할 일이 다르다. 보유를 목적으로 한 실수요자라면 최대한 빨리 임대를 놓아야 하고 투자자라면 바로 매매를 해서 자금을 회수한 후 시세차익을 남겨야 한다. 그러기 위해서는 부동산 공인중개사에게 매물을 내놓아야 하는데 부동산 공인중개사가 경매 절차를 잘 이해하고 있으면 유리하다. 또한 매수인이나 임차인이 경매에 대해 잘 알고 있다면 매매와 임대가 쉽게 성사될 수 있다.

그러므로 일단 발품을 팔아 일을 잘해줄 부동산중개소를 선별하고 난 후 친해져야 한다. 부동산 공인중개사는 매도자, 매수자, 세입자 할 것 없이 다양한 사람들을 많이 상대하다 보니 상대방의 성향을 잘 파악한다. 만약 상대가 까다롭다고 판단되면 일을 처리할 때 소홀해질 수 있으므로 매물을 내놓을 경우에도 최대한 재치를 발휘해야 한다. 같이 식사나 술을 한 잔 하면서 친밀한 관계를 유지하는 것도 좋은 방법이고, 때로는 중개수수료를 법정수수료보다 더 책정해서 주는 것도 좋다. 그렇게 하면 다른 사람의 매물보다 우선적으로 팔아주므로 임대나 매매를 하는 데 걸리는 시간을 단축시켜 투자성을 극대화할 수 있다.

05

경매의 성공 여부를
결정짓는 권리분석

경매투자에 있어 가장 중요한 권리분석

경매로 낙찰을 받으려면 '권리분석', '물건분석', '수익성분석'의 세 가지 분석 과정을 거쳐야 한다. '물건분석'은 부동산 자체에 내재하는 물리적 하자나 경제적인 하자를 파악하는 분석이고, '권리분석'은 그 물건에 대한 소유권을 올바르고 합당하게 취득하는 데 법률적인 하자가 있는지의 여부를 파악하는 분석이다. 마지막으로 시세보다 얼마에 사야 싸게 매입하는 것인지를 분석하는 단계가 '수익성분석'이다.

모든 권리문제를 법원에서 해결해주는 것은 아니기 때문에 투자자 스스로 주의할 필요가 있다. 그중에서도 '권리분석'이 잘못되면 경제적으로 큰 손실을 볼 수 있다는 것을 명심해야 한다. 경매투자의 성공 여부는 이 권리분석이 잘 되고 못 되고에 달렸다고 해도 과언이 아니다. 특히 주택은 임차관계가 얽히고설켜 있기 때문에 임차관계와 해당 주택의 임차금 및 대항력 유무 여부를 사전에 점검해야 한다.

● 말소기준등기 찾아보기

권리분석의 첫걸음은 말소기준등기를 찾아내는 데에서 출발한다. 권리분석의 첫걸음은 임차인의 보증금을 누가 부담해야 하느냐를 식별하는 것인데, 이때 그 기준 역할을 하는 것이 말소기준등기이다. 즉, 말소기준등기 설정일보다 임차인의 전입일자가 빠르면 낙찰자가 인수해야 하고, 말소기준등기일보다 전입일자가 늦으면 보증금이 얼마가 되든 낙찰자와는 아무 관계가 없다. 다만 임차인의 전입일이 말소기준등기보다 늦어 보증금의 손실이 발생하면 명도시 임차인의 저항을 어느 정도 예상해두는 것이 좋다.

또한 말소기준등기는 낙찰 후 등기부등본상에 있는 제반 권리들의 소멸과 인수의 기준이 된다. 말소기준등기 이후에 설정된 모든 등기는 낙찰 후 배당 유무와 관계없이 소멸한다. 단, 예고등기와 후순위 가처분* 중 하나는 낙찰 후에도 소멸되지 않는다.

마지막으로 말소기준등기는 명도시 인도명령 대상이냐 명도소송 대상이냐를 판단하는 기준 역할을 한다. 똑같은 점유자인데 어떤 점유자는 간단히 말 한마디로 내보낼 수 있는(인도명령) 반면 어떤 점유자는 판결문이 있어야만 내보낼 수 있다(명도소송). 이때 인도명령이냐 명도소송이냐의 판

여기서 잠깐

가처분
권리의 실현이 소송의 지연이나 강제집행을 면하기 위한 채무자의 재산은닉 등으로 위험에 처하고 있을 경우에 그 보전을 위하여 그 권리에 관한 분쟁의 소송적 해결 또는 강제집행이 가능하게 되기까지 잠정적 가정적으로 행하여지는 처분을 말한다.

단 기준이 바로 말소기준등기이다. 법원 경매에서 말소기준등기만 제대로 파악해도 권리분석의 70%를 정복했다고 해도 과하지 않다고 하는 이유가 바로 여기에 있다.

그렇다면 어떤 등기가 말소기준등기가 되는 것일까? 바로 저당권등기, 근저당권등기, 압류등기, 가압류등기, 담보가등기, 경매개시결정등기 중에서 시간적으로 설정일자가 가장 앞선 등기가 말소기준등기가 된다. 하지만 실무에서는 (근)저당권등기와 (가)압류 등기가 90% 이상을 차지하기 때문에 이것만 정확히 파악하면 말소기준등기는 거의 정복하는 셈이다.

그런데 낙찰 후에도 소멸되지 않고 살아 있는 등기가 있다. 우선 말소기준등기보다 설정일자가 빨라 낙찰자가 인수하는 경우가 있는데 지상권*, 지역권, 전세권*, 가등기*, 가처분, 환매 등이 여기에 해당한다. 그리고 설정일자에 관계없이 언제나 낙찰자가 인수해야 하는 등기가 있는데 유치권, 법정지상권, 예고등기가 그것이다.

지상권

타인의 토지에 건물 기타 공작물이나 수목을 소유하기 위하여 그 토지를 사용하는 물권을 말한다. 지상권은 등기를 해야 성립하며 대항력이 있다.

전세권

전세 계약을 하고 그 내용을 등기부에 등재한 물권으로 경매 신청이 가능하다. 단, 임대인의 동의(인감증명)가 있어야 등기가 가능하다는 단점이 있다.

가등기

등기순위를 확보하는 것으로 매수한 부동산의 이중 매매나 불측의 강제집행으로 발생하는 소유권 이전을 사전에 방지해 원활한 소유권 이전을 하기 위해 해두는 것이다. 가등기는 그 자체로는 효력이 없으며 본등기를 실행해야 비로소 효력을 가질 수 있다. 한편 가등기는 소유권이전청구가등기와 담보가등기로 나뉘는데, 담보가등기는 근저당권과 같이 임의경매 신청이 가능하며 경매절차에서 순위에 따른 배당을 받을 수 있다.

● 대항력

권리분석에서 말소기준등기 다음으로 중요한 부분이 바로 대항력이다. '대항력'이란 임차주택의 양도, 기타 후순위 권리자에 의한 경매 등으로 주택 소유권에 변동이 생기더라도 존속기간은 보장을 받으며 보증금도 임대차 관계에 수반하여 새로운 소유자에게 이전된다는 의미다. 만약 경매에서 대항력 있는 임차인을 만나면 아예 참여하지 않거나, 꼭 참여해야 할 경우에는 인수해야 할 보증금만큼 유찰되고 나서 참여해야 한다. 인수해야 할 금액을 예상하지 못하고 낙찰받으면 낙찰대금 외에 임차보증금을 추가로 부담해야 하는 낭패를 볼 수 있다.

주택인도 후 주민등록을 하면 주민등록을 한 다음날 0시부터 대항력이 생기고, 주민등록을 한 후 주택인도시에는 주택 인도 다음날 0시부터 대항력이 발생한다. 여기에서 '대항력 요건'을 갖추고 있다는 것과 '대항력'이 있다는 것은 전혀 다른 의미임을 파악해야 한다. 누구나 이사하고 주민등록을 마치면 대항력 요건을 구비하게 된다. 그러나 대항력 요건을 갖추었다고 해서 모두 임차보증금 전액을 보호받는 것은 아니다. 대항력 요건과 아울러 대항력 기준일이 말소기준 등기보다 빠른 경우에 한해 보증금을 보호받을 수 있다. 다시 말해 대항력이 있는 사람은 대항력 요건을 당연히 구비하고 있지만 대항력 요건을 갖추었다고 반드시 임차보증금의 보호, 즉 대항력이 있는 것은 아니다.

● 우선 변제권

임차주택이 경매 또는 체납처분 등에 의하여 매각됨으로써 임대차관계가 소멸될 경우 임대차의 종료로 인하여 발생하는 보증금반환채권을 임차주택의 환가대금으로부터 후순위 권리자, 기타 채권자보다 우선하여 변제받을 수 있는 권리를 '우선 변제권'이라 한다. 즉, 우선 변제권은 대항력 기준일과 확정일자일 보다 늦게 돈을 빌려준 채권자나 후배 임차인들보다 앞서 보증금을 돌려받을 수 있는 권리이다. 다만 먼저 돈을 빌려준 채권자나 임차인의 권리는 침범하지 못한다.

우선 변제권의 요건을 살펴보면 대항력 요건인 주택의 인도와 주민등록 외에 임대차 계약서에 확정일자*를 받아야 하고 적어도 배당요구종기일까지 대항력 요건을 존속시켜야 한다. 만약 배당요구종기일까지 대항력 요건을 유지하지 않고 도중에 이사를 가면 대항력과 우선 변제권은 소멸된다.

 **확정일자 제도**

확정일자를 받으면 채권인 임대차가 물권화되어 배당절차에서 물권인 근저당권 등과 어깨를 나란히 할 수 있을 뿐만 아니라 임대인과 임차인이 담합하여 보증금을 사후에 증감하는 것을 방지할 수 있다. 확정일자는 동사무소나 구청, 등기소, 공증사무소 등에서 받을 수 있는데 전입신고와 동시에 동사무소에서 받는 것이 가장 좋다.

 **여기서 잠깐**

확정일자

공증기관이 사문서에 기입하는 일자를 말하는 것으로 그 날짜에 그 문서가 존재하고 있었다는 것을 증명하는 것이다. 일자가 기입된 증서는 그 작성된 일자에 완전한 증거력을 부여한다. 임대차계약서에 확정일자를 받아두면 채권인 보증금을 물권화시켜주는 효력을 지녀 경매절차에서 저당권 등과 동일한 힘으로 순위 다툼을 할 수 있다. 확정일자는 임대인 동의 없이 세입자가 개인적으로 등기소, 합동법률사무소, 동사무소에서 받을 수 있다.

소액임차인의 최우선 변제권

임차주택의 경·공매시에 임차인의 소액보증금 중 일정액을 선순위 담보물권자보다 우선하여 임차주택의 경락가격의 2분의 1 범위 내에서 배당받을 수 있는 제도가 '최우선 변제권'이다. 소액임차인의 최우선 변제권은 다음과 같은 세 가지

성립요건을 갖추어야 한다.

❶ 보증금이 소액일 것

❷ 경매개시결정등기 전에 대항력 요건(주택인도+주민등록)을 갖추고 있을 것

❸ 배당요구종기일까지 배당요구를 할 것

| 소액임차인 최우선 변제권

담보물권 설정일	지역	보증금 범위	최우선 변제액
2008. 8. 21 ~ 현재	수도권 중 과밀억제권역	6,000만원 이하	2,000만원
	광역시(군지역, 인천 제외)	5,000만원 이하	1,700만원
	기타 지역	4,000만원 이하	1,400만원

권리분석 절차

❶ 물건 검색하기

❷ 1차 권리분석

유료 인터넷 경매 사이트와 대법(www.auction.go.kr)의 자료 및 비치서류 확인

❸ 2차 권리분석

부동산 등기부등본 확인

❹ 3차 현장답사

• 부동산 입지조건 파악(접근성, 교통, 면적, 모양, 노후 정도 등)

• 시세 파악(부동산 중개소 3곳 이상 방문하여 실거래가와 전세가 등 확인)

• 동사무소를 방문(임차인의 전입일자, 임대차 금액, 확정일자 여부, 임대차 기간 등) : 가능하다면 임차인을 직접 만나 확인하는 것이 좋지만 임차인을 만나기 힘들다면 우편발송물 수취인, 전기, 수도검침계, 관리인 탐문 등을 통해 확인

– 구청 또는 인터넷을 통해 공부서류 확인(건축물관리대장, 토지대장, 개별공시지가확인원, 토지이용계획확인원 등)

– 건축물관리대장 : 위법 건축물 여부와 건축면적이 감정평가 면적과 일치하는지 확인

– 토지대장 : 토지면적 확인

– 토지이용계획확인서 : 해당 지역 토지이용 및 공법상의 규제사항 알 수 있음

❺ 말소기준권리 확인(말소기준권리보다 앞서는 권리나 말소되지 않는 권리 유무)

❻ 구건 · 신건 확인(2002년 7월 1일 기준)

• 구건일 경우 입찰 당일 확인하여 권리변동 유무(배당철회 등)를 반드시 확인(선순위 세입자가 배당을 취소할 수도 있으므로) → 경락자 인수

• 신건일 경우 배당종기일 확인(등기부에 없는 것 중 배당신청을 안 하면 무배당)

❶ 등기부등본 : 등기소
❷ 법원 입찰기록 : 법원
❸ 토지이용계획확인원 : 시, 군, 구청 민원실
❹ 건축물대장 : 시, 군, 구청 민원실
❺ 토지대장, 임야대장 등본 : 시, 군, 구청 민원실
❻ 개별공시지가확인원 : 시, 군, 구청 민원실
❼ 토지이용계획확인원, 건축물대장, 토지대장, 임야대장 등 → 동사무소에서 팩스 신청 가능

권리분석으로 위험 요소 가려내기

건물은 임대를 해주는 임대인과 빌려서 쓰는 임차인으로 나뉜다. 임차인 중에서도 대항력을 가진 임차인과 대항력이 없는 임차인으로 나눌 수 있는데, 이 중에서 신경을 써야 하는 대항력이 있는 임차인은 10%밖에 되지 않는다. 등기부등본을 보고 권리분석을 할 때에는 말소기준등기를 찾아내는 것을 가장 우선시해야 한다.

말소기준등기를 전후로 해서 전에 있던 것은 인수하게 되고 후에 생긴 것은 소멸된다. 말소기준등기는 여섯 가지가 있는데 저당권등기, 근저당권등기, 압류등기, 가압류등기, 담보가등기, 경매개시결정등기가 그것이다. 이 중에서 시간적으로 가장 앞선 등기가 말소기준등기이다. 말소기준등기를 기준으로 이후의 모든 등기는 소멸된다. 시장에 있는 물건 중 이런 물건이 90% 이상을 차지하지만 사실 누구나 쉽게 접근 가능한 물건들로는 고수익을 올리기 어렵다. 반면에 그렇지 않은 물건은 위험한 요소들이 너무 많아 낭패를 볼 수 있다. 그러므로 권리분석 과정에서 나타날 수 있는 위험 요소를 미리 확인해서 풀 수 있을지 여부를 판단할 줄 알아야 한다.

● 소유권 상실의 위험 요소

선순위 가등기, 선순위 가처분*, 선순위 예고등기, 선순위 환매권, 인수조건부 전소유자에 대한 가압류* 등이 걸려 있으면 낙찰을 받아도 소유권 자체를 상실할 수 있다. 하지만 해결이 될 수 있는 것을 골라서 고수익을 올릴 수 있는 경우도 있다.

● 돈을 추가로 부담해야 하는 위험 요소

여기서 잠깐

선수위 가처분
가처분등기가 1순위로 잡힌 저당 또는 압류등기보다 앞서 있다면 경매를 한 후 촉탁에 의하여 말소되지 않는 권리이다.

가압류
금전채권 또는 금전채권으로 전환시킬 수 있는 청구권을 위해 소송을 제기하고 강제집행을 실행하고자 할 때 소송기간동안 채무자가 재산을 은닉하거나 도피하지 못하도록 묶어두는 보전수단이다(소송 후 강제경매 실행).

유치권, 대항력 있는 선순위 임차인, 말소되지 않는 선순위 전세권, 부속물매수청구권 등이 있다. 이런 경우는 낙찰 후 소유권은 가질 수 있으나 낙찰금액 외에 돈이 추가적으로 발생하여 결과적으로 비싸게 사는 일이 벌어질 수 있다. 유치권을 넘을 수 있는 방법은 매우 간단하고, 나머지는 권리분석만 잘하면 어렵지 않다.

● 낙찰을 받은 물건을 내 마음대로 하지 못하게 되는 위험 요소

법정지상권, 선순위 지상권, 분묘기지권, 맹지, 외국인이 임차인인 부동산, 외국공관 등이 있다. 이런 경우는 가격이 매우 싸진다. 선순위 지상권은 해결을 볼 것을 미리 결정해야 한다.

● 물건을 잘못 낙찰받았다가 과태료를 내게 되는 위험 요소

위법 건축물, 폐기물 쌓인 공장 등이 있다. 이런 경우는 아예 접근하지 않는 게 좋다.

06

경매의 꽃 명도의 기술

나만의 명도 기술을 찾자

'명도'란 점유자가 스스로 부동산을 인도해주지 않을 때 낙찰자가 취할 수 있는 법적인 행위를 말한다. 낙찰을 잘 받고도 권리분석 과정에서 점유자를 정확하게 파악하지 않으면 명도에서 낭패를 보는 경우가 종종 발생한다. 권리분석 과정에서 점유자가 보증금을 모두 날릴 경우를 예로 들어보자. 보증금을 몽땅 날리고도 집에서 쫓겨나야 하는 입장이라면 집을 순순히 비워줄 리 만무하다. 그렇기 때문에 경매 초보자라면 권리분석 과정에서 이런 경매 물건을 걸러내어 입찰에 참가하는 것을 포기하는 편이 낫다. 이처럼 명도가 어려운 물건일수록 입찰 경쟁률은 떨어지는데, 때에 따라서 유찰이 거듭되면서 최저가 입찰가가 감정가의 50% 선까지 떨어지기도 한다. 경매에 경험이 많은 사람은 이런 어려운 권리관계 또는 명도에 대한 노하우를 통해 남들이 감히 손대지 못하는 경매 물건으로 큰 수익을 얻기도 한다. 보통 명도가 쉬운 일반적인 물건은 경쟁이 치열하다 보니 낙찰가도 높을 수밖에 없다. 그러므로 처음에는 어렵겠지만 자기만의 명도 노하우를 습득하여 경매에 활용한다면 매력적인 경매 물건으로 큰 수익을 올릴 수 있을 것이다.

명도, 이것만 주의하자

● 빈집 명도시 주의사항

관리실이나 경비업체를 통해 빈집임이 입증된 경우(전기계량기 차단, 도시가스 차단, 이웃주민 등에 의한 증언 등)에는 강제집행을 할 필요없이 관리실 또는 경비업체에 신고하고 잠금장치를 해체한 후 명도가 가능하다. 이때에는 반드시 법적 절차(인도명령 신청 절차)에 준해서 명도를 해야 나중에 발생할 법적 분쟁을 미리 예방할 수 있다.

● 명도가 불가능한 물건

강제집행이 거부되기 때문에 낙찰을 받으면 안 되는 물건이 있다. 이런 물건은 명도 저항이 워낙 심해서 집행관들조차 강제집행을 거부하고 대화로 해결할 것을 권유하는데, 구체적인 예는 다음과 같다.

❶ 교회나 점집 같은 종교시설

❷ 어린이집

❸ 체육도장

❹ 특수법인(학교법인, 의료법인, 종교법인, 사회복지법인)

❺ 외교공관

❻ 단란주점, 룸살롱

❼ 주유소

❽ 여관, 모텔

떼려야 뗄 수 없는 명도와 권리분석의 관계

권리분석을 제대로 하면 명도가 정말 수월하다. 따라서 경매를 잘하고 명도를 제대로 받으려면 권리분석을 할 줄 알아야 한다.

대항력 있는 임차인은 해당 건물(또는 주택)이 경매에 넘어가더라도 보증금을 보장받으므로 낙찰 후 명도받기가 수월하다. 다만 대항력이 없는 임차인은 낙찰 후 건물을 인수하지 않으며, 인도명령 대상이므로 언뜻 무서울 것은 없어 보이나 임차인이 자신의 보증금을 전액 배당받지 못하는 경우에는 명도시 저항이 심하므로 각별히 주의해야 한다. 토지의 경우 정착물(건물, 다리, 시멘트로 고정된 비닐하우스 등)이 없으면 낙찰과 동시에 명도를 받을 수 있다. 그러나 건물(주택 포함)의 경우에는 대항력 없는 임차인이 점유할 때 명도시 저항이 심하다. 대항력 없는 임차인이라 하더라도 소액임차인에 해당하여 전액 우선 변제받으면 역시 명도에 저항이 없으나 보증금 전액을 배당받지 못하는 경우에는 역시 저항이 만만치 않다. 그러므로 명도에 저항이 있다면 그에 대한 대책을 미리 마련한 후 경매에 임하는 자세가 필요하다.

명도, 이렇게 해야 성공한다

명도의 대상자는 바로 낙찰받은 건물(또는 주택)을 현재 점유하고 있는 자이다. 현재 점유하고 있는 자는 소유자, 임차인, 위장 임차인 등이 있다. 대부분 명도할 때 애를 먹는 대상은 대항력 없는 임차인들이다.

소유자의 경우에는 낙찰인이 건물 인도를 요구하면 대부분 순순히 응한다. 그러나 보증금을 전액 변제받지 못한 임차인들은 못 받은 보증금에 대한 미련 때문에 명도에 순순히 응하지 않는다. 이런 경우 강제로 인도명령을 신청하는 것도 방법이 되겠지만 인도명령이나 명도소송은 어디까지나 최후에 쓰는 수단이라는 것을 알아야 한다. 대화를 통해서 해결할 수 있다면 굳이 법적인 절차(인도명령 또는 명도소송)를 밟지 않고도 훨씬 빠르고 저렴하게 명도를 받을 수 있다.

● 대화를 하자

낙찰자가 대화를 시도하려고 임차인을 방문했을 때 문전박대를 당하는 경우가 있다. 그렇다 하더라도 낙찰자는 사회적, 경제적으로 약자인 임차인을 배려

하는 마음을 잃으면 안 된다. 꾸준히 대화를 시도하면 결국 임차인들도 마음을 열게 된다. 대화를 통해 인도를 받는 것이 시간과 돈을 절약하는 방법이다.

● 입찰 전에 명도비(이사비 등)를 예상한다

대항력 없는 임차인이나 소유자의 경우에는 법적으로 명도비를 줄 필요가 없다. 그러나 낙찰자의 입장에서 점유자(임차인 또는 소유자)가 빨리 집을 비워줘야만 권리행사를 할 수 있는데 대화 없이 법대로 강제집행을 하면 강제집행비와 시간이 소요된다.

결국 대화를 통해서 이사비 명목으로 소정의 명도비를 주고 집을 인도받게 되면 오히려 강제집행보다 저렴하게 인도받을 수 있으며, 시간도 절약되어 일석이조의 효과를 볼 수 있다.

● 낙찰 후 잔금납부 전에는 반드시 방문한다

낙찰 전에는 나름대로 권리분석을 하고 임차인을 만난다. 이때 대부분 경매 대상 부동산을 방문해도 임차인을 만나기 어렵다. 그렇다고 하더라도 낙찰 후 대금 지급기한 통지를 받은 경우에는 반드시 방문해야 한다.

이때는 낙찰자가 되었으므로 임차인도 낙찰자를 상대해준다. 임차인을 만나서 대화를 해보면 명도하는 데 어느 정도의 공력(힘과 돈)을 써야 하는지를 알 수 있게 된다.

● 잔금납부시 인도명령을 신청한다

경락잔금(낙찰대금)을 납부하는 경우 동시에 인도명령을 신청해야 한다. 인도명령 신청시에는 반드시 부동산점유이전금지가처분 신청도 해야 한다. 낙찰자가 가처분 신청을 하면 점유자는 해당 부동산에 대한 점유를 타인에게 이전할 수 없게 된다. 경매는 민사집행법에 의하여 진행되는데, 민사집행법에 의해 대부분의 법적 절차의 경우 인도명령 대상이 90%이고, 명도소송은 10%이다. 따라서 잔금납부시 인도명령을 신청하는 것이 명도에 있어서 우선권을 가질 수 있다.

● 강제집행은 최후의 수단일 뿐이다

경매를 하는 데 있어 하수일수록 강제집행에 의지하는 경향이 있는데, 이는 큰 오산이다. 강제집행은 어디까지나 여러 가지 수단 중의 하나이며, 가장 마지막에 쓰는 수단임을 명심해야 한다. 낙찰자는 점유자를 상대할 때 처음에는 명도비(이사비용)라는 당근만 보여줄 필요가 있다. 이렇게 당근(명도비)을 보여줬음에도 명도에 순순히 응하지 않는 경우에는 채찍(강제집행)을 이용하면 된다. 그러나 터무니없이 명도비를 요구하는 경우에는 강제집행을 하는 것이 유용하다.

인도명령과 명도소송 바로 알기

'인도명령' 이란 낙찰잔금을 납부함으로써 소유권을 취득한 낙찰자가 인도명령 대상인 점유자를 낙찰 부동산으로부터 강제로 퇴거시킬 수 있도록 하는 법원의 명령을 말한다. 이때 인도명령 대상은 경매 부동산으로부터 점유 퇴거를 거부한 채무자, 소유자, 낙찰로 인해 소유자에게 대항할 수 없는 후순위 임차인(민사집행법 기준) 등을 말한다. 낙찰자가 경매법원에 인도명령을 신청하면 경매법원이 심사하여 결정하게 된다.

'명도소송' 이란 말소기준권리 이전에 대항력을 확보한 세입자 등 인도명령 대상이 아닌 경우와 인도명령 대상자에 해당되나 낙찰대금 납부 후 6개월을 넘긴 경우의 점유자가 자진하여 건물을 인도해주지 않을 때 명도소송을 제기하여 승소함으로써 강제집행을 실행하는 방법이다.

현행 민사집행법에서는 명도소송 당사자가 극히 제한되고 있는 것이 현실이다. 즉, 대항력을 가진 선순위 임차인을 상대로 설령 명도소송을 제기한다 해도 법원은 동시이행의 판결을 내리기 때문에 낙찰자가 명도소송의 실익을 취하*는 것이 불가능하다. 다만 인도명령 대상에서 벗어난 자를 상대로 한 명도소송은 의미가 있다. 명도소송은 대략 6개월 정도의 시간이 걸리며, 대체로 승소하므로 본인이 직접 원고로서 재판에 참가해도 된다.

명도라 함은 토지나 건물을 점유하고 있는 자가 그 점유를 타인에게 옮기는 것을 의미하는데, 만일

여기서 잠깐

취하

경매신청 후 채무자가 채무를 변제한 경우 경매신청 채권자가 경매신청을 취소하는 것을 말한다. 취하는 낙찰인이 낙찰대금을 납부하기 전까지 가능하다. 단, 낙찰인과 차순위 매수신고인의 동의가 필요하다.

점유자가 임대차 기간 등이 만료되었음에도 소유자에게 토지 등의 명도를 응하지 않을 경우 소유자는 점유자를 상대로 명도소송(민사)을 제기할 수 있다. 소유자가 명도소송을 제기한 후에 점유자가 변경된 경우에는 소유자가 승소판결을 받기 때문에, 이 같은 문제를 해소하기 위해 명도소송을 제기하면서 동시에 점유이전가 처분금지 신청을 하는 것이 효과적이다. 점유이전금지가처분 신청 및 본안 명도소송 부동산이 소재하는 지방법원에 소송을 제기하고, 소송 및 신청서에는 계약서, 개별 공시지가확인서, 재산관계공부, 명도 대상 건물도면 등의 입증서류를 첨부하여야 한다.

대상별로 통하는 명도의 기술

● 소유자

소유자들이 점유하는 경우에는 인도명령 대상이므로 낙찰대금 납부 후 바로 '인도명령'과 '부동산점유이전금지가처분' 신청을 하면 된다. 소유자가 채무자인 경우 대부분 야반도주하는 경우가 많으며, 이 경우 시간은 걸리지만 명도에 큰 어려움은 없다.

● 연대보증인(담보제공자)

연대보증인은 보증을 잘못 서서 자기의 집을 경매로 날리는 경우로, 명도하는데 가장 마음 아픈 경우 중의 하나이다. 비록 마음은 아프지만 인도명령 대상자

이므로 낙찰대금 납부 후 '인도명령'과 '부동산점유이전금지가처분' 신청을 해
둬야 하며 이들이 불쌍하다고 하여 낙찰대금 납부 후 6개월 이상 점유하도록 허
용하면 명도소송 대상자가 되므로 1년 이상 법정싸움을 할 수도 있다.

● 대항력 있는 임차인

임차인이 선순위(대항력 있는 경우)인 경우 자신의 보증금을 모두 배당받게 되
므로 명도시 순순히 응하게 된다. 이처럼 대항력 있는 임차인의 경우에는 실제
이사경비를 지불하는 선에서 명도 약속을 받고 이행각서를 작성하게 된다.

● 대항력 없는 임차인

대항력 없는 임차인은 보증금 전액을 배당받는 임차인, 최우선 변제 임차인, 전
혀 못 받는 임차인의 세 가지 경우로 나뉜다. 보증금 전액을 배당받는 임차인의 경
우에는 명도 저항이 없다. 따라서 이사비용을 주고 내보낼 것인지 재계약을 할
것인지를 판단해서 대처하면 된다.

최우선 변제 임차인인 경우는 다시 전액 보증금을 변제받는 경우와 일부만 변
제받는 경우로 나눌 수 있는데, 전액 변제받는 경우는 명도에 큰 어려움이 없다.
반면 일부만 변제받는 경우는 명도저항이 있을 수밖에 없다.

이때에는 배당금(최우선 변제금)으로 빅딜하면 된다. 즉, 임차인이 최우선 변제
금의 일부라도 받기 위해서는 낙찰자의 인감증명이 첨부된 '명도확인서'가 필요
하기 때문에 낙찰자의 명도확인서와 임차인의 이사를 빅딜하면 된다. 전혀 못
받는 임차인의 경우는 명도저항이 격렬할 수밖에 없다. 따라서 입찰 전에 책정

해놓은 명도비(이사비용 200만원 내외)를 주면서 내보내야 한다. 낙찰대금을 납부할 때에는 '인도명령'과 '부동산점유이전금지가처분'을 신청하는 것을 잊으면 안 된다.

인도 · 명도 합의시 이행각서 작성 비결

점유자에게 이사비용을 주기로 하고 원만히 타협을 보았다면 반드시 후일을 위해 '합의이행각서'를 받아두어야 한다. 혹시라도 발생할 수 있는 분쟁에서도 유리한 증거가 되기 때문이다. 이행각서를 작성한 경우 반드시 점유자의 자필서명과 인감도장을 날인 받도록 하며 이행각서용 인감증명 1통을 받아 둔다.

● 빈집의 명도

빈집이라 하더라도 반드시 '인도명령'과 '점유이전금지가처분'을 신청해두어야 한다. 법원은 낙찰자가 제출한 점유자의 주소지로 인도명령 결정문에 대한 소장부본을 등기우편으로 송달한다. 빈집이므로 송달불능이 되면 강제집행을 할 수가 없다. 따라서 낙찰자는 인도명령 결정이 난 후 공시송달을 통해서 강제집행을 할 수 있는 여건을 만들어야 한다. 그 후 빈집임이 입증되면 강제집행을 할 필요없이 관리실 및 경비업체에 신고하고 명도를 진행하면 된다.

빈집 명도 과정

낙찰 → 대금납부 및 인도명령과 점유이전금지가처분 신청 → 소유권이전 등기 촉탁 → 송달 → 공시송달 → 명도집행

● 점유자가 고의로 피하는 경우의 명도

점유자가 고의로 피하는 경우 역시 '인도명령'과 '부동산점유이전금지가처분' 신청을 해야만 강제집행이 가능하다. 법원은 인도명령 결정문을 낙찰자가 제출한 점유자의 주소지로 소장부본을 등기우편으로 송달한다. 그러나 점유자가 고의로 수령을 하지 않으면 송달불능이 되어 강제집행을 할 수 없다. 따라서 낙찰자는 인도명령 결정이 난 후 공시송달을 통해서 강제집행을 할 수 있는 여건을 만들어야 한다. 송달이 된 상태에서 점유자가 실제 거주하고 있음에도 불구하고 강제집행을 방해하려고 고의로 문을 열지 않거나 부재중이어서 2회 이상 집행불능이 되면 입회 참여자(성인 2인)의 입회하에 강제집행할 수 있다.

● 채무자가 도주하여 연락이 안 되는 경우의 명도

채무자가 도주하여 연락이 안 되는 경우에는 공시송달 과정을 거치는 것이 핵심이다. '공시송달'이란 송달을 받을 자의 소재가 불분명하여 통상의 방법으로 송달이 불가능한 경우에 법원 게시판에 '송달받을 자가 어느 때라도 법원에 출석하면 해당 서류를 교부한다는 취지를 게시' 함으로써 행하는 송달방법을 말한다. 공시송달을 신청하기 위해서는 공시송달신청서와 상대방이 어디에 거주하는지 알 수 없다는 소명 자료를 첨부하여 제출하면 된다.

공시송달은 원칙적으로 그 사유를 법원 게시판에 게시한 날부터 2주일이 경과하면 효력이 발생하며 인도명령 결정문에 근거하여 강제집행할 수 있다. 낙찰자는 인도명령 결정이 난 후 공시송달을 통해서 강제집행을 할 수 있는 여건을 만들어야 한다. 그 후 빈집임이 입증되면 강제집행을 할 필요없이 관리실 또는 경비업체에 신고하고 명도를 진행하면 된다.

● 막무가내 점유자 간단히 내보내는 비결(집행 사전예고 활용)

낙찰대금을 납부하면 점유자를 만나서 명도에 대한 협상을 진행하게 된다. 이때 점유자가 막무가내로 집을 비워줄 수 없다고 나오는 경우가 있는데, 이럴 때는 당황하지 말고 소유자의 권리를 당당하게 주장할 필요가 있다.

적정한 명도비(이사비 등)와 대화로도 계속해서 점유자가 무리한 요구를 할 경우 1단계로 강제집행과 그에 따른 비용 및 명도 지체에 따른 임대료까지 지불해야 한다는 내용을 함께 적은 '강제집행 조치 예고' 를 보낸다. 그래도 소용이 없다면 2단계로 '점유이전금지가처분 실행' 을 진행한다. 점유이전금지가처분 결정에 의해 가처분을 집행하면 점유자에게 큰 효과가 나타난다. 그래도 막무가내로 나오면 3단계로 계고서를 활용한다. '계고서' 란 강제집행을 사전에 알려주는 예고서로서 강제집행을 미리 점유자에게 경고하는 문서를 말한다. 끝까지 막무가내인 점유자의 경우에는 강제집행을 하면 된다.

● 명도확인서를 먼저 요구하는 세입자 명도

'명도확인서'란 세입자가 배당금을 수령하기 위해서 낙찰자에게 받아야 하는 서류이다. 명도확인서를 받기 위해서 세입자는 먼저 낙찰자에게 집을 명도해줘야 한다. 따라서 낙찰자는 세입자에게서 집을 명도받은 후 명도확인서를 써주어야 한다. 그렇지 않고 미리 써주었다가 세입자 마음이 바뀌어 낭패를 보는 사례가 있으니 주의하여야 한다. 세입자가 명도확인서를 먼저 요구하더라도 절대로 써주지 말고 세입자가 이사간 것을 확인하고 난 후에 써주는 것이 좋다.

07

경매 부동산의 함정 속에
돈이 숨어 있다

경매 부동산 권리에 대한 사례별 해답

이래저래 사연이 많아 법원에 넘어온 경매 부동산에는 가압류, 가등기, 가처분, 예고등기, 유치권, 지상권, 임차권 등의 복잡한 권리가 얽혀 있다. 이처럼 위험해 보이는 포장 때문에 지레 겁먹고 경매투자에 선뜻 나서지 못하는 경우가 많다. 하지만 경매 물건은 복잡하면 복잡할수록 나중에 누릴 수 있는 수익이 크다. 엉켜 있는 실타래도 실마리를 찾고 나면 풀 방법이 생기듯이 경매가 지닌 복잡함이란 것도 기본 원칙만 숙지하고 있으면 사실 별것 아니다. 경매 부동산에 설정된 각각의 권리를 사례별로 나누어 해법을 살펴보자.

가압류등기는 원칙적으로 매각으로 인해 말소된다. 하지만 전소유자를 채무자로 한 가압류등기가 존재하는 상황에서 현소유자의 채권자가 경매 신청을 한 경우, 가압류등기가 매각으로 인해 말소되는지 여부는 다음의 3가지에 따라 달라진다(단, 전소유자의 채권자가 경매 신청을 한 경우 가압류등기는 말소된다).

❶ 전소유자를 채무자로 한 가압류등기만이 존재하는 경우에는 가압류권자가 배당에 참여할 수 없으므로 매수인에게 인수된다.

❷ 전소유자를 채무자로 한 근저당권* 설정등기가 먼저 이뤄지고 나서 가압류등기가 이뤄진 경우 가압류 채권자는 근저당권자에게 대항할 수 없고, 근저당권 설정등기가 말소기준권리이므로 가압류등기는 말소된다.

❸ 전소유자를 채무자로 한 가압류등기가 먼저 이뤄지고 나서 근저당권 설정등기가 이뤄진 경우에는 가압류등기가 말소기준권리가 되므로 가압류등기는 말소된다.

이처럼 투자자 입장에서는 전소유자를 채무자로 한 가압류등기가 있는 경우 매각으로 인해 소멸되는지, 아니면 매수인에게 인수되는지를 명확히 파악해야 한다.

 **여기서 잠깐**

근저당권
저당권의 채권액을 정하지 않고 수시로 빌리거나 갚기로 계약한 경우 최고액만 등기해 두는 것을 말한다(근저당에서 담보되는 채권은 최고액이 한도).

유치권을 설명할 때에는 흔히 시계 수리공의 예를 든다. 시계 수리를 맡긴 사람은 수리비를 지급하기 전까지 시계점에서 고친 시계를 찾아오지 못한다. 유치권은 다른 사람의 물건이나 유가증권을 점유하는 자가 그 물건 또는 유가증권에 관하여 생긴 채권의 변제를 받을 때까지 목적물을 유치하여 채무자의 변제를 간접적으로 강제하는 법정담보물권이다.

이것은 해당 건물의 신축이나 증·개축에 소요된 공사대금, 자재비, 인건비 등을 말한다. 유치권자는 매수인에게 공사대금 등의 지급을 청구할 수 없지만, 경매 부동산의 매수인은 유치권자에게 채권을 변제할 책임이 있다. 따라서 부동산 경매 절차에서 유치권 신고가 있는 경우 또는 유치권 신고는 없더라도 매각 부동산에 대해 사실상 유치권을 주장하는 사람이 있는 경우에는 세심한 주의가 필요하다.

실제 경매 현장에서는 채무자가 제3자로 하여금 거짓으로 유치권을 신고하게 하여 유찰을 유도하고, 제3자를 내세워 매각 부동산을 매입하는 경우가 종종 발생한다. 또한 유치권자가 실제의 채권보다 많은 금액을 신고함으로써 유찰을 유도하고, 유치권자가 지원하는 제3자로 하여금 매각 부동산을 매입하도록 하는 경우도 있다. 따라서 경매 부동산을 인도받아 자신이 직접 사용해야 하는 경우 또는 매입 부동산을 신속하게 처분해야 할 필요가 있는 경우는 일단 유치권자에 대해 소송을 제기한 이후 소송절차 진행 중에 합의를 통해 부동산을 인도받는 것이 일반적이다.

● 법정지상권 성립 여지를 확인한다

'법정지상권' 이란 토지와 건물의 소유자가 동일했다가 어느 한쪽의 처분에 의해 토지와 건물의 소유자가 달라질 때 법적으로 새로운 건물 소유자에게 토지 사용권을 인정해주는 제도이다. 토지 경매의 경우 토지 위에 건물이 있음에도 불구하고 토지만 매물로 나올 수 있다. 이때 경매 법원의 서류에는 '법정지상권 성립 여지 있음', '제시 외 물건 있음', '미등기 건물 있음' 등의 표시가 기재된다. 만일 법정지상권이 성립된다면 낙찰자는 낙찰대금을 납부하더라도 지상건물을 일정 기간(30년, 15년, 5년) 동안 임의로 철거할 수 없다. 이로 인해 토지 이용에 심각한 제한이 생겨 거듭되는 유찰로 최저입찰가가 큰 폭으로 떨어진다.

그러나 이런 토지라도 수익을 올릴 수 있는 방법은 있다. 바로 '지료(토지사용료)'를 통해서다. 건물 소유자에게 법정지상권이 인정되는 토지라도 토지의 낙찰자는 해당 건물주로부터 매월 일정액의 지료를 받을 수 있다. 건물주가 땅 주인에게 납부하는 지료는 1차로 건물주와 낙찰자 간의 합의를 통해 액수를 정하지만, 합의가 이루어지지 않으면 법원에서 중재를 해준다.

지료의 적정 수준은 법으로 정해지지는 않았지만 토지의 활용가치가 높은 서울 및 수도권의 경우 현재 예금 금리보다 높은 약 7~8% 선에서 결정되는 것이 보통이다. 낙찰자 입장에서는 가능한 한 여러 차례 유찰된 물건을 골라 최대한 싼값에 낙찰받은 후 예금금리보다 높은 수익을 창출한다면 상당히 괜찮은 투자인 셈이다. 그리고 법정지상권이 성립되는 토지는 숨은 매력이 하나 더 있다. 법정지상권은 성립된 지 최장 30년까지 효력이 지속된다. 따라서 법정지상권이 인정되는 토지를 미혼 자녀의 이름으로 낙찰받아 놓으면 법정지상권이 소멸된 후 자산가치가 급등할 가능성이 높다.

● 선순위 가처분 때문에 소유권을 상실할 수도 있다

처분금지가처분이 되어 있는 부동산이라도 경매에 부칠 수 있다. 가처분 채무자는 해당 목적 부동산에 대해 매매, 증여, 저당권* · 전세권 · 임차권의 설정 등 일체의 처분을 해서는 안 된다. 그러나 경매는 가처분 채무자의 의사에 반해 이루어지는 것이므로 경매에 의한 낙찰로 소유권이 이전되는 것은 전혀 문제가 되지 않는다. 다만 나중에 가처분 채권자가 본안 소송에서 승소판결을 받아 목적 부동산의 소유권을 취득한다면 낙찰자는 소유권을 잃게 된다.

그러므로 처분금지가처분이 설정된 부동산에 입찰할 때에는 권리분석을 철저하게 해야 한다. 가처분등기 역시 말소기준권리를 기준으로 선순위와 후순위로 구별할 수 있다. 이때 주의해야 할 것이 바로 선순위 가처분이다. 선순위 가처분은 낙찰로 소멸되지 않고 낙찰자가 인수해야 하므로 나중에 가처분 채권자가 채무자를 상대로 한 본안 소송에서 승소하면 낙찰자가 소유권을 박탈당할 수 있기 때문이다. 그러나 후순위 가처분은 낙찰로 인해 원칙적으로 소멸된다. 후에 가처분 채권자가 본안 소송에서 승소하더라도 낙찰자의 소유권이 박탈당하는 일은 없으므로 안심하고 입찰해도 된다.

● 예고등기 때문에 소유권을 상실할 수도 있다

'예고등기*'란 등기 원인의 무효나 취소로 인한 등기의 말소 또는 회복의 소송이 제기된 경우에 제3자에게 이 사실을 알리고 경고하기 위해 법

여기서 잠깐

저당권
채권자가 채무자 또는 보증인으로부터 채권을 확보하기 위해 제공받은 부동산에 대하여 일반 채권자보다 앞서 채권을 확보할 수 있는 권리이다.

예고등기
현재 실행된 등기의 원인에 대해 무효 또는 취소가 소송으로 신청된 경우에 불의의 피해를 막기 위해 법원에서 이러한 소송이 제기되었다는 사실을 제3자에게 직권으로 공시하는 예비등기의 일종이다. 따라서 제3자에게 경고하기 위한 등기이며 예고등기 그 자체만으로는 아무런 효력이 없다.

원의 직권으로 촉탁하여 행하는 등기를 말한다. 등기부에 예고등기가 되어 있다면 경매가 진행되는 기간은 물론 낙찰자가 낙찰대금을 납부하고 소유권이전등기를 경료하더라도 예고등기의 원인이 된 소송의 결과가 나올 때까지는 등기 공무원의 직권 또는 경매 법원의 촉탁으로도 말소되지 않고 존속한다. 예고등기 소송의 대상이 되는 권리는 주로 소유권에 관한 것이 많으며, 그 다음으로 저당권 무효에 관한 소송이 많다. 이러한 예고등기는 말소기준권리를 기준으로, 먼저 등기되어 있든 후에 등기되어 있든 낙찰로 인해 말소되지 않고 무조건 낙찰자가 인수해야 한다. 예고등기가 있는 부동산은 소송의 결과에 따라 낙찰 부동산의 소유권을 상실할 가능성이 항상 있는 것이다.

그렇기 때문에 예고등기가 되어 있는 물건은 보통 4~5회 유찰되는 경우가 많고 최저 입찰가가 감정가의 40~50%에도 못 미치는 경우가 많다. 하지만 예고등기가 있다 해도 그 원인이 되는 소송의 내용을 살펴 문제가 없다면 입찰에 참여하여 손쉽게 대박을 터뜨릴 수도 있다.

08

주택 경매 낙찰받기

주택 경매의 노른자, 주택임대차보호법

주택 경매에서는 임차인에 관한 문제가 가장 핵심인데, 주택 임차인에 대하여 최우선적으로 적용되는 법이 바로 '주택임대차보호법'이다. 주택임대차보호법의 핵심 내용은 대항요건과 대항력, 확정일자와 우선 변제권, 소액임차인의 최우선 변제권, 임차권등기명령제도, 주택임대차 존속의 보호 등으로 구성되어 있다. 이 중에서는 무엇보다 대항력과 관련된 사항을 잘 알아두어야 하는데, 그 이유는 대항력의 유무에 따라 경매 수익률이 달라지기 때문이다. 임차인에게 대항력이 인정되면 임차인의 보증금을 낙찰자가 떠안아야 하므로 그만큼 추가비용이 발생한다. 반대로 대항력이 인정되지 않으면 낙찰자는 보증금 부담에서 벗어나고 그만큼 자금을 아낄 수 있다.

주택임대차보호법은 국민의 주거생활 안정을 보장하기 위한 목적으로 1981년 3월 5일에 제정된 법률이다. 민법상 다른 사람의 주택을 이용하는 방법에는 '전세권'과 '임대차' 두 가지 방법이 있다. '임차권 등기'나 '전세권 등기'를 하게 되면 임차인이 보호받을 수 있도록 규정하였는데, 이때 등기를 하기 위해서는 반드시 집주인의 협조가 있어야 한다. 일반적으로 집주인들은 이러한 등기를 해줌으로써 자신이 소유한 주택의 담보가치가 하락하는 것을 염려해 등기에 쉽게 동의하지 않는다. 그래서 주택의 임차인들을 일정한 요건하에 보호하자는 취지에서 민법의 특별법으로 제정된 법률이 바로 주택임대차보호법이다.

● **주택임대차보호법의 적용 범위**

주택임대차보호법의 적용 범위는 인적 범위와 주택의 범위로 나뉜다. 우선 인적 범위로는 주택임차인과 주택임차권의 양수인 또는 전차인으로 나눌 수 있다. 그리고 주택의 범위에는 주거용 건물의 전부 또는 일부의 임대차와 주택의 일부가 주거 외의 목적으로 사용되는 경우가 있다.

● **대항요건과 대항력**

임차인이 '주택의 인도'와 '주민등록'을 마친 때에는 주택임대차 등기를 하지 않아도 그 다음날부터 제3자에게 대항할 수 있는 효력, 즉 대항력이 생긴다. '대항력'이란 임차주택이 경매된 경우에 임차인이 낙찰자에게 보증금을 반환받을 때까지 임차권을 주장할 수 있는 힘을 말한다. 여기서 대항요건이란 주택의 인도(이사)와 주민등록(전입신고)을 뜻한다. 하지만 말소기준권리보다 먼저 대항요건을 갖추어야만 대항력을 행사할 수 있다.

● 확정일자에 따른 우선 변제권

임차인이 대항력을 취득한 상태에서 임대차계약서에 확정일자까지 받으면 경매 주택의 낙찰대금에서 후순위 권리자나 기타 채권자보다 우선해서 보증금을 변제받을 권리를 갖는다. 확정일자를 받아두면 나중에 해당 주택에 경매가 실행되었을 때, 확정일자 부여일과 저당권, 전세권 등 다른 물권의 설정일을 서로 비교해 그 순서가 앞선 것이 우선 배당을 받게 된다. 그러므로 주택임대차 계약을 하는 즉시 해당 읍·면·동사무소에 가서 주민등록을 하고 동시에 주택임대차 계약서에 확정일자를 받아두는 것이 좋다.

● 소액임차인의 최우선 변제권

소액임차인은 보증금 중 일정액을 순위에 관계없이 일반 채권자는 물론 선순위 담보물권자보다 우선해 배당을 받게 되는데, 이를 '소액임차인의 최우선 변제권'이라고 한다.

시기	서울, 광역시(군지역 제외)		기타 지역
2008. 8. 21 개정, 시행	수도권정비계획법에 의한 수도권 중 과밀억제권역*	광역시(군지역과 인천광역시 지역을 제외)	4,000만원 이하 임차인 중 1,400만원 한도
	6,000만원 이하 임차인 중 2,000만원 한도	5,000만원 이하 임차인 중 1,700만원 한도	

* 과밀억제권역 : 서울특별시, 인천광역시(강화군, 옹진군, 중구운남동, 운북동, 운서동, 중산동, 남북동, 덕교동, 을왕동, 무의동, 서구대곡동, 불노동, 마전동, 금곡동, 오류동, 왕길동, 당하동, 원당동, 연수구송도매립지), 고양시, 과천시, 광명시, 구리시, 군포시, 부천시, 성남시, 수원시, 시흥시(반월특수지역 제외), 안양시, 의왕시, 의정부시, 하남시

● 임차권등기명령제도

임대차가 종료된 후 보증금을 반환받지 못한 임차인은 임차주택의 소재지를 관할하는 지방법원, 지방법원지원 또는 시·군 법원에 임차권등기명령을 신청해 임차권등기*가 완료되면 임차인은 대항력과 우선 변제권을 계속 유지하게 된다.

여기서 잠깐

임차권등기

주택임대차보호법의 개정으로 임차인은 기간이 만료된 뒤 임차권등기를 해두면 보증금을 돌려 받지 못한 채 이사를 가거나 주민등록을 옮기더라도 이미 갖고 있던 임차인으로서의 권리를 계속적으로 유지하게 돼 나중에 경매되었을 때 낙찰자 또는 법원으로부터 배당을 통해 보증금을 돌려 받을 수 있다.

09

아파트 경매 낙찰받기

인기 있는 아파트 내 것으로 만들기

아파트는 경매시장에서도 가장 인기 있는 부동산 종목이다. 수요층이 두터워 환금성이 좋을 뿐만 아니라 실수요로 접근했을 때 주거의 만족도가 높기 때문이다. 또한 단독주택이나 연립·다세대주택에 비해 상대적으로 권리관계가 덜 복잡하고 주택임대차보호법상의 임차인 분석에 대한 이해와 경매의 기초적인 지식만 가지고도 입찰에 참여할 수 있어 초보자도 쉽게 도전할 수 있다는 이점이 있다. 하지만 지금처럼 부동산 침체기에는 매물이 많은 반면에 입찰 경쟁 또한 치열하기 때문에 비싼 가격에 낙찰을 받는 사람들이 적지 않으므로 아파트라고 우습게보다간 낭패를 볼 수 있다.

아파트 경매 투자시 이것만 고려하자

❶ 거주 목적인지 투자 목적인지를 구별해야 한다. 직장인이나 신혼부부와 같이 실수요자라면 처음부터 욕심을 내는 것보다 안정적으로 입찰에 참여하는 것이 좋다. 살고 있는 아파트에 채무자나 소유자가 직접 거주하고 있는 아파트는 명도가 어렵지 않기 때문에 초보자에게 좋다. 만약 세입자가 거주하고 있는 아파트라고 하더라도 세입자가 보증금 전부를 배당받을 수 있다면 명도가 쉽기 때문에 낙찰받아도 좋다. 반면 경매 경험이 많은 투자자라면 권리관계가 복잡한 아파트에 도전하는 것도 좋다. 이러한 물건은 입찰 경쟁률도 낮고 투자 수익성도 좋다.

❷ 불황기일수록 대형 평형의 아파트보다 중소형 아파트가 좋다. 1~2인 가구가 늘어나는 추세이기 때문에 소형 평형 아파트의 인기는 꾸준할 것이다.

❸ 역세권 아파트 또는 향후 지하철이 개통될 역세권 아파트 단지를 노리는 것도 좋다. 서울인 경우 지하철 9호선 주변지, 신분당선이나 분당선 연장구간, 경의선 개통지 등 도심부로 관통하는 역세권 아파트는 향후 시세차익까지 얻을 수 있다.

❹ 한강 르네상스 프로젝트의 직·간접 수혜를 입는 한강변 재건축 아파트를 노리는 것도 좋은 방법이다. 한강 르네상스 프로젝트와 한강변 재건축은 앞으로 서울을 완전히 탈바꿈시킬 핵심 테마지역이다.

❺ 토지 별도등기 아파트를 노려야 한다. 토지가 별도등기인 아파트는 대부분 소규모이거나 1동짜리 아파트이다. 이런 아파트가 경매로 나오면 대부분의

입찰자들이 위험이 많다고 생각함에 따라 유찰되어 주변시세의 50%까지 내려가는 경우가 있다. 특히 소형 아파트의 경우는 전세 비율이 높기 때문에 실투자비용이 적게 들 뿐만 아니라 불황기일수록 인기가 있기 때문에 관심을 가질 만하다.

❻ 유치권을 주장하는 세입자가 있는 아파트를 눈여겨보아야 한다. 유치권은 유난이 가짜가 많다. 그렇기 때문에 가짜 유치권인 아파트를 알아본다면 황금알을 낳을 수 있다. 가짜를 알아보는 방법 중 하나는 채무자인 아파트 소유자와 유치권자의 이름을 확인하는 것이다. 만약 두 사람의 이름이 비슷하다면 가짜일 가능성이 높다. 이름이 비슷하다는 것은 형제일 가능성이 크기 때문이다.

❼ 관리비 정도와 체납 여부를 확인해야 한다. 경매로 나오는 아파트나 상가는 대부분 관리비가 체납되어 있는 경우가 많다. 아파트의 경우 적게는 10만원부터 많게는 100만원대까지 있으므로 모르고 낙찰을 받게 되면 낙찰자가 고스란히 떠안게 되므로 입찰 전에 꼼꼼히 확인하여야 한다.

○○○○지방법원 ○계

입찰일 : 2005. 03. 28 오전 10시 00분

사건번호	2004-9135	채권자	하나은행	물건종별	아파트
감정평가액	220,000,000원	채무자	박기○	감정기관	○○감정
최저경매가	176,000,000원	소유자	박기○	감정일	2004. 03. 22
진행률	감정가보다 20.00% 하락	유찰횟수	1회	입찰보증금	10%

소재지	면적(단위 : ㎡)	경매진행결과	임차관계	등기부상 권리관계
서울 영등포구 대림동 ○○○현대2차 201동 1층 103호 *신영초등교 북서측 인근 *고층형 아파트 밀집 *버스정류장 도보 5분소요 *도시가스 개별난방 *철근콘크리트조슬패브(평)	대지 31.03/9,138.7 (9.39평) 건물 84.74 (25.63평) 방3, 화장실2	유찰 05.02.21 낙찰 05.03.28 　한승○ 　190,441,000	소유자 점유 배당요구종기일 04.06.05	*○○○현대2차(아)201동 103호 건물등기 근저 01.05.14 　서울은행(대림동) 　1억 2,000만 소유 01.06.08 　박기○ 근저 02.08.27 　서울은행(대림동) 　2,400만 압류 04.03.18 　국민건강보험 　(영등포남부) 청구 : 124,638,878 압류 04.09.30 　영등포구(세무관리과) 열람일 : 05.02.03

● 물건분석

본 건의 목적물은 1992년 12월에 입주한 아파트로서 현대건설에서 지었다. 주변에 신영초등학교, 영남중학교, 방송통신대 등이 있어 자녀를 교육시키기에는 비교적 어려움이 없다. 지하철 신도림역과 대림역에서 도보로 각각 10분 거리에 위치하여 대중교통 이용이 편리한 편이며 단지 옆으로 안양천이 흘러 쾌적한 주거환경을 누릴 수 있다. 또한 신도림역 주변에 테크노마트, 이마트, 석암쇼핑 등 편의시설이 잘 갖추어져 있어 임대수입을 꾀할 수 있는 장점이 있다. 그러나 총가구 수가 280가구로 적은 편이고 대로와 접해 있어 시끄럽기 때문에 유찰을 거듭하고 있다.

● 권리분석

본 사건의 경우 말소기준권리는 2001년 5월 14일 서울은행의 근저당권이다. 따라서 등기부에 있는 모든 권리는 말소기준권리보다 후순위 권리이므로 매수인이 인수하는 권리는 없다. 또한 임차인의 전입은 없고 소유자가 직접 살고 있으므로 명도에 어려움도 없다. 매수인은 입찰 전에 아파트 관리사무소를 직접 방문하여 연체된 관리비가 있는지 확인해야 한다. 만약 연체된 관리비 총액이 과다하면 입찰시 입찰가격을 연체된 관리비 금액만큼 낮게 써야 한다. 또한 경매 부동산 점유자와 합의하여 명도비용을 결정한 경우에는 명도비용 총액에서 연체된 관리비를 공제하고 나머지 명도금액만 지급한다. 이때 매수인은 경매 부동산 점유자와 함께 관리실을 방문하여 직접 연체된 관리비를 지급하도록 해야 한다. 왜냐하면 부동산 점유자에게 연체된 관리비 지급을 대신 납부하게 하면 예상치 못한 일들이 발생할 수 있기 때문이다.

10

다가구주택 경매 낙찰받기

다가구주택은 건축법상 단독주택에 속한다. 전세대란 때 일반 서민들의 주거 수요를 어느 정도 해소시킨 주거개념이다 보니 세입자들은 대개 서민들이다. 그래서 다가구주택이 경매로 나오면 서민들이 보증금을 돌려받지 못해 명도저항이 심하고, 가구 수가 많아 권리행사가 늦어지는 단점이 있다. 반면 다가구주택처럼 인기가 없는 물건을 싼값에 낙찰받아 시설 교체나 개·보수 등을 함으로써 안정적인 임대수익을 올리거나 기존 주택을 헐고 다세대주택으로 신축하면 개발지에서 훌륭한 투자처가 되기도 하기 때문에 관심을 가질 만하다.

다가구주택 경매 투자시 이것만 고려하자

❶ 건축법, 건축법 시행령 등이 개정됨에 따라 다가구를 다세대주택으로 전환하거나 분할이 가능하다. 다만 다가구를 다세대로 전환할 때에는 세대 구본용 벽체의 두께가 19㎝를 넘어야 가능하므로 설계도면을 확인해야 한다. 또한 건물면적 120㎡당 자가용 1대를 주차할 수 있는 면적을 확보할 수 있는지도 점검해야 한다. 지역적인 한계사항도 있는데 일산, 분당, 평촌 등의 신도시지역에 들어선 다가구는 단독택지로 정해졌기 때문에 다세대로 전환할 수 없으므로 주의해야 한다.

❷ 다가구주택의 가장 큰 단점은 명도 문제이다. 따라서 임차관계를 확인하고 철저하게 권리분석을 해야 한다. 다가구주택은 여러 명의 세입자가 살고 있기 때문에 권리관계가 복잡할 수 있다.

❸ 다가구주택은 임대사업용 종목이기 때문에 주변의 임대수요와 시세를 정확히 파악해야 한다.

❹ 대지와 건물이 분리 입찰되는 물건은 피하는 것이 좋다. 대지에 대한 소유권이 없어 재산권 행사가 어렵기 때문이다.

❺ 1~2인 가구가 늘어나면서 풀옵션 원룸의 수요가 늘고 있다. 따라서 소형평형으로 갖추어진 도심지의 다가구주택을 눈여겨보아야 한다.

❻ 다가구주택에는 세입자가 많아 자칫 낙찰받고도 세입자에게 임대료를 받지 못하는 경우가 있을 수 있다. 그러므로 경제적으로 넉넉한 임차인들이 거주하는 곳을 주의 깊게 보아야 한다. 젊은 직장인들이 많고 독신 여성들이 많

은 강남지역의 방배동, 논현동, 역삼동, 대치동, 서초동 등이 투자 대상 1순위다.

❼ 큰 대학들이 몰려 있는 서울 서대문구, 관악구, 성북구도 눈여겨보는 것이 좋다.

❽ 대로변보다 이면도로에 있는 편이 조용하고 쾌적하여 주거하기에 적합하다.

❾ 대항력 있는 임차인이 있을 경우 배당요건이 되는지 확인해야 한다.

○○○○지방법원 ○계

입찰일 : 2004. 11. 11 오전 10시 00분

사건번호	2003-10548	채권자	국민은행	물건종별	주택
감정평가액	291,603,000	채무자	신현○	감정기관	○○감정
최저경매가	119,440,000원	소유자	이종○	감정일	2002. 03. 22
진행률	감정가보다 45.00% 하락	유찰횟수	4회	입찰보증금	10%

소재지	면적(단위 : ㎡)	경매진행결과	임차관계	등기부상 권리관계
서울 성북구 성북동 113-35 *전용주거지역 *성북초등교 남서측 *세로 장방형 토지 *차량출입 불가 *북서측 3m도로 접도 *버스(정) 도보 2~3분	대지　　235 1층　　89.2 2층　　70.7 지1층　89.4 제시 외 28 지가 표준공시지가 87만 감정지가 85만 구조, 준공 벽돌조 슬래브지붕 도시가스보일러 난방 2층 94.11.8	유찰 04.04.07 유찰 04.05.12 유찰 04.06.09 유찰 04.11.11	전입 01.08.07 　정태○ 　3,000만 재전입 03.05.20 　함영○ 　4,000만 확정　03.06.19 　이용○ 　3,600만	가압 02.12.33 　김진○ 임의 03.12.01 　국민은행 전세 00.04.15 　이용○ 　5,000만(만료일 : 03.10.15) 저당 00.09.14 　국민은행 　2억 1,000만 저당 01.06.14 　김경○ 　5,000만

● 물건분석

본 건의 목적물은 전용주거지역 내 성북초등학교 인근에 있어 주거환경이 좋은 단독주택이지만 차량출입이 불가능하여 주차가 곤란한 주택이다. 그러나 단독주택으로 2층 구조에 제시 외 부분과 넓은 지층을 보유하고 있어 주택의 임대를 통해 입찰비용을 회수할 수 있는 물건으로 예상된다. 따라서 주거지로서의 입지는 양호하며 2층 제시 외 부분 및 지층을 임대하여 임대수입을 꾀할 수 있는 장점이 있다. 그러나 접도된 도로폭이 3m로 좁고 차량출입을 할 수 없는 점은 물건의 하자로 볼 수 있다.

● 권리분석

본 건은 선순위 전세권자가 있어도 배당요구에 의해 소제되고 전세금 배당을 받기 때문에 이 점은 불리하지 않으나 선순위 임차인인 함영O의 보증금을 부담해야 되고, 정태O와 이용O의 인도명령 문제를 안고 있으며 입지상 차량통행이 불가능한 불리함이 있다. 그러나 전용주거지역으로 양호한 환경과 주택구조가 1층, 2층, 지층 및 제시 외 부분이 있어 다수의 임대차를 통해 임대수입을 취할 수 있는 물건이다. 따라서 함영O는 보증금 4,000만원을 부담하고 임차인들의 항고와 명도거절 등의 저항을 고려하여 수익이 확보되는 가격으로 입찰하는 것이 타당하다.

11

다세대주택 경매 낙찰받기

아파트 구입이 어렵다면 다세대주택으로 눈을 돌리자

아파트 구입이 어렵다면 경매를 통해 다세대주택을 낙찰받아 저렴하게 내 집 마련을 하는 것이 좋다. 그렇다면 아파트와 다세대주택과의 차이점은 뭘까? 바로 주거 인프라가 다르다는 것인데, 그것 때문에 아파트가 다세대주택에 비해 비싸고 선호도도 높다. 즉, 아파트는 쾌적하고 주차시설도 잘 되어 있으며 단지 내에 상가, 학교, 편의시설 등 주거 인프라가 잘 형성되어 있어 만족도는 높다. 반면 다세대주택은 주차가 불편할 뿐만 아니라 모든 여건이 아파트에 비해 열악하기 때문에 아파트보다 가격이 싸다.

만약 아파트 구입이 여의치 않다면 먼저 다세대주택을 경매로 낙찰받아 내 집 마련을 하거나 투자하는 것을 고려해볼 만하다. 다세대주택은 소액 투자가 가능하고 소형 평형을 여러 채 구입하여 임대사업을 할 수 있다. 연간 임대수익률이 10% 이상 되기 때문에 은행 정기예금의 이자율보다 훨씬 높은 수익을 얻을 수 있다. 또한 도심부의 노후주택일 경우 재개발이나 재건축 호재를 통해 시세상 승까지 있을 수 있기 때문에 소액으로 경매 입찰에 참여하기 좋다. 특히 부동산 이 침체기에 있을 때는 누구나 고정적인 임대수익이 발생하기를 원하기 때문에 임대사업 개념으로 미리 여러 채를 준비하는 것이 좋다. 주택임대사업이 활기 를 띠면서 연립이나 빌라 등의 다세대주택도 눈여겨봐야 할 종목으로 떠오르고 있다.

다세대주택의 경매 투자시 이것만 고려하자

❶ 전·월세 수익을 겨냥한 66㎡(20평형) 이하 소형 다세대주택을 노리는 것이 좋다. 아파트 전세금 정도만 있으면 투자가 가능해 자금 부담이 적다.

❷ 지하철 역세권, 공단 주변, 대학가 등 집값은 낮아도 임대수요가 많은 곳을 노려야 한다.

❸ 도봉구, 강북구는 전세 수요가 꾸준한 반면 낙찰가격이 낮기 때문에 관심을 가질 만하다.

❹ 강남 일대(강남, 서초, 송파 등)에 있는 연립이나 빌라는 임대사업용으로 관심을 가질 만하다.

❺ 편의시설이 잘 갖춰져 있고 사무실이 밀집되어 있는 지역을 노려야 한다.

❻ 다세대주택은 아파트에 비해 시세 등락폭이 크므로 3곳 이상의 중개업소들을 방문하여 정확한 시세를 파악해야 한다.

❼ 다세대주택은 개인업자가 마구잡이식으로 짓는 경우가 많으므로 건물 상태를 면밀히 파악해야 한다.

○○○○지방법원 ○계

입찰일 : 2003. 10. 28 오전 10시 00분

사건번호	2004-24515	채권자	삼성생명	물건종별	다세대
감정평가액	170,000,000원	채무자	이경○	감정기관	○○감정
최저경매가	55,705,600원	소유자	이경○	감정일	2002. 03. 22
진행률	감정가보다 45.00% 하락	유찰횟수	4회	입찰보증금	10%

소재지	면적(단위 : ㎡)	경매진행결과	임차관계	등기부상 권리관계
성북구 정릉동 834 신진빌라 304호 *정릉 주공아파트 서측 *일반주거지역 *교통사정 다소 불편	대지 60.31/1112 건평82.35(24.9평) 구조, 준공 철근콘크리트조경 사슬래브지붕 4층 방3 00.03.23 보존	유찰 03.07.15 유찰 03.08.26 유찰 03.09.23 유찰 03.10.28	확정 02.06.18 이융○ 2,000만 확정 01.11.30 손경○ 4,000만 확정 03.06.23 최진○ 1,500만	압류 02.03.21 서북구청 임의 03.04.11 삼성생명 저당 01.12.17 삼성생명 1억 2,000만 저당 02.02.05 경복섬유 1억 3,000만 저당 03.02.24 한국청소년연맹 8,000만

● 물건분석

본 건의 물건은 빌라형 다세대주택으로 일반주거지역에 소재하고 있다. 교통사정이 다소 불편하지만 주거환경은 쾌적한 편이다. 그러나 주거지역으로서의 편의성, 학생의 등·하교, 직장 출·퇴근 등의 여건은 양호하지 못하다. 이러한 입지상의 문제점이 유찰을 거듭하게 하는 사유가 되는 것으로 볼 수 있다.

● 권리분석

본 건은 수차례 유찰을 거듭하여 가격이 저감되어 매수인이 보증금 및 명도비용을 부담한다고 하더라도 가격에 있어 손해를 보지 않을 것이다. 특히 투자보다는 실수요자가 입찰에 응하게 될 때 오히려 경쟁이 높아질 가능성이 있는 물건이다. 따라서 이용○가 배당요구를 하였고 최진○이 경매신청등기 후에 입주를 하였다면 비록 손경○의 임차권의 물적 부담 및 보증금 채무를 매수인이 인수한 경우라도 경매가 적정 가격으로 저감된 경우 입찰에 응해야 한다.

12

상가, 업무용 경매 낙찰받기

상가건물임대차보호법은 상가건물의 임대차에 있어 사회적, 경제적 약자인 임차인들을 보호함으로써 상가임차인들의 경제생활의 안정을 도모하기 위해 2001년 12월 29일 법률로 제정되었다. 이 상가건물임대차보호법의 제정으로 상가임차인들도 일정한 요건을 갖추고 있다면 경매의 경우에도 보호받을 수 있는 길이 열리게 된 것이다. 반면 낙찰자로서는 상가임차인들의 권리관계를 철저히 분석해야만 하는 상황에 놓이게 되었다.

● 상가건물임대차보호법의 적용 대상

❶ 상가건물

❷ 임차인이 건물의 인도와 사업자등록 신청을 해야 함

❸ 보증금(환산보증금)이 일정액 이하인 임차인만 보호 대상

구분	법 적용대상 보증금액
서울시	2억 4,000만원 이하
수도권 중 과밀억제권역	1억 9,000만원 이하
광역시(인천광역시, 군지역 제외)	1억 5,000만원 이하
기타 지역	1억 4,000만원 이하

* 환산보증금=보증금+월세×100

❹ 등기하지 않은 전세계약에도 준용

● 대항력을 행사하기 위한 대항요건

상가임차인이 대항력을 행사하기 위해서는 먼저 '건물의 인도'와 '사업자등록 신청'의 두 가지 대항요건을 갖추어야 한다. 이처럼 등기를 하지 않아도 임차인이 대항요건을 갖추면 다음 날부터 제3자에게 대항할 수 있는 대항력이 생긴다. 하지만 선순위의 저당권이 있고 그 후에 임차인이 대항요건을 구비한 경우, 임차인은 경매를 통해 해당 건물을 낙찰받은 낙찰자에 대해 대항할 수 없다.

● 보증금의 회수

상가건물의 임차인이 대항요건을 갖추고 거기에다 관할세무서장에게서 임대차계약서에 확정일자를 받으면, 경매 및 공매시 임차건물의 환가대금에서 후순위 권리자와 그 밖의 채권자보다 우선해 보증금을 변제받을 권리가 생긴다.

● 소액보증금 최우선 변제

상가건물이 경매되었을 때, 그 상가건물을 임차한 소액임차인이 경매신청등기가 있기 전에 대항요건을 갖추었다면 보증금 중 일정액을 다른 권리자들보다 먼저 최우선 변제를 받을 수 있다. 이때 필요한 대항요건에는 ❶ 경매개시결정등기 전에 대항요건을 갖출 것, ❷ 보증금이 소액보증금에 해당할 것, ❸ 정당한 임차인일 것, ❹ 배당요구의 종기까지 배당요구를 할 것 등이 있다.

최우선 변제를 받을 임차인의 범위		최우선 변제되는 금액	
지역	임차보증금액	최우선 변제금액	비고
서울시	4,500만원 이하	1,350만원	
수도권 중 과밀억제권역	3,900만원 이하	1,170만원	2002년 11월 1일 이전 담보물권취득자에게는 적용되지 않음
광역시(인천시, 군지역제외)	3,000만원 이하	900만원	
기타 지역	2,500만원 이하	750만원	

● 임차권등기명령제도

임대차가 종료된 후 보증금을 반환받지 못한 임차인이 임차권등기명령을 신청해 임차권등기가 완료되면 임차인은 대항력과 우선 변제권을 취득하게 된다.

● 차임 등의 증감청구권

약정한 차임 또는 보증금이 임차건물에 관한 조세, 공과금, 그 밖의 부담 증감
이 경제 사정의 변동으로 상당하지 아니하게 된 때에 당사자는 장래에 대해 그
증감을 청구할 수 있다. 그러나 증액의 경우 당시의 차임 또는 보증금의 연 12%
를 초과하지 못한다.

● 보증금의 월세전환이율 제한

보증금의 전부 또는 일부를 월 단위의 차임으로 전환하는 경우에 그 전환되는
금액에 15%를 초과할 수 없다. 이는 보증금의 일부를 월세로 바꿀 경우에 지나
치게 월세가 많아지는 것을 막기 위해 상한선을 둔 것이다.

상가 경매 낙찰받기

아파트나 주택에 대한 투자 정보는 상당히 많이 있어 일반인들도 쉽게 투자할
수 있는 반면 상가는 투자 정보가 많지 않을 뿐만 아니라 개별적인 투자가치를
판단하려면 상권분석에서부터 유동인구분석까지 까다로운 사항이 많아 일반인
들에게는 부담스러운 부동산 종목이다. 하지만 오히려 이런 점 때문에 상가 경
매로 잘만 낙찰받으면 높은 수익을 올릴 수 있다.

상가주택의 경우는 부동산투자의 최적의 조건인 환금성, 수익성, 안정성까지
모두 갖춘 투자 대상 중 하나이다. 특히 근린상가는 낙찰가율이 낮아 투자비용

이 적게 드는 장점이 있다. 테마상가는 시세보다 30% 이하로 낙찰받아 높은 임대수익을 올릴 수도 있다. 또한 상가건물을 낙찰받아 리모델링해서 자산가치를 끌어올릴 수도 있다. 이처럼 상가는 일반인들이 쉽게 접근하지 못하기 때문에 틈새시장도 많다. 뿐만 아니라 상가는 항상 창업과도 직접적인 연관이 있어 확실한 사업 아이템만 가지고 있다면 상가 경매를 통해 투자하면 높은 수익을 내기가 쉽다.

상가 경매 투자시 이것만 고려하자

❶ 상가는 입지에 따라서 상권이 천차만별이다. 같은 지역에서도 여러 가지 상황에 따라 자산가치는 극과 극일 때가 많다. 그러므로 많은 동선이 머물 수 있는 입지를 잘 따져야 한다.

❷ 임대료를 확인해야 한다. 경매 투자에 있어서 임대료는 중요한 비중을 차지한다. 임대료가 높으면 투자금을 줄일 수 있을 뿐만 아니라 임대료만으로도 상권분석이 가능하기 때문이다. 가장 좋은 매물은 임대료가 높으면서 유찰이 되어 싼 물건이지만 이럴 경우 권리관계가 복잡할 수 있다.

❸ 지하철이나 버스 등 대중교통과 가까운 곳 또는 이용이 편리한 곳의 물건을 노려야 한다. 대중교통이 편리하다는 것은 유동인구가 많다는 이야기가 되기 때문에 안정적인 임대관리가 가능하다. 뿐만 아니라 매도시에도 환금성에 어려움이 줄어든다.

❹ 입찰 전에 현장을 방문하여 상가 현황과 상권을 면밀히 검토해야 한다. 상가는 주택과 달리 상권을 분석할 줄 알아야 성공할 확률이 높아진다. 상권은 지역, 시간, 입지, 소비자 등 여러 상황에 따라 변수가 많기 때문에 꼼꼼히 확인하지 않으면 낭패를 볼 수 있다. 모든 상황에 따른 동선을 정확하게 파악해야만 옥석을 가릴 수 있는 것이다.

❺ 경기 하락기에는 가급적 상가 입찰을 피해야 한다. 불황일수록 상가투자의 가치는 낮아진다. 좋은 상가라 판단하여 낙찰받았는데 더 좋은 매물이 경매로 나오기도 하고 경기가 악화되면서 세입자들이 임대료가 밀리는 등 권리관계가 복잡해지기 때문이다.

○○○○지방법원 ○계

입찰일 : 2004. 05. 26 오전 10시 00분

사건번호	2003-16067	채권자	국민은행	물건종별	상가
감정평가액	30,000,000원	채무자	정명○	감정기관	○○감정
최저경매가	7,865,000원	소유자	정명○	감정일	2003. 03. 22
진행률	감정가보다 55.00% 하락	유찰횟수	6회	입찰보증금	10%

소재지	면적(단위 : ㎡)	경매진행결과	임차관계	등기부상 권리관계
강동 천호동 410-105 현대프라자 지하 1층 220호 *천호구사거리 남동측 *강동역 도보 2~3분 *중앙열공급식난방 *부정형의 등고평탄지 *북측 20m 포장도로 접함 *철근콘크리트조 슬래브지붕 *도시가스설비	대지 4.75/7382.2 건평 15.78(8.27평) (식당-휴업중) (14층-98.02.23준공)	유찰 03.09.23 유찰 03.10.21 유찰 03.11.18 유찰 03.12.16 유찰 04.01.27 유찰 04.04.21 유찰 04.05.26	공실로 관리비 상당액 체납	임의 02.07.16 한라자원 저당 1999.10.11 한라자원 2,000만
(1월 : 12,400,000원-매각)				

● 물건분석

본 건의 물건은 현대백화점, 이마트, 아울렛이 있는 상업지역에 소재하고 있다. 지하철 5호선과 8호선이 환승하는 천호역과 5호선 강동역이 각각 도보로 10분 거리에 있어 교통이 양호한 편이며 대로변에 접해 있어 가시성과 노출성이 좋은 편이다. 그러나 주변에 아파트 단지가 거의 없고 대부분 저층 주택들로 이루어져 있어 상권에서 가장 중요한 유동인구가 턱없이 부족하다. 또한 근린상가가 아니라 테마상가이다 보니 실제로 접근성이 떨어지게 되었다. 이런 점이 유찰을 거듭하게 하는 사유가 되는 것으로 볼 수 있다.

● 권리분석

본 건은 시가 3,000만원짜리 상가가 6번이나 유찰되어 780만원까지 저감된 사건이다. 역세권에다 현재 공실상태로 양도가 비교적 쉬울 것으로 보이나 관리비의 상당액이 체납되어 금액 등을 확인해봐야 할 것으로 보인다. 또한 임차인 여부가 불투명한 상태로 주민등록이나 현장 점검이 필요하다. 또한 한 번 낙찰되었다 재매각에 나온 물건이므로 하자 여부를 꼼꼼히 따져봐야 하고 체납 관리비의 부담을 피할 수 없으므로 체납액을 고려해야 한다. 본 사건이 6회 유찰을 거듭한 것은 상가로서의 가치가 시가에 미치지 못하므로 이를 반영한 결과라고 생각한다.

13

오피스텔 경매 낙찰받기

인기 있는 오피스텔에 투자한다

오피스텔은 경매시장에서 가장 인기 있는 부동산 종목 중 하나다. 소액 투자가 가능할 뿐만 아니라 꾸준히 임대 수익이 발생하여 임대사업을 할 수도 있다. 불황기에는 다른 부동산에 비해 자산가치 하락도 적은 편이다. 1~2인 가구가 증가하면서 도심지 오피스텔의 공급량이 부족하여 시세상승 효과 또한 보고 있다. 또한 오피스텔은 아파트와 마찬가지로 권리관계가 복잡하지 않고 명도에 어려움이 없기 때문에 경매 초보자도 누구나 시도해볼 만하다.

오피스텔 경매 투자시 이것만 고려하자

❶ 임대수요가 많고 교통이 편리한 역세권에 위치한 오피스텔을 노리는 것이 좋다. 오피스텔은 순수하게 임대사업을 목적으로 투자하기 때문에 역세권에 위치할수록 공실률이 적고 임대료 상승도 가능하며 안정적으로 관리할 수 있다.

❷ 교통여건, 수요층의 특성, 향후 발전 가능성 등 지역 환경을 면밀히 검토해야 한다. 소형 오피스텔의 경우는 영세한 자영업자가 세입자로 들어오는 경우가 많다. 따라서 경기가 나빠지면 임대료가 밀려 신경이 쓰이는 경우가 있는 반면 주변 개발 호재로 인해 가격이 오르는 경우도 있다. 그러므로 입찰 전에 이런 내용을 반드시 확인해야 한다.

❸ 가구 수가 많고 전용면적이 넓은 오피스텔을 골라야 한다. 오피스텔은 업무용의 성격이 강하기 때문에 전용률이 크지 않다. 일반적으로는 50~55% 선이며, 낮은 경우는 45%까지 떨어지기도 한다. 하지만 투자가치에는 큰 영향을 미치므로 같은 값이면 반드시 전용률이 큰 것이 좋다. 또한 가구 수가 많을수록 관리비를 줄일 수 있어 유리하다.

❹ 소형 오피스텔이 중대형에 비해 임대 수익이 좋다. 소형 오피스텔이라고 하면 지역에 따라 그 기준은 다르지만 대략 60㎡(18평) 이하라고 보면 된다. 이때 평형이 작을수록 임대 수익은 높아진다. 왜냐하면 투자금은 적게 들고 임대가는 상대적으로 높기 때문이다.

❺ 오피스텔 입찰시에도 아파트와 마찬가지로 관리비를 정확히 확인해야 한

다. 오피스텔도 경매 물건에 따라 관리비가 연체되어 있는 경우가 많기 때문
에 자칫 금액이 큰 경우 낭패를 볼 수 있다.

❻ 현장답사를 통해 옆 건물과 이격거리를 확인해야 한다. 오피스텔은 주거용
으로도 임대를 하는데, 대부분 업무지역에 건축되다 보니 옆 건물과 거의 붙
어 있는 경우가 많다. 이럴 경우 사생활이 침해될 수 있고 채광과 환기가 열악
해진다.

○○○○지방법원 ○계

입찰일 : 2004. 08. 19 오전 10시 00분

사건번호	2004-7774	채권자	서울은행	물건종별	오피스텔
감정평가액	70,000,000원	채무자	최수○	감정기관	○○감정
최저경매가	35,840,000원	소유자	최수○	감정일	2003. 03. 22
진행률	감정가보다 45.00% 하락	유찰횟수	4회	입찰보증금	10%

소재지	면적(단위 : ㎡)	경매진행결과	임차관계	등기부상 권리관계
용산 한강로3가 16-58외-94 *철근콘크리트조 슬래브지붕 *용산전자상가단지 *버스정류장 인접 *중앙공급식난방 *일반상업지역 *2종 미관지구 *도시계획도로 접함 *상세계획구역	대지 5.44/1608 건평 30.03(9.8평) (16.6평형) (16층-97.04.24 보존)	유찰 04.05.13 유찰 04.06.10 유찰 04.07.08 유찰 04.08.19	배당 04.02.17 이정○ 5,000만	압류 03.06.17 강남세무 가압 04.01.14 한국보증 1,632만 강남 보상 입의 04.02.12 서울은행 전세 98.06.19 이정○ 5,000만 존속기간 : 99.06.02 저당 01.05.17 서울은행 안산지점 7,000만

● 물건분석

본 건의 물건은 원효로 상업지역에 위치하고 있는 대로변 오피스텔이다. 지하철과는

가깝지 않지만 버스정류장과 가까워 대중교통을 이용하기에 불편함이 없다. 다만 업

무시설이라는 용도를 감안하면 교통사정이 다소 불편하다고 볼 수 있다. 바로 옆에는 철도기지창이 있어 조망이 좋고 원효로를 건너면 바로 여의도이기 때문에 업무용이나 주거용으로 모두 활용할 만하다. 다만 주거기능으로서의 편의성, 학생의 등ㆍ하교, 직장 출ㆍ퇴근 등의 사항은 양호하다고 할 수 없고 이러한 입지상의 문제점이 유찰을 거듭하게 하는 사유가 되는 것으로 볼 수 있다.

● 권리분석

본 건은 용산전자상가 인근에 소재하는 오피스텔이 7,000만원에 감정평가되어 3회 유찰로 반값까지 저감된 사건이다. 교통도 편리하며 위치상으로 오피스텔 수요도 상당한 듯하다. 이 물건에는 보증금 5,000만원에 최선순위로 전세 설정을 한 임차인이 있다. 1998년 6월 2일을 기한으로 전세권을 설정해 현재는 기한이 만료된 상태이다. 통상 선순위 전세권은 매각으로 소멸되지 않고 매수인에게 인수되나, 전세권자가 배당요구를 할 때에는 소제되고 만다. 특히, 전세권이 선순위이므로 말소기준이 되는 권리의 성질을 가짐을 유의해야 한다. 만일 실질적 용도가 주거일 경우 주택임대차보호법이, 주거가 아닐 경우 상가건물임대차보호법이 적용된다.

14

토지 경매 낙찰받기

어려운 토지 경매, 차근차근 하다 보면 돈 된다

토지 경매로 농지를 취득하고자 할 때 가장 투자가치가 높은 농지는 '토지거래허가구역 내에 위치한 농지'라고 할 수 있다. 토지거래허가구역에 위치한 농지는 시세차익이나 활용도 면에서 볼 때 투자가치가 높을 뿐 아니라 법원 경매를 통할 경우 번거로운 토지거래허가도 피할 수 있다. 반면 임야는 규모가 크고 상대적으로 먼 곳에 떨어져 있어 투자하기 어려울 것이라는 고정관념이 있다. 그로 인해 감정가보다 절반 정도에 낙찰자가 결정되는 것이 보통이다. 임야 중에서도 보전산지는 보전 목적이 강해서 개발제한이 많으므로 가급적 입찰을 피하는 것이 좋다. 하지만 형질변경 가능성이 충분한 임야라면 경매 고수들은 낙찰가에 크게 상관하지 않는다. 토지의 부가가치는 형질변경 하나로 하루아침에

몇십 배나 오를 수 있기 때문이다. 첫술에 배부를 수 없다. 차근차근 경험을 쌓다 보면 언젠가는 앉아서 노다지를 캘 수 있는 기회가 올 수 있다.

토지 경매 투자시 이것만 고려하자

❶ 토지거래허가구역 내에 위치한 농지를 노리는 것이 좋다. 토지거래허가구역에서 일정 규모 이상의 농지를 거래할 때는 지방자치단체의 허가를 받아야 하는 까다로운 절차가 있으나 경매를 이용하면 토지거래계약특례조항에 따라 허가받은 것으로 보기 때문에 구입 절차를 간소화할 수 있다.

❷ 계획관리지역의 토지에 관심을 두어야 한다. 생산성이 떨어지는 농지 및 임야의 개발 가능성을 열어줌으로써 기존의 준농림지 개발로 인해 환경오염 및 훼손 등의 심각한 부작용이 발생했고, 아파트 건설 등으로 난개발의 대명사처럼 인식되었다. 결국 계획적이고 체계적인 개발을 하기 위해서 준농림지와 준도시지역이 통합된 관리지역으로 지정했는데, 관리지역은 다시 보전관리, 생산관리, 계획관리로 나뉘었다. 이 중에서 계획관리는 도시지역으로의 편입이 예상되는 지역 또는 자연환경을 고려하여 제한적으로 이용과 개발이 가능하기 때문에 투자할 만하다.

❸ 전원주택이나 주말농장을 구입하고자 한다면 농지나 농가주택 낙찰을 노려야 한다. 2003년 1월 1일부터 도시민들도 1,000㎡(약 300평) 미만의 농지를 자유롭게 구입할 수 있게 되었다. 하지만 이 점을 노려 농지를 작가 분할하여

분양하는 업자들이 많은데 너무 비싼 게 흠이다. 그러므로 농지나 농가주택을 낙찰받아 신축하거나 리모델링하는 편이 훨씬 좋다. 눈여겨볼 만한 지역으로는 김포, 강화지역과 용인, 양평, 경기도 광주 등이 있다.

❹ 가장 인기 없는 임야를 노리는 것이 좋다. 임야의 가치는 개발 가능성에 있다. 임야 가운데 보전산지는 보전 목적이 강하므로 피하는 것이 좋고 개발이 가능한 준보전산지를 고르는 것이 좋다. 고속도로나 국도의 분기점 주변, 도시가 확대되는 방향에 있는 곳, 지방 관광지 주변 들을 눈여겨보자.

❺ 그린벨트지역을 주시해야 한다. 그린벨트 해제 유망지역은 일단 풀리기만 하면 엄청난 개발이익을 누릴 수 있다. 해제 유망한 지역은 도심을 중심으로 30㎞ 이내에 위치한 지역이면서 그린벨트의 기능을 상실한 곳을 눈여겨보자. 경매를 통해 그린벨트 토지를 낙찰받으면 토지거래허가를 받지 않아도 되고 낙찰과 동시에 허가받은 것으로 보기 때문에 구입 절차를 간소화할 수 있다.

❻ 군사시설보호구역 해제 예정지를 노려야 한다. 군사시설보호구역이거나 군사시설보호구역에서 해제 혹은 완화된 지역은 주로 수도권에 집중되어 있지만 경매를 하면 별도의 토지거래허가를 받지 않아도 된다. 눈여겨볼 지역으로는 경기도 고양·파주, 인천시 강화, 경기도 용인, 의정부시 등이 있다.

❼ 큰길을 따라 투자해야 한다. 넓은 도로변의 토지는 건축시 토지 효율성이 높아 땅값도 비쌀 뿐만 아니라 상승 잠재력도 크다. 그러므로 신설되는 광역도로망이나 지하철, 고속철도 개통지를 눈여겨볼 필요가 있다. 수도권은 특히 '수도권 광역전철망'에 관심을 집중하면 좋고, 지방의 경우는 대구 – 부산 구간에 경부고속철도가 2010년까지 개통 예정이므로 관심을 가져볼 만하다.

○○○○지방법원 ○계

입찰일 : 2005. 01. 18 오전 10시 00분

사건번호	2003-29864	채권자	대곶신협	물건종별	임야
감정평가액	147,000,000원	채무자	가승○	감정기관	○○감정
최저경매가	72,130,000원	소유자	김재○	감정일	2002. 12. 22
진행률	감정가보다 51.00% 하락	유찰횟수	2회	입찰보증금	10%

소재지	면적(단위 : ㎡)	경매진행결과	임차관계	등기부상 권리관계
경기도 김포시 대곶면 쇄암리 산○○-○○ *토지거래허가구역 *석정초등학교북서측 인근 *전,답,임야 혼재 및 농가구주택 소재 *차량접근 불가능,교통 사정 다소 불편 *부정형토지, 자연림 *군사시설보호구역 *준보전임지, 성장관리 구역 *공장 및 제조장등허 가제한구역	임야 3,265 (987.66평) 관리지역 (현 : 맹지) 단가 : 35,000 토지 : 117,540,000 임야 1,667 (166,7/3,393) 819.0065 (247.75평) 관리지역 (현 : 맹지) 공시 : 13,000 단가 : 36,000 토지 : 29,664,000	유찰 04.11.16 유찰 04.12.14 낙찰 05.01.18 이준○,김영○ 응찰자 2명	미상 배당요구종기 03.12.31	*산○○-○○토지등기 근저 98.12.07 　대곶신협 　1억 지상권 98.12.07 　대곶신협 　30년 소유 00.07.21 　김재○ 전소유자 김성○, 인순○ 　01.01.17 　압류 김포시 　03.09.26 　임의 대곶신협 청구 : 48,760,000 예고등기 03.11.04 　인천지방법원 　(김재○ 소유권말 　소예고등기) 예고등기 04.09.10 　인천지방법원 　(김재○ 소유권말 　소예고등기) 열람일 : 04.11.02

본 경매사건의 경우 예고등기가 있다. 예고등기는 말소기준권리의 전후에 상관없이 매수인이 인수하는 권리이므로 이 물건은 응찰하지 말아야 한다. 예고등기가 되어 있는 경우에는 말소기준권리보다 후순위인 경우에도 매수인이 인수해야 하는 권리이다. 따라서 초보자들은 무조건 입찰에 응하지 않는 것이 바람직하다. 왜냐하면 예고등기가 소유권에 관한 것이라면 소송의 결과가 원고승소가 되면 매수인은 경매로 취득한 소유권을 잃게 되고, 원고가 패소하면 매수인은 소유권을 지킬 수 있게 되지만 현실적으로 매수인이 소송의 결과를 예측한다는 것이 어렵기 때문이다.